吉林振兴丛书

◎刘立新　丁晓燕　丛书主编

东北振兴
与吉林旅游高质量发展

◎纪明辉　张丽娜　刘　瑶　张春凤　姚震寰　田振兴　著

吉林文史出版社

图书在版编目（CIP）数据

东北振兴与吉林旅游高质量发展 / 纪明辉等著 . —
长春：吉林文史出版社，2023.9
（吉林振兴丛书 / 刘立新，丁晓燕主编）
ISBN 978-7-5472-9664-6

Ⅰ.①东… Ⅱ.①纪… Ⅲ.①地方旅游业—旅游业发
展—研究—吉林 Ⅳ.① F592.734

中国国家版本馆 CIP 数据核字 (2023) 第 157357 号

吉林振兴丛书

东 北 振 兴 与 吉 林 旅 游 高 质 量 发 展
DONGBEI ZHENXING YU JILIN LÜYOU GAO ZHILIANG FAZHAN

丛书主编：刘立新　丁晓燕
本书著者：纪明辉　张丽娜　刘　瑶　张春凤　姚震寰　田振兴
出 版 人：张　强
责任编辑：张雅婷　王丽环　宋昀浠
封面设计：杨兆冰
出版发行：吉林文史出版社
电　　话：0431-81629353
地　　址：长春市福祉大路5788号
邮　　编：130117
网　　址：www.jlws.com.cn
印　　刷：吉林省吉广国际广告股份有限公司
开　　本：710mm×1000mm　1/16
印　　张：18.5
字　　数：270千字
版　　次：2023年9月第1版
印　　次：2023年9月第1次印刷
书　　号：ISBN 978-7-5472-9664-6
定　　价：138.00元

序

党中央高度重视东北地区发展，2003年作出实施东北地区等老工业基地振兴战略的重大决策，出台了一系列支持东北地区振兴发展的政策措施。历经20年的凤凰涅槃，东北老工业基地再现繁荣与发展新面貌。

2003年，中央出台《中共中央 国务院关于实施东北地区等老工业基地振兴战略的若干意见》，明确提出"支持东北地区等老工业基地加快调整改造，是党中央从全面建成小康社会全局着眼作出的又一重大战略决策，各地区各部门要像当年建设沿海经济特区、开发浦东新区和实施西部大开发战略那样，齐心协力，扎实推进，确保这一战略的顺利实施"，拉开振兴东北老工业基地的序幕。

在党中央领导下，2003—2013年，东北振兴取得阶段性成果。经济总量迈上新台阶，东北三省地区生产总值年均增长10.3%。体制机制改革初见成效，增值税转型、农业税减免、国有企业政策性破产、豁免企业历史欠税等重大改革在东北地区先行先试，90%的国有工业企业完成产权制度改革，国有企业竞争力明显增强。产业竞争优势逐渐显现，大型发电设备、特高压输变电设备、高档数控加工中心、重型数控机床等一批重大装备成功研制，一批龙头企业重塑行业竞争力，能源原材料、食品工业等产业规模大幅提升。2016年，中央出台《中共中央 国务院关于全面振兴东北地区等老工业基地的若干意见》，进一步明确了新时期推动东北振兴的新目标、新要求、新任务、新举措，标志着东北振兴进入了全面振兴新阶段。党的十八大以来，习近平总书记多次赴东北地区考察，召开专题座谈会，对东北全面振兴作出系列重要讲话和指示批示，充分体现了以习近平同志为核心的党中央对东北全面振兴的高度重视和殷切期望，为新时代推进东北振兴提供了根本遵循。2019年，党中央、国务院对支持东北地区深化改革创新推动高质量发展作出重要部署。2020年，党的十九届五中全会要求"推动东北振兴取得新突破"。在各方面的共同努力下，东北地区经济运行逐步企稳，营商环境进一步优化，结构调整扎实推进，粮食综合生产能力显著提升，基础设施不断完善，社会事业蓬勃发展，人民生活水平不断提高。2020年，东北三省实现地区生产总值5.1万亿元，人均地区生产总值5.2万元，常住人口城镇化率67.7%。2021年，国务院关于《东北全面振兴"十四五"实施方案》的批复正式公布。批复强调，内蒙古自治区、辽宁省、吉林省、黑龙江省人民政府要深化改革开放，强化政策保障，优化营商环境，推动实施一批对东北全面振兴具有全局性影响的重点项目和重大改革举措，着力增强内生发展动力。

20年来，吉林省振兴发展取得了重大进展和积极成效，各项事业也取得了显著成就。吉林省立足于自身发展现状、国家"双循环"发展新格局的总体要求以及中央对东北振兴提出的"五大安全"要求，充分发挥创新优势、产业优势、资源优势、区位优势，大力推进高质量发展，释放吉林发展潜力，积极融入国家"双循环"新发展格局。在习近平总书记三次视察吉林重要讲话重要指示精神指引下，经济社会全面发展，振兴步伐坚实稳健。一是经济运行稳中向好。全力打造现代新型汽车和零部件、农产品及其深加工和食品细加工、冰雪和避暑休闲生态旅游这三个万亿级大产业。2021年，GDP（国内生产总值）增速在全国位次有所提升，在东北三省一区居于首位。固定资产投资增速已经连续两年居全国第四位。10年间，粮食产量连续跨上700亿斤、800亿斤两个大台阶，2021年，粮食产量增长率在全国居第一位，以2%的土地面积贡献了5.92%的粮食产量。二是重大项目蓄势赋能。中车松原新能源基地、吉化120万吨乙烯、西部"陆上风光三峡"、东部"山水蓄能三峡"、沿边开放旅游大通道等一大批重点项目陆续开工建设。三是创新能力大幅提升。在区域创新能力全国排名中，2021年，吉林省前进9个位次，上升幅度最大。长春自主创新示范区、长春国家农业高新技术产业示范区相继获得国家批准并启动建设。高铁变轨等一批关键核心技术取得突破，"吉林一号"在轨运行卫星达到70颗，建成了我国目前最大的商业遥感卫星星座。四是营商环境持续优化。投资平台在线审批率居全国首位，不动产登记效率居全国第二位，连续两年新登记市场主体增速居全国第三位。五是人民生活显著改善。2020年迈入全面小康社会，70万人摆脱贫困。2021年脱贫群众人均收入同比增长20.18%，增速排在东北三省一区首位。六是生态强省建设全面推进。大气、水、土壤等多项生态环境指标持续改善，空气优良天数达到94%。长白山、查干湖等旅游品牌叫响全国，冰雪旅游市场占有率稳居全国第一。

吉林省社会科学院（社科联）是中共吉林省委直属的、全省唯一一家哲学社会科学综合性研究机构。长期以来，吉林省社会科学院在坚持基础研究，保持传统学科优势的同时，注重发展地方特色，大力加强应用研究。现有一支从事东北振兴、吉林振兴研究的科研队伍并取得了一批重要的东北振兴研究成果，为东北振兴吉林振兴提供了智慧支持。在东北振兴20年之际，吉林省社会科学院推出"吉林振兴丛书"，旨在全面总结20年来吉林省振兴发展取得的重要进展和积极成效，发现问题，直面短板，探求路径，助力吉林省高质量发展。

本系列丛书共七本，分别是《东北振兴与吉林产业转型升级》《东北振兴与吉林农业农村现代化》《东北振兴与吉林民生建设》《东北振兴与吉林旅游高质量发展》《东北振兴与吉林新型城镇化》《东北振兴与吉林社会治理》《东北振兴与吉林绿色发展》。本系列丛书全面总结了东北振兴过程中吉林省经济转型、民生建设、社会治理以及绿色发展等问题,再现了吉林振兴取得的成果,分析了存在的问题,探寻了东北振兴的吉林之路。

"推动东北全面振兴取得新突破",实现吉林振兴,是国家区域协调发展战略的重要组成部分,事关我国区域发展总体战略布局,事关我国新型工业化、信息化、城镇化、农业现代化的协调发展。吉林省是我国重要的工业和农业基地,维护国家国防安全、粮食安全、生态安全、能源安全、产业安全的战略地位十分重要,关乎国家发展大局,实现吉林振兴新突破是新时代党中央、国务院赋予吉林省的新使命。本系列丛书立足于为党委和政府打造有价值的决策咨询研究成果,必将增强社会各界对东北振兴,尤其是对吉林振兴发展的关注度,为东北地区,尤其是吉林省相关部门的决策提供一些有价值的参考意见。

未来,在习近平新时代中国特色社会主义思想指引下,吉林省将在东北振兴、吉林振兴研究上再接再厉,提供更高层次、更高水平的理论成果,为东北振兴、吉林振兴作出更大的贡献。

2023年6月

于长春

目 录

第一章

东北振兴背景下吉林省旅游业高质量发展的重大意义

东北振兴战略为吉林老工业基地产业转型升级和经济社会发展提出了方向和指引，也将旅游业的重要性凸显出来，因为旅游业关乎经济结构调整，也与人民生活紧密相关。在特定的时代和政策背景下，旅游业发展的意义特殊且重大。

第一节　发展背景

一、旅游业发展的时代背景

（一）经济发展进入高质量发展阶段

中国经济正处于新旧动能接续转换、经济转型升级的关键时期。2012年以来，中国GDP增速逐年趋缓，受近年来国际关系复杂化的影响，出口导向型的经济驱动模式更是遭到严峻挑战，传统优势正在减弱，新动力新优势亟待培育，通过经济转型升级重塑新的增长内生动力已迫在眉睫。中国已经进入新经济发展态势，现在发展中的主要矛盾在质量方面，不在速度方面，要想实现高质量发展的目标，就需要我们努力贯彻新发展理念，不断推动构建新发展格局，真正意义上推动经济发展，在质量、效率、动力等的变革上展示显著成效。

党的十九大就明确提出"当前，我国经济已由高速增长阶段转向高质量发展阶段"，2020年7月30日的中央政治局工作会议上，中央首次明确"我国已进入高质量发展阶段"。党的十九届五中全会进一步指出，"十四五"时期经济社会发展要以推动高质量发展为主题，必须把发展质量问题摆在更为突出的位置，着力提升发展质量和效益。高质量发展成为解决我国新发展阶段、新发展环境、新发展条件下新问题的核心战略举措，是"十四五"乃至更长时期我国经济社会发展的主题。2022年1月20日，国务院印发的《"十四五"旅游业发展规划》（以下简称《规划》）中，共11处提到了"高质量"、10处提到了"优质"，在《规划》中高质量发展理念成为一条主线贯穿始终，涉及优质发展、文旅融合、智慧旅游、生态绿色、空间布局、业态融合、全域发展、供给优化、治理能力、主客共享等多个方面。

高质量发展是一个持续改进、不断完善、多元开放的动态过程。习近平总书记已经就高质量发展是什么、想要实现高质量发展应该怎么做给出了解释："高质量发展，就是能够很好满足人民日益增长的美好生活需要的发展""高质量发展，就是从'有没有'转向'好不好'""高质量发展不只是一个经济要求，而是对经济社会发展方方面面的总要求"。在这个经济发展的关键阶段，消费将成为促进经济稳定运行的"压舱石"，而根据有关资料，我国居民的消费支出结构中，以旅游为主的服务型消费所占据的比例持续上升，平均每年增长1%。经济学家罗斯托曾将人类经济发展划分为六个阶段：传统社会阶段；为起飞创造前提阶段；起飞阶段；向成熟推进阶段；高额消费阶段；对生活质量追求阶段。罗斯托指出，在上述六个阶段中，两个重要的"突变"是"起飞"与"对生活质量追求"，而"对生活质量追求"则是所有国家都希望达到的阶段。在旅游消费需求不断增加的阶段中，旅游产业的发展表现出十分显著的经济效应，它不但可以提高旅游景点对投资的吸引力，还可以为人们的就业创造更多的工作岗位，从而促进当地的经济发展并提高人民的生活质量。尤其是在产业和经济基础较差的地方，旅游产业作为一种特殊的经济发展方向，会为地方社会经济的高质量发展贡献十分突出的力量。

表1.1　中国历年GDP及增长率

年份	GDP（亿元）	增长率（%）
2012	538580	7.9
2013	592963	7.8
2014	643563	7.4
2015	688858	7
2016	746395	6.8
2017	832035	6.9
2018	919281	6.7
2019	986515	6
2020	1015986	2.3
2021	1143669	8.1

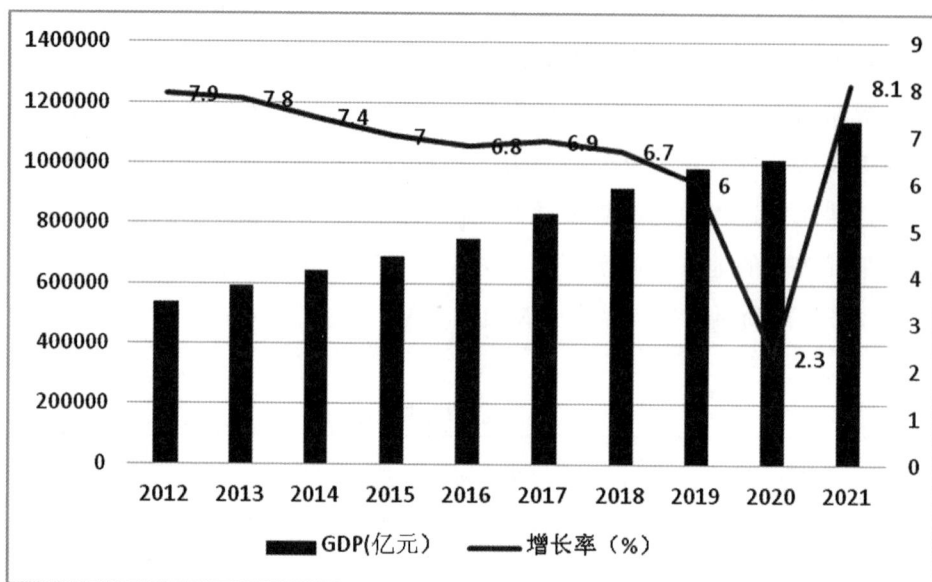

图1.1　中国历年GDP及增长率

数据来源：国家统计局

（二）供给侧结构性改革是发展主线

我国经济发展进入新常态，供需矛盾由总量失衡为主转变为结构性矛盾为主。2015年10月，"释放新需求，创造新供给"被写入十八届五中全会公报。2015年末，习近平指出："加强供给侧结构性改革，着力提高供给体系质量和效率"。2016年末，中央经济工作会议提出供给侧结构性改革主攻方向是提高供给质量。2017年10月，十九大报告指出，在发展过程中我们要将质量第一、效率优先摆在首要位置，此外，还要结合供给侧结构性改革这条主线，努力推动经济发展，实现质量、效率、动力的不断变革，使全要素生产率提高。2017年末，中央经济工作会议提出，高质量发展是我国经济发展新时代的基本特征和根本要求。未来供给侧改革仍将继续深化，以更高质量、更加绿色的产品和服务供给来满足人民群众的美好生活需要。2019年末中央经济工作会议指出，要在深化供给侧结构性改革上持续用力，确保经济实现量的合理增长和质的稳步提升。2020年10月，党的十九届五中全会在提出以扩大内需为战略基点的同时，仍强调坚持以供给侧结构性改革为主线，并在提出坚持扩大内需这个战略基点后，将"提升供给体系适配性"确定为第一大任务。2021年末，中央经济工作会议提出结构政策要着力畅通国民经济循环。要深化供给侧结构性改革，重在畅通国内大循环，重在突破供给约束堵点。在国家加快推进供给侧结构性改革的大背景下，在新的历史时期"稳增长，调结构，促改革，惠民生"的大环境下，以产业融合为特征的旅游产业供给侧结构性改革为文旅产业高质量发展找到了路径，旅游产业已经成为拉动我国经济增长的一个巨大的动力。

（三）旅游成为居民生活常态和刚需

经过近些年国家的不断发展，主要矛盾已经发生根本变化。在"十九大"报告中有14次提到"美好生活"，并指出："中国特色社会主义进入新时代，我国社会主要矛盾已经转化为人民日益增长的美好生活需要和不平衡、不充分的发展之间的矛盾。"这一重大科学论断为新时代下我国旅游业的发展举旗定向，并提出了新要求。旅游业被确立为幸福产业，各级政府更加重视旅游业发展，旅游业发展环境将进一步优化。我国城乡居民国内旅游活动增加的基础就是居民收入的稳定增长。因此，随着经济的不断发展，当前，我国居民的生活总体上来看已经进入了小康生活，居民的可支配收入不断增加，消费观念也显著提升，因此其购买能力也得到改善，正在与新消费结构接轨。随着消费升级，从原来的温饱型消费逐渐过渡，转变为以服务消费为主要特征的小康型、富裕型消费，因此，也延伸出一系列的发展性、享受性的服务消费，也受到广大群众的推崇与喜爱。旅游消费作为发展性、享受性消费的重要组成部分，人们越来越喜欢在旅游上消费，因为旅游能够使人增加阅历、陶冶情操、愉悦身心，此外，还能让人们的智力和体力得到发展，更是一种物质性和精神性消费的综合体。而随着更多的年轻人成为旅游业的消费主力，这些"新消费主力"的旅游需求不再局限于相对肤浅的观光旅游，而是开始注重"个性＋深度"的文化体验，他们对文化探知、艺术体验等旅游行为的兴趣日益增强。随着互联网的发展，旅游业不仅对GDP的综合贡献逐年增加，占GDP总量保持10%之上，行业内的产品及业态也在逐渐丰富，可见，旅游业在经济发展中的作用更加凸显。2021年，我国GDP总量达到114万亿元，连续两年超过百万亿元大关，稳居世界第二位。人均GDP达到80962元，折合约1.25万美元，超过世界人均GDP水平。按照国际经验，居民消费转变趋势明显，近年来更加注重精神文化方面的消费，因此，现今人们对文旅产品的需求也逐渐增多。"十四五"末，如果我国的GDP按照6%左右的经济增速增长下去，那么，我国人均GDP将跨越"中等收入陷阱"，成功转向高收入经济体的行列当中，因此，由于需求结构转变，势必会使旅游业发展得到巩固。

（四）文旅融合开启旅游新时代

服务业范畴中文化产业与旅游并列，但是，二者在内涵外延、功能作用上存在明显不同，但是总体来看其特点都较为明显，比如强关联性、高渗透性、边界模糊等。但是，边界消失、相互融合渗透的现象也逐渐产生，尤其是在资本、资源、产品、营销以及市场等方面，这也造成了原来的产业分立下的价值发生了改变，复合经济效应更加强大，也使产业结构逐渐升级。通过文化产业与旅游产业的深度融合，产生了1+1>2的效果，所以，综合来看，其发展势头强劲。当前，旅游的产品由于文化的促进逐渐提升，通过文化这个载体使其手段和渠道逐渐扩展。文旅产业也在一定程度上促进了经济的快速发展，这也是未来文化产业和旅游业的战略转型和升级的重要手段和抓手。近些年来文化旅游的发展表现出十分显著的经济效应，它不但可以提高旅游景点对投资的吸引力，还可以为市民的就业创造更多的工作岗位，从而促进当地的经济发展并提高人民的生活质量。

尤其是在产业和经济基础较差的地方，文化旅游作为一种特殊的经济发展方式，为地方社会经济的发展贡献了十分突出的力量。除了经济上的利益以外，文旅产业在区域的历史文化遗产的继承和保存方面，也起到了很大的推动作用。以国内旧城区改造为例子，许多改造工程都是以古建筑为改造基础，使其变成精致的客栈，提供餐饮和住宿服务，既可以增加当地的旅游文化收入，又可以使老城区的经济可持续发展。同时，通过对原有房屋的更新和使用，可以使本地人的认同感得到加强，使得地域文化特色更加凸显。《舌尖上的中国》《国家宝藏》《上新了·故宫》等文艺节目，在社会上产生了极大的影响，将更多的文化旅游产品呈现给游客。而在节目中所倡导的多元化、趣味化的文化元素与旅游的互动关系十分紧密，在展示旅游的文化魅力的同时也对广大旅游者形成了更加显著的吸引，从而为发展文化旅游提供了良好的条件。以2017年末播出并被中央电视台大力宣传的《国家宝藏》这个文化栏目为例，这个文化类节目掀起了一股"去一座城市看博物馆"的旅游热潮。根据全国各大旅游门户网站的统计，全国各大博物馆的游客数量在节节攀升，环比增长近100%，以"博物馆"为核心开发的新旅游路线已接近数千条。

（五）"碳达峰""碳中和"成为我国中长期发展战略

2020年9月，习近平总书记在第75届联合国大会上向世界庄严宣告我国确定实现碳达峰时间在2030年前，实现碳中和的时间为2060年，碳中和战略的部署标志着我国正式踏上节能降碳、增汇中和的道路。2021年，碳达峰、碳中和（以下简称"双碳"）目标先后被写入《政府工作报告》和《中华人民共和国国民经济和社会发展第十四个五年规划和2035年远景目标纲要》，进一步明确了"十四五"时期中国单位国内生产总值能源消耗和二氧化碳排放分别降低13.5%和18.0%的目标。因此，围绕双碳目标促进社会各行业节能减排，成为促进区域生态文明建设和国家高质量发展的重要任务。碳中和战略是我国制定的长期、有效的缓解世界气候恶劣变化的重要举措。碳达峰与碳中和"双碳"目标与旅游业发展是双向促进的关系。"双碳"目标的提出是旅游业整体高质量发展的助推器,从自然环境层面来看,实现"双碳"目标可以从根源上减少环境气候变化对旅游业带来的不利影响,增强旅游业可持续发展的韧性;从社会经济角度来看,"双碳"战略的实施可以推动生态旅游、低碳旅游等旅游形式发展,丰富旅游产业的生产形式与营收类型,助力旅游业实现经济高质量发展,推进我国生态环境建设。通过投入和产出关系,推动较强的产业关联性和带动性提升,包括电力、建材、交通运输等多个行业,这对于我国经济模式低碳转型具有重要意义。通过旅游业的推广,低碳政策、低碳发展模式被大家广泛熟知,并且各产业间交互形成的网络连接紧密,也能使其信息传播速度更快,实现政策传导效应和低碳乘数效应。

（六）交通进入高铁时代

2008年,北京至天津的城际高速铁路正式开通运营。开通后,列车最高运营速度达到每小时350公里,2009年京广高速铁路武广段开通,列车运行速度达到了每小时350公里,首次打破铁路春运瓶颈,标志着中国正式进入了高铁时代。近年来,我国高铁有效供给力度不断增强,高铁事业实现从"追赶"到"领先"世界水平的跨越式突破。高铁更快速、更便捷、更舒适的服务特点日益突出。到2021年底,中国高速铁路总营业里程已达4万公里,"八纵八横"主骨架已基本成型。随着中国高铁里程规模不断扩大,高铁网络不断完善,覆盖范围不断增加。依托高铁的综合优势,沿线城市的交通可达性显著提升,沿线各地区之间要素交流的深度广度不断加强,资源要素的集聚和扩散变得更为便捷。

随着现代交通技术不断革新突破,高铁已成为大众外出旅行的主要交通工具,人们的生活方式和工作方式发生了大幅改变,以交通为基础要素的旅游业也受益于高铁的快速发展,迎来高铁旅游新时代,高铁建设和发展为助推旅游业高质量发展提供了新兴路径。高铁以速度快、舒适性强等运营优势，给人们带来了方便快捷的出行体验。高铁的进一步提速，拉近了城市之间的距离，使高铁旅游迎来了新的发展机遇，在周边短途游的带动下，高铁游已经成为出行的热门选择。高铁延展旅游半径，助力旅游市场发展。如今的高铁已将一个个大大小小的城市连成线，织成网，畅通着旅客的游玩之路，乘坐高铁"周末游""暑期游"逐渐成为多数旅客的出行选择。高铁提速及路线延伸，进一步盘活了各地旅游资源，为激活旅游市场注入强大动能。在双循环经济发展新格局下，高铁的便捷为旅游业的发展创造了市场环境，有效地刺激旅游消费，并且使其实现新增长。高铁交通的便利为旅游活动的开展提供了有效保障，这也使得旅游市场的活跃度显著提升，旅游与高铁交通的结合为完善高铁交通路网创造了新的发展空间，使我国旅游事业整体呈蓬勃发展态势。对吉林省来说，高铁同样对旅游业发展影响重大。2021年12月，沈佳高铁白敦段正式开通运营，将长白山景区接入全国高速铁路网，大大缩短了长白山乃至东北地区通达全国的时空距离。旅客进出长白山的时间成倍缩短，破解了束缚长白山景区"旅长游短"的难题。

"十四五"时期中国的高铁建设力度、热度不减，《国家中长期铁路网规划（2016—2030）》《国家综合立体交通网规划纲要》分别提出"八纵八横"高铁建设目标和"全国123出行交通圈"构思，高铁建设全力迈向新的发展阶段，高铁路网对经济社会、产业发展、人民生活的支撑引领作用将更加强大。

（七）旅游业逐渐向综合型产业转变

从发展阶段看，我国旅游业原来的定位为创汇产业，但是当前，定位已经转变为国民经济重要产业，并且朝着综合型产业转变。

1978—1991年旅游业处于创汇产业阶段，补充外汇短缺是主要功能。国家在1978年提出"大力发展旅游事业"。之后，300多名香港青少年，组成一支以夏令营名义回国观光的团队，经深圳罗湖口岸踏上祖国的土地。

1979年，改革开放以后，总设计师邓小平多次谈到发展旅游业的重要性，认为"旅游事业大有文章可做，要突出地搞，加快地搞"。1981年10月，国家出台首个战略性文件《国务院关于加强旅游工作的决定》，其中指出"在我国，旅游事业既是经济事业的一部分，也是外事工作的一部分"，要做到"政治经济双丰收"。因此，综合来看，旅游事业具有综合性事业的特征，也是国计民生不可或缺的重要内容。旅游业发展的第一个五年规划也在1981诞生。

1983年，香港、澳门对内地居民开放，广东的"港澳探亲游"开始盛行，这也是出境旅游的开端。国务院批转原国家旅游局《关于当前旅游体制改革几个问题的报告》，提出"要从只抓国际旅游转为国际、国内一起抓"。1990年，前往新加坡、马来西亚、泰国旅游的公民得到国家旅游局允许。1991年，到我国旅游、访问以及从事各项活动的国际旅游者数量明显提升，总人次达到了3336万人，旅游外汇收入28.4亿美元，相比于1990年分别增长了21.5%和28.3%。

1992—2008年，旅游业逐渐成为国民经济的重要产业。在这个阶段，政府主导特色发展模式，政府加强行业宏观管理，出台的相关政策极大地推动了国内旅游和出境旅游市场发展。旅游业是扩大内需的重要手段，成为新的经济增长点。1993年，国务院办公厅颁布《关于积极发展国内旅游业的意见》，文件中重点提到"国内旅游业要纳入国民经济和社会发展计划"，这一政策的出台，很大程度上推动了国内旅游的快速发展。1997年，是中国旅游业破局之年。中国政府借助香港回归的机遇，确定了"大力发展入境旅游、积极发展国内旅游、适度发展出境旅游"的方针政策。之后国务院批准了《中国公民自费出国旅游管理暂行办法》。同时，原国家旅游局批准的11家旅行社正式开展出境旅游业务。至此旅游产业化格局基本形成。1997年，国际旅游业创汇超过100亿美元。1998年，中央经济工作会议上将旅游业列为国民经济新的增长点。同年，东南亚金融危机爆发，这刺激了国内旅游市场的发展。1999年，黄金周将旅游推向高峰，对扩大内需和拉动消费发挥了重要作用。根据原国家旅游局的统计数据，1999年"十一"第一个黄金周，全国出游人数7天内达到了2800万人次，旅游综合收入实现了141亿元，7天的花费相当于1998年全国国内旅游收入的5.9%。进入新世纪，旅游业被看作国民经济的重要产业，2007年，原国家旅游局确定了首批66家5A级景区，成为中国旅游精品旅游产品的标杆，对于旅游经济发展、旅游资源开发、旅游标准化建设、文化传承等发挥了重要作用。

2009年以后，旅游业被定位为既能促进国民经济发展又能让人民群众满意的综合性产业。随着不断的发展，旅游业市场化进程加快，全面融入了国家发展战略，进入深化改革阶段。随着发展环境的变化，旅游业更加注重从市场需求出发，更好地满足旅游者的基本需求。2009年国务院《加快发展旅游业的意见》提出，"把旅游业培育成为国民经济的战略性支柱产业和人民群众更加满意的现代服务业"，对旅游业重新进行定位并明确具体发展目标。2013年国务院将"休闲"置于重要的位置，国民需求和生活质量成为重要方面。2015年国务院指出：旅游是综合性产业，在现代经济发展中，旅游业已经远远超出了原有的范畴，广泛地涉及娱乐、餐饮、交通、文化、工业、农业、商贸、建筑等产业，成为一种综合性的经济形态。旅游产业的综合性可以从两个层面分析，分别为宏观和微观。从宏观角度来看，旅游产业的综合性主要表现在能同其他产业进行联动或是起到促进作用，实现共赢，所以从某一方面来讲，旅游业也是国民经济战略支柱产业。从微观角度来看，这一综合性主要体现在游客在旅游中所得到的全过程感受以及所得到的高品质保障，所以也被大众称为"人民群众满意的现代服务业"。从微观层面来看，旅游已不再是传统的核心产品体验，而是游客将自身愉悦的感受贯穿旅游始终，甚至延伸到旅游产业链上下游，品质要求极高，范围之广，因此无论从哪一方面都可以将旅游业定义为综合性产业。新冠疫情暴发以来，全球的旅游业大多都受到了极大的冲击，国内、国际双双联手进行相关应对措施，文旅部门多次出台有关政策，保证国内旅游业能够持续发展，并且能够在新冠疫情后更快地实现行业恢复。此后，中国旅游业在经济、政治、文化、社会等方面的综合功能更加凸显。

二、旅游业发展的政策背景

旅游业是我国第三产业中的一个重要组成部分，它在促进国民经济发展的过程中发挥着巨大的作用，已经发展成为我国的支柱性产业，在这一过程中，政策的引导和支持是至关重要的。

（一）政策明确旅游业的战略支柱产业地位

中国的旅游业也和很多行业一样，伴随改革开放而生。1979年，邓小平在多篇讲话中提出"旅游事业大有文章可做，要突出地搞，加快地搞"。直至1984年，中央制定了旅游建设方针，中国现代旅游业才真正开始起步。此后，国家出台了一系列政策，旅游业步入快速发展阶段。

1990年到2009年这一时间段中，我国的旅游业发展经历了由原先的计划经济模式向建立社会主义市场经济模式转轨的重要阶段。在这一时期，各种为了适应社会环境的法律、法规、政策、制度全都处于"摸着石头过河"的实验阶段，制定的主要目标是为适应转轨市场经济。1992年，《国务院关于试办国家旅游度假区有关问题的通知》明确提出了"旅游业是一个国家鼓励发展的创汇型产业"，该通知在一定程度上为日后发展影视相关旅游、健康养生旅游、红色旅游、文化旅游地产等奠定了基础。1993年，国务院办公厅转发国家旅游局《关于积极发展国内旅游业的意见》，对国内旅游工作提出"搞活市场、正确领导、加强管理、提高质量"的指导方针，极大地促进了国内旅游发展。1996年10月，国务院发布《旅行社管理条例》，取消旅行社按一二类划分的标准，按国际旅游市场通行的做法，只划分国际旅游和国内旅游两种旅行社。旅游业作为产业定位得到完全认可是在1998年，中央经济工作会议明确提出将旅游业确定为国民经济新的增长点，这才真正实现了旅游业从外交事业到经济产业定位的转变。

1999年以后，我国的"国庆黄金周"随着《全国年节及纪念日放假办法》的出台应运而生，一年三次的长假带来的是中国旅游的井喷态势，旅游业逐渐进入了以国民消费为根本的大众旅游时代。2001年，国务院在《关于进一步加快旅游业发展的通知》中，又提出要树立大旅游的观念，这标志着旅游业从经济产业定位又上升为综合性产业。2009年，《国务院关于加快发展旅游业的意见》明确提出，要把旅游业培育成为国民经济的战略性支柱产业和人民群众更加满意的现代服务业。这是对我国旅游业发展的一个基本定位。

（二）政策在宏观上引导旅游业高质量发展方向

2010年以后，我国旅游业发展政策的内容主要集中在推动旅游业提质升级和高质量发展上。此外，这一阶段的政策还规范了对旅游市场的监督管理。2010—2011年，为更好地引导旅游业高质量发展，相关部门相继出台各项政策，如《文化部、中国农业银行关于加强全面战略合作的通知》《国家旅游局关于进一步加快发展旅游业促进社会主义文化大发展大繁荣的指导意见》等。十八大以后，我国旅游发展逐渐进入一个新阶段，发展重心逐渐由量向质转变，2013年国家旅游局印发《旅游质量发展纲要（2013—2020年）》，指出坚持旅游质量发展是改善民生与提高人民生活品质的迫切需要，也是转变旅游发展方式、走规模增长与质量效益并重发展道路的内在要求，提出质量强旅战略目标，要将旅游业培育成为人民群众更加满意的现代服务业；同年颁布的《中华人民共和国旅游法》彰显了保护旅游权利和发展旅游产业的国家意志。2015年国家旅游局下发了《关于开展"国家全域旅游示范区"创建工作的通知》，指出全域旅游是实现旅游发展改革创新、转型提质的重要途径，进一步将质量作为全域旅游发展的首要价值目标，旨在通过旅游带动和促进整个社会经济的协调发展；2016年，国务院发布的《"十三五"旅游业发展规划》明确提出对中国旅游业提质升级高质量发展的新要求。

（三）政策对旅游业高质量发展的支持逐步细化深化

伴随着国家对旅游业发展的认识逐渐成熟，指导旅游业发展方向的发展规划持续出台，为中国旅游业发展提供了良好的发展环境与条件。2018年，随着国家机构改革方案的提出，中国文旅部正式成立。文旅部的挂牌成立进一步推动了文化和旅游的深度融合发展，在此之后，以推动融合发展为目标的高质量发展政策不断发布。2018年，国务院发布《关于促进全域旅游发展的指导意见》，将全域旅游作为旅游业未来发展的重点。2019年，文旅部颁布《关于实施旅游服务质量提升计划的指导意见》《关于促进旅游演艺发展的指导意见》《文化和旅游规划管理办法》等政策，分别从文化金融、文化消费、人才培养、资源建设、产业监督管理等方面对文旅产业健康发展给予支撑和保障。2019年，国务院发布了《关于进一步激发文化和旅游消费潜力的意见》。该意见针对多年来的发展进行总结，明确指出下一步要根据国内外的新潮流，顺应文化和旅游两端市场的互相融合，并进一步带来消费品质的提高和产业的转型升级。而关于进一步深化旅游领域的供给侧改革，就需要从供、需两端出发，推动居民在旅游产业中的消费规模保持高速增长，进一步刺激居民的旅游消费潜力，让旅游领域对经济增长的带动作用进一步加大。2020年，文化和旅游部制定、出台了《关于深化"互联网＋旅游"推动旅游业高质量发展的意见》。在"意见"中文旅部对于旅游业加强监管服务、提高产业治理能力、旅游创新创业的扶持等方面都做出了明确规划，通过科技与旅游的结合，实现旅游安全监测能力的提高，文化、旅游市场信用制度建设以及数字化旅游的开发等。同年，为了充分利用以互联网为代表的现代信息技术为旅游发展所带来的新动能，文化和旅游部与国家发展改革委等十部门联合印发了《关于深化"互联网＋旅游"推动旅游业高质量发展的意见》，指出将互联网作为旅游要素共享的重要平台，要实现社会效益和经济效益有机统一，坚持开放共享，加快形成以开放、共享为特征的旅游业发展新模式。2021年，国务院印发《"十四五"文化和旅游发展规划》，提出以高质量发展为核心主题，要实现发展质量、结构、规模、速度、效益、安全的统一，高质量发展成为我国旅游发展的主要方向。上述可见，国家旅游管理部门出台了一系列旨在推动旅游高质量发展的政策。

第二节　发展原则

一、旅游业高质量发展是以人民为中心的发展

根据世界旅游行业理事会的定义，旅游业是指凭借旅游资源和设施，为旅游者直接提供产品和服务的行业和部门。在国内，旅游业的定义有狭义和广义之分。狭义的旅游业，主要指旅行社、旅游饭店、旅游车船公司以及专门从事旅游商品买卖的旅游商业等行业。广义的旅游业，除专门从事旅游业务的部门以外，还包括与旅游相关的各行各业。旅行游览活动作为一种新型的高级的社会消费形式，往往是把物质生活消费和文化生活消费有机地结合起来的。从组成要素来看，旅游资源、旅游设施、旅游服务是旅游业赖以生存和发展的三大要素。旅游业主要通过劳动服务的劳务形式，向社会提供无形的效用，即特殊的使用价值，以满足旅游者进行旅行游览的消费需要。旅游业能够满足人们日益增长的物质和文化的需要。通过旅游使人们在体力上和精神上得到休息，改善健康情况，开阔眼界，增长知识，推动社会生产的发展。旅游是拉动经济发展的重要动力，也是提高人民生活水平的重要产业。随着大众旅游时代的到来，旅游产业已经成为国民经济增长的新动力、新引擎，在促进经济转型升级、提质增效、满足人民美好生活需要方面发挥越来越重要的作用。

社会主义生产的根本目的是要满足人民的需要，党的十九大报告指出，我国社会主要矛盾已经转化为人民日益增长的美好生活需要和不平衡

不充分的发展之间的矛盾，解决这一主要矛盾是我国发展的根本着力点，也是回归到发展本源，找寻高质量发展路径的密钥。这一判断也指出了我国转向高质量发展的本质，是要从"物质"生产体系转向"以人民为中心"的消费升级、创新、高效、包容的可持续发展轨道。

党的二十大报告充分体现了"人民至上"的中国式现代化建设理念，报告中177次提及人民，旗帜鲜明地强调"江山就是人民，人民就是江山"，将人民利益放在至高无上的位置，将"丰富人民精神世界"作为中国式现代化的本质要求之一，明确了"鼓励共同奋斗创造美好生活，不断实现人民对美好生活的向往"这一兼顾人民群众物质富裕和精神富裕双重目标的中国式现代化建设内容。党的二十大报告擘画了以中国式现代化推进中华民族伟大复兴的宏伟蓝图，强调在新征程上必须坚持以人民为中心的发展思想，要不断实现发展为了人民、发展依靠人民、发展成果由人民共享，让现代化建设成果更多更公平地惠及全体人民。此前，《中华人民共和国国民经济和社会发展第十四个五年规划和2035年远景目标纲要》明确将"人民生活更加美好，人的全面发展、全体人民共同富裕取得更为明显的实质性进展"作为2035年的远景目标。经济体系运行的根本是人，服务对象是人，目标是人的幸福感和获得感。习近平总书记强调，"人民对美好生活的向往，就是我们的奋斗目标"，并指出旅游"是人民生活水平提高的一个重要指标"。旅游业的高质量发展要坚持以人民为中心的发展思想，将增进民生福祉作为新时代旅游发展的根本目标，积极化解矛盾，全面回应和深度维护人民群众的现实旅游关切，不断满足人民对美好旅游休闲生活的新需求。将促进共同富裕与促进人的全面发展相统一，既是马克思主义的基本观点，也是社会主义的本质要求。

在中国式现代化建设的新阶段，旅游行业要将促进人们的物质富裕和精神富裕作为重要发展目标，以丰富的旅游供给满足人民群众对美好生活多样化、多层次、多方面的需求，不断促进人的全面发展。旅游业要充分发挥关联性和带动性强的特点，带动更多人走向物质富裕。这一点，旅游业过去已有了出色的成绩，未来仍可延续。旅游业要通过持续的业态、产品和服务创新，为实现人民群众的精神富裕提供充足而丰富的旅游供给。要不断丰富和完善旅游公共产品供给，继续推动国有重点景区门票降价，推动旅游发展，让旅游成为更多人的品质生活选择。要通过公益广告和宣传，将旅游是一种生活方式、成长方式和学习方式的理念更广泛地传播出去，让行万里路成为越来越多人追求自我发展、实现自我提升的新方式，让旅游成为小康社会人民美好生活的刚性需求、品质生活的必备品，不断满足人民群众对美好生活的向往。旅游业要将推进人的全面发展和精神层面的共同富裕作为新时代的发展目标，不仅要强调经济属性，也要强调文化内涵；不仅要有产业功能，也要有事业目标；不仅要有市场供给，也要有公共服务。要从人民的旅游权利出发，让更多人有得游、游得起、游得好。

二、旅游业高质量发展是以新发展理念为引领的发展

党的二十大报告提出，"以中国式现代化全面推进中华民族伟大复兴""贯彻新发展理念是新时代我国发展壮大的必由之路"。这为新时期中国经济社会发展明确了目标和路径，也为推动旅游业发展壮大、助力中国式现代化建设提供了新思路和新指引。新发展理念是我国发展实践的理论结晶。2015年10月，党的十八届五中全会提出创新、协调、绿色、开放、共享的新发展理念。同年，习近平总书记在《关于〈中共中央关于制定国民经济和社会发展第十三个五年规划的建议〉的说明》中指出："发展理念是发展行动的先导。"新发展理念回答了关于发展的目的、动力、方式、路径等一系列理论和实践问题。党的十九届六中全会审议通过的《中共中央关于党的百年奋斗重大成就和历史经验的决议》指出："党中央强调，贯彻新发展理念是关系我国发展全局的一场深刻变革，不能简单以生产总值增长率论英雄，必须实现创新成为第一动力、协调成为内生特点、绿色成为普遍形态、开放成为必由之路、共享成为根本目的的高质量发展，推动经济发展质量变革、效率变革、动力变革。"以新发展理念引

领的旅游高质量发展，必须坚持创新、协调、绿色、开放、共享发展相统一。新发展理念坚持从我国经济发展最突出的新矛盾、新特征和新要求、新趋势出发，坚持守正创新，以全新的概念体系和理论逻辑，全面深刻揭示了社会主义经济发展规律，为系统制定新时代深化经济体制改革和对外开放政策、制定实施一系列国家经济发展战略提供了科学指导，为推动我国经济发展实现新的实质性飞跃开出了极具针对性的系统性"药方"。

思想决定方向，理念引领发展。新发展理念作为一个系统理论体系，为全面高质量发展提供了理论指导。科学回答了关于发展的目的、动力、方式、路径等一系列理论和实践问题，不但揭示了事物的运动规律，而且对马克思主义政治经济学和中国特色社会主义政治经济学的创新发展做出了原创性贡献。创新理念丰富发展了马克思主义政治经济学关于生产力发展理论和中国特色社会主义政治经济学关于科学技术是第一生产力的理论，提出必须把创新摆在国家发展全局的核心位置，让创新贯穿党和国家的一切工作中。协调理念深刻揭示了发展平衡与不平衡、局部和全局、当前和长远、重点和非重点的辩证关系。绿色理念为实现人与自然的和谐共生以及人类社会的永续发展奠定了科学的理论基础。开放理念立足新的世界形势和新时代中国特色社会主义发展的内在要求，提出必须主动顺应历史潮流，坚持对外开放，积极参与全球经济治理体系改革，推动构建人类命运共同体，为解决发展内外联动问题提供了重要思路。共享理念不仅反映了实现全体人民共同富裕的社会主义本质要求，而且揭示了共享与发展的辩证关系，体现了马克思主义政治经济学以人民为中心的根本立场。

坚持创新发展，创新是引领发展的首要动力。习近平总书记对创新工作给予高度重视。在现代化建设布局之中，应当将创新工作始终放于核心地位，持续深入推进创新建设工作，紧密观测新一轮科技革命和产业变革的机遇，把握好突破口，把握得好坏关乎着未来旅游信息获取、消费场景营造以及供货商选择等多个方面的旅游全链条。要利用好现有资源和新兴资源，将数字化、智能化科技成果融入传统旅游发展之中，将传统旅游业态同新兴形势结合起来，进行产品创新和服务形式的升级，将原本处于资源驱动的旅游业转向以创新驱动。同时更不能忽视制度的创新工作，应当找出现如今旅游业所面临的困难，给予针对性的产业振兴计划，出台相应扶持措施，给予旅游业发展保障，在多个方面给予政策扶持，例如金融、信贷、税务等，帮助旅游企业摆脱困境。

坚持协调发展有重要的战略价值和实际意义，坚持协调发展是获得平稳和谐、健康有序发展的内在动力和实际要求。自从党的十八大以来，伴随着国内和国际上旅游行业的再一次生机蓬勃的发展，我国的国内旅游、入境旅游和出境旅游这三大市场的旅游人数和次数呈现持续上涨的趋势。但在旅游行业持续发展的同时，一些矛盾也逐渐显现出来，例如旅游行业发展不平衡不充分的主要问题是人民群众对旅游的实际需求以及旅游行业供给结构不平衡之间的矛盾。想要解决这些矛盾，就一定要统领全局，立足于整体，进行协调可持续发展，针对产业的结构空间进行优化和升级，加强基础设施和薄弱环节建设，发展和提升旅游要素的硬件和软件功能水平。坚持协调发展，还要在整体上有一个全局性的布局和战略性的谋划，并在具有创新思维的基础上，全面整体地实现可持续协调发展。要分别发挥出中央和地方的主动性和积极性，在发展的过程中，注重发展的质量、结构、速度和规模，并达到效益和安全相统一的目的。要统筹兼顾发展与安全问题，同时注重对于风险的预防和控制，特殊时期，也要守住各个方面的要求和底线，比如关于生态、生产安全的要求和底线，意识形态和防护安全上的要求和底线等。

坚持绿色发展是社会发展的永恒主题，绿色发展是一种可持续发展，是人民群众对美好生活的向往和追求。特别是对于旅游行业而言，绿水青山就是金山银山，只有生态环境优美宜人，旅游产业才能蓬勃发展。在社会经济生活中，必须坚定信念，深入贯彻落实习近平总书记关于社会生态文明建设的重要思想指示，在发展的过程中，坚持把保护生态环境牢牢地放在首要位置，坚持生态保护、绿色发展、民生改善相统一。旅游业的开发与发展，必须依托于当地特色的原生态自然环境，在发展旅游的过程中，不能对自然环境进行大规模的破坏，也不能过度地进行私人会所等一系列的商业化建筑开发，不能以牺牲生态环境为代价去谋求经济的发展，应当树立一个可持续的生态绿色发展观，让旅游景区真正成为人民群众享受和放松的休憩之地。在这个过程中，还需要加强对旅游中的顽疾陋习的整改，让游客能够自由自在地感受大自然的美好，并在发现和享受美丽的同时，提高自身的生态环境保护意识，树立文明健康、安全绿色的旅游新风尚。

坚持开放发展，是一种锐意进取的创新精神，是一个国家实现繁荣发展的必经之路。当今的世界，是一个形势多变的局面，国际大环境背景更是错综复杂、千头万绪，要不断加强各个国家之间的相互借鉴和交流互动，促进文明和谐稳定的合作发展显得越来越重要。我们要根据社会实际情况出发，立足于中华民族伟大复兴，着眼于整个中国的战略部署全局，在挑战中寻求机遇，在危机中孕育新生，于变化中谋求出路，必须加强对政治政策和政治形势的研究和分析。有计划地逐步稳定和促进境外游客进行入境旅游，鼓励和发展我国境内人民群众出境旅游，深入持续地开展旅游交流合作。

坚持共享发展，是中国特色社会主义的内在核心和本质要求。旅游行业的发展和繁荣，会带动与其相关的行业或产业的发展，并促进多个主体对旅游开发的资源成果共享，最终会促成各个利益的相关者达成合作共赢。坚持共享发展，要坚持以人民为中心，在政府和各级党委的领导和推动下，通过各个部门之间的协同合作，让全社会共同参与，让广大人民群众以合作发展的形式集体共享大旅游的未来发展格局，把民生价值贯穿落实在旅游行业的各个发展过程之中。要不断加大对旅游行业相关基础设施建设的支持力度，完善和构建一个能够覆盖城乡全部范围的、方便快捷实用高效的实现全民共享的旅游基础设施网络，并且在为游客提供舒适满意的旅游环境的同时，也要兼顾为本地的居民营造一个更加生态宜居的社会生活环境,为本地的人民群众提供更多的就业机会。新发展理念引领高质量发展进入新天地,开辟新事业,打造新境界。

三、旅游业高质量发展是具有可持续性的发展

高质量发展寻求的是发展的可持续性。高投入、高消耗、高排放粗放型增长,必定因能源、资源、环境等约束条件日趋紧张而不可持续。习近平总书记指出:"粗放型经济发展方式曾经在我国发挥了很大作用,大兵团作战加快了我国经济发展步伐,但现在再按照过去那种粗放型发展方式来做,不仅国内条件不支持,国际条件也不支持,是不可持续的,不抓紧转变,总有一天会走进死胡同。"高质量发展不简单以国内生产总值增长率论英雄,而以提高经济增长质量和效益为立足点,在质量变革、效率变革、动力变革的基础上建设现代化经济体系,必将促进我国资源节约型、环境友好型社会建设,走出一条生产发展、生活富裕、生态良好的文明发展道路。生态文明是千年大计,以习近平同志为核心的党中央把生态文明建设摆在全局工作的突出位置,强调"生态环境保护和经济发展是辩证统一、相辅相成的关系"。并且习近平总书记多次强调,切实把生态文明的理念、原则、目标融入经济社会发展各方面。良好生态环境是最普惠的民生福祉,也是经济社会可持续发展的重要基础。经济发展与生态保护不是非此即彼的"单选题"。良好生态环境与经济社会的可持续发展,两者之间是相辅相成、合作共赢的,良好的生态环境为经济社会的可持续发展提供坚实的基础,同时也为经济社会的高质量发展提供动力和支持。生态文明建设是关乎中华民族生存和发展的根本大计。自党的十八大以来,习近平总书记针对生态文明建设,做出了一系列重要的指示,形成了习近平生态文明思想。绿水青山就是金山银山的思想理念深入人心,得到全党和全社会人民群众的共同认可。我国的经济高质量发展与社会生态环境保护是相统一的,两者经过合作实现共同发展和进步,生态环境的保护获得历史性的转折和全局性的变化。经过社会实践证明,生态环境保护与经济发展

是辩证统一的关系，保护和改善生态环境的过程，就是保护和发展社会生产力的过程。在"十四五"时期，我国关于生态文明的发展建设，进入了以减污降碳为重点的战略方向，推动和促进了社会经济发展由量变到质变的全面绿色转型，在绿色低碳的生态环境中进一步实现了社会经济的高质量发展。

旅游业作为涉及经济、社会、环境等多部门的综合性行业，是可持续发展理论应用的重要领域。1995年，联合国环境规划署与世界旅游组织制定的《可持续旅游发展宪章》指出，"可持续旅游发展的实质，就是要求旅游与自然、文化和人类生存环境成为一个整体"，即保持自然资源、文化资源、生存环境一体化。这要求在旅游业发展的环境、社会文化和经济三个方面之间建立适当的平衡，形成社会经济、环境质量、人文环境之间的良性协调，以保证其长期可持续发展。1997年，世界旅游组织、世界旅游理事会与地球理事会联合发布的《关于旅游业的21世纪议程》，推进了旅游业可持续发展的实践进程。联合国世界旅游组织制定了三项标准对旅游业可持续发展进行监测，一是环境资源的最优化利用，二是对社会文化原真性的尊重，三是经济利益的公平分配。"2030年议程"为旅游业的可持续发展提供了新的目标，即坚持以人的福祉作为衡量旅游发展的标准，坚持旅游发展的公平性、长期性和社会包容性。旅游高质量发展要在生态承载能力范围内，通过对旅游自然资源、人文资源、社会资源的合理高效配置，形成人、社会、环境和谐共处旅游氛围，绿色、低碳、循环伴随全程，是具有包容性地实现旅游业与生态环境同步、共同进化的过程。

旅游业是社会生态文明建设的重点行业之一。旅游业的发展，立足于大自然环境的无私馈赠，依托于以山水林田湖草沙等为代表的生态服务系统和自然生态资源，在新时代关于旅游的消费需求生态化的大势之下，发挥生态自然资源的观赏和文化教育等功能，以市场化开发并提供旅游产品，例如乡村生态旅游、生态旅游等体验类的旅游产品，实现和产生社会生态经济效益，最终达成绿水青山就是金山银山的目的。旅游业是天然的

"绿色产业"，在需求端、供给端和政策端均具有明显的绿色发展优势。从需求端来看，旅游消费属于环境损耗较低的绿色消费行为，是在充分尊重自然、顺应自然、保护自然的前提下开展的人类活动，其绿色消费主要表现为低碳和环保。从供给端来看，旅游供给可在发展理念、场所设计、设施建设、资源开发、服务提供和项目运营等环节秉持绿色发展理念，并通过直接和间接影响旅游目的地生态环境，最终驱动区域绿色发展。从政策端来看，旅游业是碳排放洼地，具有显著的降碳减排效应，产生的规模化减排效果能够带动多产业的协同共治。

四、旅游业高质量发展是保持合理增长速度的发展

较高的经济增速才能为高质量发展创造条件。党的二十大报告明确指出，"高质量发展是全面建设社会主义现代化国家的首要任务""到2035年，我国经济实力、科技实力、综合国力大幅跃升，实现高水平科技自立自强""人均国内生产总值迈上新的大台阶，达到中等发达国家水平"。显然，要扎实推进中国式现代化，今后十几年，中国必须保持一定的经济增长速度。没有合理的增速，高质量发展就很难实现。从改革开放以来的经验看，高速增长阶段，往往也是全要素生产率增速较快、对经济增长贡献率较大的阶段。因此，较高的增速才能为高质量发展创造条件。更重要的是，高质量发展阶段本质上也是新一轮经济转型的开启。这个阶段，随着经济增速放缓，各类风险往往"水落石出"。没有合理的增速，风险就可能集中暴露，提高发展质量也就无从谈起。从这个意义上说，增速过低也是高质量发展阶段需要应对的挑战。从量变到质变的跃升，是社会主义市场经济发展的客观规律。从长远的角度看，社会经济的发展过程中，"质"和"量"之间是相辅相成的关系，二者缺一不可，社会经济没有"质"的变化，何谈"量"的变化，离开了"量"的变化，也就无法实现"质"的飞跃，量变到质变是一个累积变化的过程。社会经济发展并不是一帆风顺的，而是一个螺旋式上升的过程，等数量累积到一定的程度，就

必须转向质的提升，这同时也是我国社会经济发展需要遵循的规律。

高速增长与高质量发展是相互联系、前后衔接的发展过程。高质量发展需要在数量的基础上对质量实现进一步追求。与旅游高速增长阶段相比，高质量发展不只是旅游收入、旅游人数和景点数量的增加，而是旅游供给产品种类多样，品质优良，人们在旅游消费体验过程中收获更多的优质服务和获得感。旅游的高质量发展离不开一定程度规模和速度的增长，合理的、符合产业发展规律的增长是旅游业产业车轮不断滚动的前提，实现合理产业增长的办法来自更加齐全的旅游业体系、更加先进的生产技术、更加丰富的产品种类以及更加高端的产业层次，用良性的增长循环保障旅游业质量和效率的稳步提升。

第三节　重大意义

一、旅游业肩负成为吉林省万亿级产业的重要任务

《吉林省文化和旅游发展"十四五"规划》提出，力争用5到10年时间，实现全省旅游业总收入突破"万亿级"规模，将长白山建设成为世界级旅游景区。

旅游业被吉林省寄予厚望，一方面是从产业发展趋势看，旅游业本身具有强大的生命力和成长空间。按照有关研究机构的测算，在"十四五"末期，我国人均GDP将跨越"中等收入陷阱"，晋级为高收入经济体。按照国际经验，跨越"中等收入陷阱"后，居民消费将从以生存消费为主导转向以精神文化消费为主导，这会导致对旅游产品的需求变得更加旺盛，需求的结构变化将进一步激发旅游业加速发展。同时，旅游业因其带动性强、附加值高、辐射面广已然成为新时代一种综合性新兴产业，对经济社

会发展有着重要推动作用。人们以旅游为载体，进行一场超凡脱俗的文化享受之旅，在游山玩水的过程中，实现审美情趣和精神升华，这已经成为当前旅游行业的一种新风尚。所以说，旅游行业的发展壮大，正逐渐形成新的经济动力，越来越多的国家和地区开始重视旅游业，把旅游业发展战略作为当地社会经济发展过程中的重要内容，推动旅游业发展是产业现代化的必然趋势。

另一方面从吉林省旅游业发展基础和优势看，旅游业具有成为支柱性产业的潜力。吉林省旅游资源很多并呈现出两大特点，首先"冰天雪地"成为吉林省的资源优势，滑雪成为冰雪旅游中的高端运动，以长春为中心的滑雪旅游已经形成"气候"。其次，以北方人南迁过冬的模式正在发生调整，夏季越来越多的南方人来北方度假，这种夏季北方度假的旅游趋势正逐渐形成。吉林省是全国重要旅游区，关东文化源远流长、旅游资源分布广泛、禀赋极佳、地理位置优越是其开发旅游资源的优势所在。2021年吉林省全年接待游客2.11亿人次，同比增长37.55%，恢复到2019年的85.33%；实现旅游收入3274.83亿元，同比增长29.54%，恢复到2019年的67.14%；恢复幅度分别高于全国18个和14个百分点。

以高质量发展为目标，推动旅游业规模扩大，符合产业发展规律和趋势，也是吉林省发挥自身优势，抢抓国家积极构建经济发展"双循环"战略格局机遇的科学选择。

二、旅游业是践行"两山"理论的重要领域

"既要绿水青山，也要金山银山。宁要绿水青山，不要金山银山，而且绿水青山就是金山银山。"这是习近平同志对于人与自然关系，经济发展同生态保护关系生动而深刻的论述。其后"绿水青山就是金山银山"的重要思想被写入党的十九大报告、国民经济和社会发展"十三五"规划、《关于加快推进生态文明建设的意见》等中共中央和国务院正式文件和顶层设计中。"两山理论"已成为新时代中国生态文明和绿色发展重要的理

论基础和实践指导。2018年9月，习近平总书记考察东北三省期间以"两山"理论为吉林省生态及旅游业发展指明了方向。在松原市的查干湖畔，习近平总书记强调："一个是生态，生态建设，查干湖是个标志。再一个是旅游，绿水青山、冰天雪地都是金山银山。一方面要保护生态，另一方面要发展生态旅游，相得益彰。""两山理论"深刻揭示了人类发展和生态环境的辩证关系，对推动旅游业规模化与高质量发展具有重大的启示。

旅游业对环境和资源依赖性较强，在旅游业长期发展过程中，旅游资源的开发是生态环境保护的重要组成部分，必须正确地处理资源高质量开发和生态环境保护之间的关系，确保资源的绿色可持续发展，这有助于共同推进和实现人与自然和谐共生的现代化。在过去的旅游行业的发展过程中，存在规划不到位和盲目开发的现象，从而造成资源环境的浪费和破坏，严重偏离了绿色的可持续发展道路。但是现在在"两山理论"的领导和指引下，旅游业逐渐开始回归到正确的道路，在减少损耗以及优先保护资源的前提下，实现经济效益的最大化。很多地方都着手充分挖掘自身特色旅游资源，并加以整理与利用，把"五个留"（留白、留绿、留旧、留文、留魂）的要求体现在当地旅游业发展的方案中。而且，旅游过程能够传达意识形态，塑造和深化公众对绿水青山的认知和理解，有利于将绿水青山意识转变为自觉的行为意识。在"两山"理论指导下的旅游业发展不仅可以实现旅游生态资源的永续繁荣，而且将提升旅游资源的综合效益。旅游业发展着力推动资源变资产，发挥山水资源优势，有效推动特色资源产业化，吸纳富余劳动力，并带动增收，依靠旅游带动脱贫的案例不胜枚举。在旅游业发展进程中，坚持绿色发展理念，推动"两山"理论落地落实，不仅能够保证旅游产品供给质量和消费需求相适应，实现资源要素的最优化配置，促进经济结构优化调整，而且更是符合人与自然协调统一的经济发展方式。

吉林省生态资源富足，森林资源丰富，东部长白山林区素有"长白林海"之称。全省森林覆盖率45.2%，在全国处于靠前水平，是我国东北的重要生态屏障。同时，吉林省位于世界冰雪黄金纬度带，冰雪资源是吉林省得天独厚的旅游资源。吉林省同时拥有"绿水青山"和"冰天雪地"，在"两山"理论的指引下，有利于将"绿水青山"和"冰天雪地"资源转化为显著的生态效益、社会效益和经济效益，为全省带来"金山银山"。

三、旅游业是满足人民美好生活需要的重要支撑

满足人民对美好旅游的需要是旅游业高质量发展的目标。2016年，《关于进一步扩大旅游文化体育健康养老教育培训等领域消费的意见》明确提出，要着力推进幸福产业。旅游产业作为幸福导向、健康导向、文明导向的产业，在这个文件中被列"五大幸福产业"之首，其地位之高，前所未有。"以人为本"是新时代旅游业发展的基本遵循。旅游业高质量发展以满足人民对美好生活的需要和对美好旅游的需要为根本出发点，不断拓展旅游新方式、创新旅游内容、提高旅游供给质量，满足旅游者日益多样化的消费需求。

随着旅游形式的普及，人们日常越来越注重物质与精神层面的相结合，旅游成了日常生活的一部分，精神陶冶是人们追求的方向，因此，幸福指数的提升已成为旅游业的发展目标。随着人们对美好生活的向往，旅游业的发展也趋向于对人们物质提升以及精神的满足。首先，在服务供给层面，旅游业通过多渠道，比如文旅、科创等方面对其提供的产品进行特色化升级，使其品牌效应提升，给游客提供更加优质以及有效的服务，从而使游客的生活体验感得到各方面的丰富。其次，从消费业态层面而言，通过对"旅游＋"策略的积极配合与实施，该行业在科技、农业以及工业等方面进行了相互融合，在对质量进行优化的同时，也对产品的业态进行了丰富，将消费的潜力激发出来。另外，在关于公共服务层面，通过优化交通体系改善通达条件，提供气象、安全、急救等信息服务，完善旅游集散体系，打造智慧景区、智慧城市和智慧乡村等旅游基础设施，完善了城乡居民的公共服务体系，塑造了更美好的生活环境。

新时代的旅游行业贴近于生活与商业，为实现美好生活创造了更多的可能。旅游的发展对人民的生活价值进行了丰富。随着生活水平的提高，大部分人已达到了丰衣足食的状态，因此在生活中对旅游的向往也越来越多，在旅游中，人们通过对自然环境的探索，以及不同生活环境的体验，丰富了自己的生活方式。另外，旅游发展在生活空间中也具有一定的拓展性，日新月异的现代交通方式缩短了旅行距离，邮轮游艇、深海旅游、航天旅游等新业态标志着交通工具成为新的旅居空间，以虚拟现实、智能讲解、氛围营造和沉浸式体验等为主题的场景革命，丰富了旅居体验。

四、旅游业是实现吉林全面振兴新突破的重要抓手

2018年习近平总书记在考察东北三省时提出要实现东北全面振兴全方位振兴。作为老工业基地、制造业大省，吉林省产业结构严重失衡，经济增长过度依赖制造业，失衡的产业结构造成经济活力不足，传统产业多年增长的优势逐渐消失。而且增长模式主要依靠资本和要素的不断投入，尽管吉林省整体经济得到了快速发展，但是高能耗、高污染、高成本导致吉林省经济增长乏力，经济发展效益低下。吉林省加快实现全面振兴全方位振兴，需要加快经济转型的进程。

旅游业是促进产业结构调整的最佳切入点。一是旅游业本身属于第三产业，旅游经济的发展和旅游收入的增长可以提升第三产业的发展水平，提升第三产业在国民经济中的占比。二是旅游业具有很强的关联性，其发展可以带动相关的交通物流、住宿餐饮、休闲服务、商务服务、批发零售、文化产品、地产租赁等行业的发展，这些行业也均属于第三产业，可以进一步提升第三产业的占比。三是旅游业与其他产业融合衍生出的研学游、农业旅游、工业旅游等旅游业态可以推进一、二、三产业的融合，加速推动产业结构的升级。

旅游业高质量发展有利于激发经济活力。一方面，旅游业高质量发展有利于扩大内需。将对居民消费形成刺激，对旅游新兴产业的有效投资也

将随之扩大，吉林省旅游投资活力进一步增强。加快旅游业的发展，也有利于促进地区观念转变，增强吉林省与国内外发达地区的联系与协作，进一步扩大对外开放，招商引资。旅游业的发展必然带动客流、人才流、资金流、商品流、信息流的快速增长，使区外流入购买力扩大；也必然带动餐饮业、旅馆业、商业、娱乐业、交通运输业的发展，促进基础设施和通信设施的改善。而这些正是改善投资环境、吸引外部资金必须做好的前期工作。另一方面，旅游业是科技运用的重要领域。随着人工智能、大数据发展的"产学研"一体化进程的推进，旅游业"互联网＋"经济发展模式逐渐形成，更多新业态新模式在旅游领域诞生和推广，将成为助推全省经济新动能的重要力量。

五、旅游业是提升文化软实力和影响力的重要渠道

习近平总书记指出："要坚定文化自信，推动中华优秀传统文化创造性转化、创新性发展，继承革命文化，发展社会主义先进文化，不断铸就中华文化新辉煌，建设社会主义文化强国。"旅游与文化有着天然的内在联系，旅游业高质量发展是对民族优秀文化最好的传承，也是创造新时代精品文化的重要路径。当前，文旅融合已经成为旅游业发展的一个重要方式，旅游业可以成为传播文化的重要载体，不管是对国内还是国外都是提升文化软实力和影响力的重要渠道。

发展旅游对内是增强国民文化自信的重要途径。文旅协同发展模式是彰显文化、传播优秀文化的重要载体，文化给予旅游"活"的灵魂，使其焕发生命力。政府对具有文化属性旅游业的大力支持，对提升文化自信有重要的导向作用，对增强文化自信、传承中华优秀传统文化、提升文化软实力有着润物细无声的重要作用。2017年，习近平总书记在党的十九大报告中明确提出："要坚定文化自信，推动社会主义文化繁荣兴盛。"2018年4月，国务院明确地将新组建的文化和旅游部职能定位为"增强和彰显文化自信""提高国家文化软实力和中华文化影响力"。从旅游业的功能来

看，旅游活动同时也承担着文化传播的职能作用，会在旅游过程中潜移默化影响旅游者的文化认知，进而持续稳定地增强其文化自信。旅游业以市场需求为出发点，在旅游开发过程中科学融入特定的文化资源，赋予旅游业更加丰富的服务要素，实现旅游活动与文化体验的有机融合，为旅游者创造并提供一种更加丰富、更加具有趣味性的旅游体验，为其创造一种认知、欣赏、体验优秀文化的旅游过程，在满足旅游者文化体验需求的同时也有利于旅游目的地优秀历史文化的传播与发展，为文化传承做出巨大贡献。此外，独特的文化体验也将成为现代旅游业的魅力所在，对于提升优秀文化传承水平、提升旅游者认知能力、增强国家文化自信将表现出积极作用，文化具有培育和传递社会主义核心价值观的重要功能。

发展旅游业对外是增强世界各国对我国文化认同程度的重要方式。所谓文化认同，是通过对自然的认知进行提升，并形成支配人类行为的思维准则与价值取向。随着旅游者追求身份认同，旅游与文化之间的关系得到了改变，旅游业将文化考虑到旅游业当中，将文化变成旅游者的身份代号。作为旅游行业的个体成员，旅游者为其创造了文化素材，对消费者与文化地点的相互联系者、对旅游业的改造与创新有一定的影响作用。在文旅产业方面，其融合的内涵是文化，将旅游过程与旅游地的文化元素相互融合，从而将文化知识传递给旅游者，让其亲身体验，才能激发内在的文化情感，从而在文化情感方面达到共鸣。除此之外，旅游业对相关历史文化内容进行不断挖掘，以文化为基础核心，对现有的资源进行创新优化，不断地为消费者提供丰富多彩的文化体验，将旅游者的文化记忆唤醒，从而加强旅游者对文化的认同感。

对于吉林省而言，旅游业的发展对提升文化软实力和影响力的作用主要体现在如下方面。一是可以为具有旅游发展潜力的文化遗产和文化事业带来市场，使现有资源得到有效利用，同时借助旅游这个载体，可以对吉林省文化进行宣传，实现吉林省文化向更多人传播的目的。二是吉林省旅游业与南方旅游业发展较好的省份相比，在现代服务业的打造和构建方面还存在一定的差距。关东文化和满族文化是发展吉林省旅游业的核心竞争力，伴随着人民群众对旅游消费需求越来越注重旅游景区的品质化、旅游项目的个性化、旅游服务的人性化，发挥关东文化和满族文化优势，为吉林省旅游产业发展增添文化品质，是新时代背景下满足人民群众对旅游产业品质化、个性化、人性化需求的重要途径，是推动吉林省旅游业迈向现代服务业的重要举措。三是系统性、一体化是旅游业未来的发展方向，有利于实现文旅资源、生产要素与产品市场有效融合，共通共融，做到文化与旅游产业优势互补，相得益彰，既促进文化的发展繁荣，又促进旅游产业向更高品质发展，最终实现文化传承与旅游产业的共赢。

第二章

东北振兴以来吉林省旅游业发展成效

　　吉林省坐拥数量丰富且特色鲜明的自然、人文历史等资源，具备发展旅游业的先天优势。20世纪八九十年代，吉林省旅游业发展起步。2003年实施东北振兴战略后，旅游业实现快速增长。2018年之后，在文旅融合发展方向的指引下，吉林省旅游业实现转型升级，发展水平不断提高，取得了令人瞩目的成就，为吉林省经济社会发展发挥了重要支撑作用。

第一节　吉林省旅游业发展优势

一、资源优势

（一）吉林省自然资源优势得天独厚

1.吉林省山水林田资源丰富

　　吉林省处于北半球中纬地带，是我国温带最北部地区，接近亚寒带，自东向西依次是长白山地、丘陵地针阔混交林暗棕壤壤地带、山前台地森林草原黑土地带、松辽平原草甸草原黑钙土地带。吉林省东部距离黄海、日本海较近，气候湿润多雨；西部远离海洋而接近蒙古高原，气候干燥。吉林省属于温带大陆性季风气候，四季分明，冬季寒冷漫长，夏季温暖短促，春季干旱多风，秋季凉爽多晴。独特的地理位置、地形地貌与气候环境，赋予吉林省得天独厚的生态与自然资源优势。

吉林省以中部大黑山为界，可分为东部山地和中西部平原两大地貌，山地约占全省面积的3/5，平原约占2/5。吉林省自然旅游资源涵盖种类较多，包括地文景观旅游资源、水体旅游资源、生物旅游资源、天象旅游资源及各类自然保护区等多个类型。吉林省拥有众多山脉，山岳型旅游资源十分丰富，主要山脉有大黑山、张广才岭、吉林哈达岭、老岭、牡丹岭等；最著名的山岳型旅游地长白群峰，就包括白云峰、芝盘峰、锦屏峰等众多山峰。

吉林省河流众多，分属松花江、图们江、鸭绿江、辽河及绥芬河五大水系，长度在30千米以上的河流就有200多条，10千米以上的河流多达上千条，水体水域风光旅游资源十分丰富，包括风景河段、湖泊水库、泉及瀑布等多个类型。

作为全国重要林区之一，吉林省森林资源十分丰富，长白山区林业资源尤其丰富。吉林省拥有峡谷段落、雅丹、岩石洞与岩穴等多种地质地貌资源，峡谷地貌旅游资源丰富，多分布在东部山区，包括长白山大峡谷、鸭绿江大峡谷、望天鹅峡谷等。吉林省生物旅游资源丰富，野生动植物种类和数量众多，东北虎、东北豹等一批国家重点保护动物种群数量不断增加，长白山的高山花园、高山草地极具开发价值。

吉林省国家级自然保护区种类齐全，涵盖森林生态系统、草原与草甸生态系统、湿地与水域生态系统、野生动物、野生植物和地质遗迹等类型。吉林省拥有1206公里长的中朝边境线、232.7公里长的中俄边境线，最东端的珲春市距日本海仅15公里，距俄罗斯的波谢特湾仅4公里，开展边境旅游的资源十分丰富。

　　吉林省湿地资源较为丰富，全省共有湿地面积193.7万公顷，其中天然湿地131.5万公顷，湿地面积占全省辖区面积的10.3%。吉林省湿地资源分布范围广，长白山林区、中部平原农区、西部草原牧区皆有不同类型湿地分布；湿地资源区域差距显著，东部长白山区降水丰沛、河谷交错，湿地分布零散、差异性大；西部松嫩平原地势开阔，作为松花江、第二松花江及嫩江的三江交汇处，湿地面积大、连片集中；吉林省湿地类型丰富，涵盖国际《湿地公约》中提到的内陆三角洲、河流、湖泊、草本沼泽、森林泥炭、库塘等四大类16种天然湿地；吉林省湿地生物多样性丰富，有湿地野生动物297种、湿地高等植物613种、淡水鱼类百余种，其中包括濒危重点保护物种70种。截至2022年2月，吉林省已被认定的国家级重要湿地3处，为向海、莫莫格、通化哈尼湿地；省级重要湿地21处，包括通榆向海湿地、镇赉莫莫格湿地、松原查干湖湿地、乾安大布苏湿地等。目前，吉林省已建成湿地类型自然保护区17个，其中国家级湿地保护区8个，省级湿地保护区9个；吉林省已设立湿地公园36个，其中国家级湿地公园23个，省级湿地公园13个。

　　吉林省西部地区生态旅游资源尤为丰沛。查干湖大部位于吉林省西北部的前郭县境内，是吉林省最大的天然湖泊，水域面积超过400平方公里，渔业资源丰富，查干湖冬捕是国家非物质文化遗产，查干湖2007年被列为内陆湿地和水域生态系统类型的国家级自然保护区。嫩江湾位于大安市城区东北部，嫩江湾旅游区是以湿地生态观光、捺钵文化体验为突出特色的国家4A级景区，景区因系千里嫩江第一湾而闻名天下，拥有老坎子码头、辽皇观鱼台、华夷同风院等知名景点百余处，是国家森林公园、国家湿地公园、国家级水利风景区。向海位于白城市通榆县境内，属典型的草原地貌，1981年成立向海旅游区，是保护丹顶鹤等珍稀水禽和蒙古黄榆等稀有植物群落的内陆湿地及水域生态系统类型的国家4A级自然保护区、国际3A级自然保护区，现开发有鹤岛、博物馆、百鸟园、香海寺、郁洋淀、蒙古黄榆林、杏树林等三十余个著名景点，"向海鹤舞"被评为"吉林八景"

之一，享有"东有长白、西有向海"的美誉，为国内外游客提供向海特色的生态观光、休闲度假体验。莫莫格生态旅游以"浩瀚湿地、鸟类天堂"为主题特色，现已开发了一系列特色鲜明的旅游产品，包括哈尔挠苔草小叶章自然景区，鹅头、米太观鸟景区，局址岛湿地公园景区，万宝山草原民俗风情景区，湿地自然博物馆等，还可提供游览九曲嫩江、体验莫莫格水乡风情、涉足原始草原、品味民俗文化等多重旅游体验。

2.吉林省冰雪资源优势突出

吉林省位于北纬41度至43度之间，处于东亚大陆边缘，濒临太平洋，天象和气候旅游资源丰富，最著名的是冰雪和雾凇。吉林雾凇魅力独特，与桂林山水、路南石林、长江三峡一起被誉为"中国四大自然奇观"。吉林省降雪期长、雪量丰沛、雪质好，冰雪资源极为丰富。吉林省冰雪季持续时间长，每年11月份至次年2月份的冰雪期长达半年左右；吉林省冰雪雪质好，尤其是长白山地区，位于世界"冰雪黄金纬度带"，是世界三大粉雪基地之一，深受滑雪爱好者喜爱。东部长白山区，雪质具有干燥、松软、结实的特点，是名副其实的12度优质粉雪，堪称"中国最美雪山、冬季运动天堂"，与欧洲的阿尔卑斯山、北美的落基山并称为世界三大粉雪基地。

吉林省中东部地区拥有得天独厚的气候条件和山地资源，非常适宜建设大型滑雪场地，发展冰雪休闲运动和旅游度假观光产业。吉林省多个滑雪场在全国市场拥有较高的知名度和美誉度，包括吉林北大湖度假区滑雪场、长白山国际度假区滑雪场、万科松花湖度假区滑雪场、长白山鲁能胜地旅游度假区滑雪场、通化冰雪产业示范新城滑雪场等（见表2.1）。吉林省多个滑雪场排在全国十大滑雪场前列，尤其是吉林北山四季越野滑雪场，作为世界最先进的四季全天候室内滑雪运动训练基地，在国际市场也享有一定知名度。吉林省现有标准滑冰馆14个，其中吉林省速滑馆是亚洲第一大滑冰馆，达到接待国际A类赛事标准，承办过多次世界杯、亚冬会滑冰赛事。从冰雪节庆赛事资源来看，吉林省已培育形成一批知名品牌冰雪节庆活动，连续举办了19届长春净月瓦萨国际滑雪节、27届吉林国际雾凇冰雪节、20届查干湖冰雪渔猎文化旅游节、16届长白山雪文化旅游节、6届吉林雪博会及吉林国际冬季龙舟赛、国际冰雪摄影大展、冰雪温泉节等特色的冰雪体育文化活动。

表2.1　吉林省9大知名滑雪场及其特色

名称	所在地	特色吸引力
长白山鲁能胜地滑雪场	白山市抚松县	国内首个专门为初中级滑雪者和度假游客提供完善教学体系的滑雪场地。雪道面积30万平方米，共9条雪道，其中初级雪道6条，中级雪道3条；配备2条索道，3条魔毯。雪场配套有五星级滑雪服务大厅和国内首个单体滑雪学校，设置30余种不同难度的地形障碍道具，是展示滑雪技巧、释放运动极限的绝佳场地。还拥有总长度12公里、达到国际雪联FIS认证标准、可举办国际级越野滑雪赛事的越野滑雪场
长白山万达国际滑雪场	白山市抚松县	滑雪场地理位置得天独厚，拥有世界同纬度保存最好的森林生态系统，冬天里日照充沛，风力较小，各式雪道星罗棋布，雪道穿越森林，设计犹如迷宫，其乐无穷，让滑雪充满了神秘感，更可观赏惊艳绝伦的长白山冬景之美
万峰通化滑雪度假区	通化市东昌区	原通化滑雪场，始建于1959年，是中华人民共和国第一座高山滑雪场和第一个专业滑雪比赛的举办地。规划面积12平方公里，其中雪道面积11.7万平方米，雪道总长度31千米，垂直落差560米，部分雪道具备举办国家级体育赛事的能力和标准
长春净月潭滑雪场	长春市净月潭国家森林公园	长春市内唯一具有中级滑雪道的滑雪场，占地面积8平方公里，三面环林，一面临水，具有得天独厚的区位优势和旅游资源。雪场2001年投入使用，乘坐缆车可远眺长春市区，并一览净月潭的林海雪原，是一座充满负氧离子的雪场。这里雪质松软，适合各种不同类型的滑雪爱好者，拥有高空索道和长达1616米的管轨式滑道，连续多年举办瓦萨国际滑雪节

续表

名称	所在地	特色吸引力
庙香山滑雪场	长春市九台区	国家4A级旅游景区,吉林省冰雪名片,在吉林省40多家滑雪场综合排名前5位。建成初中高级雪道13条,总铺雪面积达到40万平方米。越野雪道12公里,建成国产先进的六人脱挂式高速架空索道(b)1条、双人吊椅索道(c)1条、拖牵1条、魔毯5条,造雪系统覆盖6公里;建成配套蓄水库两座。全年长达120天的雪期,每日可接待5000人同时滑雪
天定山滑雪场	长春市莲花山生态旅游度假区	滑雪场总占地面积80万平方米,最大可承载5000人同时滑雪。这里不仅是专业滑雪者的乐园,更是初级滑雪者的天堂,不同难度的滑道和多样化的服务设施为初学者、家庭旅游者等人群提供了多元化体验。雪场建成总长约7千米的11条雪道、1条雪地摩托道、1条单板追逐雪道、两条趣味雪道、两条索道、三条魔毯。雪场设有专业滑雪学校,应用STEM+A教育理念,为广大滑雪爱好者准备了专业的冰雪及滑雪课程,为中小学生的冰雪研学做好了充分的准备。雪场服务中心采取一站式服务,采用国际标准硬件配套,拥有意大利进口雪具3500套、雪盔2000套、雪服等雪具设备
世茂莲花山滑雪场	长春市莲花山生态度假区	滑雪场始建于2004年,占地面积约6平方千米,凭借国际滑雪场标准打造的高起点规划、专业化设计,曾是2007年亚洲冬季运动会主要赛场之一,建有按国际标准设计的"自由式空中技巧"和"单板U型槽"滑雪场地。滑雪场现有13条滑雪道,其中4条初级道、2条中级道、7条高级道,雪道面积20万平方米,雪道全长13340米。雪场还针对上班族冰雪爱好者开放了夜场滑雪
北大湖滑雪场	吉林市永吉县	曾举办过全国冬运会和亚洲冬运会,滑雪山体落差870米,雪道好、雪质佳、积雪深、雪期长。现有27条雪道,其中5条高级道、13条中级道、8条初级道、1条越野雪道。配有7条高山缆车、7条魔毯。有高山滑雪、越野滑雪、跳高滑雪、自由滑雪、雪车等多个项目

续表

名称	所在地	特色吸引力
万科松花湖滑雪场	吉林市丰满区	总面积超过35万平方米,可同时容纳2000人滑雪,雪场拥有全长5.23千米高山雪道,场地具备了国际级高水准,共有28条雪道,山体落差最高超过600米,可同时满足国际专业赛事和初级滑雪运动的需求。雪场里还有一条长达1.8千米的载人空中索道,游客可以穿越林海,遨游于冰天雪地之间,饱览冰雪美景

资料来源:网络综合整理

3.吉林省温泉资源富集

吉林省温泉地热资源丰富,主要集中在中部高平原及东部山区。吉林省初步探明的五大地热田资源,包括长白山天池温泉地热田、抚松县仙人桥镇地热田、临江市花山镇温泉群、长春市城区地热田等,其地热水总量可达2万立方米/天,相当于4000万吨标准煤。此外,在长春双阳、安图二道白河镇、公主岭市、农安县、长春九台区等地,也具备地热埋藏条件。吉林省温泉资源水质优良,尤其以长白山天池附近的温泉最为著名,是全国知名的温泉康养胜地。随着近年来冰雪旅游热的兴起,长白山冰雪旅游热潮更带动了温泉疗养、温泉休闲度假、温泉文化体验,建成一批温泉旅游度假区,如长白山国际度假区温泉、仙人桥森林温泉、神农温泉、圣德泉温泉等,成为吉林省发展温泉旅游体验的重要产业资源。吉林省还拥有丰富的冷泉资源,主要分布于抚松、靖宇等15个县市,其中靖宇县被命名为"中国的矿泉城"。

(二)吉林省人文资源底蕴深厚

1.历史文化资源丰富

吉林省历史文化资源丰富,有长春市、集安市、吉林市共三座国家级历史文化名城,历史文化遗存丰富多样,包括伪满洲国遗址、高句丽历史遗迹、叶赫那拉古城等知名遗迹遗址,积淀了宝贵的"三地三摇篮"旅游资源，即"东北抗日联军创建地、东北解放战争发起地、抗美援朝后援地、新中国汽车工业的摇篮、新中国电影事业的摇篮、中国人民航空事业的摇篮"六个特色鲜明的红色标识，拥有丰厚的历史文化底蕴。长春市是近代东北亚政治军事冲突完整历程的集中见证地，是九一八事变后日本占领东北所扶植的伪满洲国首都，具有众多历史古迹，包括现存三大帝王宫殿之一的伪满皇宫和八大部、净月潭、苏军烈士纪念塔等。同时，长春市还是我国著名的老工业基地之一，是新中国最早的汽车工业基地和电影制作基地，有"东方底特律""东方好莱坞"之称，还是新中国轨道客车、光电技术、应用化学、生物制品等产业发展的摇篮。作为东北老工业基地之一，长春具有独特的工业轨迹、工业风貌和工业历程，拥有铁路、有轨电车、一汽、长影、长客、长拖等为代表的一大批工业遗存，具有深厚的历史文化、技术、社会、建筑及科学研究价值。集安市是高句丽王城文化遗址所在地，保存着世界上最多的高句丽文物古迹，包括山城、陵墓、碑石、上万座古墓及众多出土文物，构成令世界瞩目的洞沟文化，将军坟、好太王碑、高句丽古墓壁画、好太王陵、丸都山城及国内城等，都是重要的历史遗迹。2004年"高句丽王城、王陵及贵族墓葬"被列入世界文化遗产名录。吉林市拥有北山古庙群、孔庙、吉林文庙、明代留下的阿什哈达摩崖石刻等。此外，农安县的农安辽塔、蛟河市的前进古城址、辉南县的辉发古城、珲春市的八连城遗址等，都是极具价值的宝贵历史文化旅游资源。

2.民俗风情特色鲜明

吉林省是多民族聚居省份，有朝鲜族、满族、蒙古族、回族及锡伯族等。多年来，以朝鲜族、满族等为主的少数民族形成了极具民族特色的以服饰、饮食、礼仪、节庆等为代表的少数民族文化风俗，成为吉林省民俗风情旅游的重大特色。朝鲜族主要聚居于吉林省延边朝鲜族自治州，拥有独特的服饰装扮、饮食爱好、生活居住、婚丧嫁娶习俗、文体活动等民俗，其中，朝鲜族服饰、朝鲜族花甲礼、朝鲜族婚礼等，均被列入国家级非物质文化遗产名录，是吉林旅游的重要组成部分（见表2.2）。吉林省少数民族节庆习俗众多，既有民族间习俗的相互影响，又带有鲜明的民俗色彩。朝鲜族的老人节与民俗节、蒙古族的那达慕和"查干萨日"、满族的天贶节及颁金节等都具有较强的代表性。吉林省多民族聚居留下众多历史遗迹，作为史前文化发源地及中国满族发祥地之一，吉林市的乌拉街满族风情，阿拉底村、兴光村朝鲜族风情，具有浓郁的民族特色。吉林省现有国家历史文化名镇名村3个，分别为四平市铁东区的叶赫镇、吉林市龙潭区的乌拉街镇、图们市月晴镇的白龙村，均为极具民俗风情特色的少数民族村落。

表2.2　吉林省十大著名国家非物质文化遗产

吉林省著名国家级非物质文化遗产及其特点
1.朝鲜族洞箫音乐 朝鲜族洞箫音乐是流行于吉林省延吉市、珲春市的传统音乐。洞箫是中国朝鲜族独有的、具代表性的一种传统乐器，迄今已有1500年历史。其不仅能表达含蓄哀婉之意，也能表现慷慨激昂之情。洞箫音色恬静、悠扬，具有醇厚长者及君子之风。2008年，吉林省延吉市、珲春市申报的朝鲜族洞箫音乐被列入第二批国家级非物质文化遗产名录
2.黄龙戏 黄龙戏是吉林省农安县地方传统戏剧。黄龙戏以"此地影"（当地民间艺人对本地皮影戏的俗称）音乐为基础，融合了东北的民间小调、戏曲曲牌、皮影专调、萨满腔、神调等多种音乐，形成了独立剧种。它拥有高亢、粗犷又朴实，鲜活又细腻的独特唱腔和音乐风格。2008年，被列入第二批国家级非物质文化遗产名录
3.朝鲜族服饰 朝鲜族是中国少数民族之一，主要生活在吉林省延边州。朝鲜族服装呈现出素净、淡雅、轻盈的特点，给人美丽形象，充实了服饰艺术的宝库。朝鲜族男装衣短，裤长肥大，加穿坎肩，也有外着道袍或朝鲜长袍者；朝鲜族女装短衣长裙，短衣有长长的白布带在右肩下方打蝴蝶结，长裙多有长皱褶。2008年被列入第二批国家级非物质文化遗产名录

续表

吉林省著名国家级非物质文化遗产及其特点
4.朝鲜族长鼓舞 朝鲜族长鼓舞是吉林省图们市民间舞蹈。朝鲜长鼓起源于印度的细腰鼓，又通过丝绸之路传入中国中原，再传入东朝鲜，成为朝鲜民族音乐的主要打击乐器。明清时期，朝鲜族人口从朝鲜半岛迁入中国，长鼓舞随之传入中国，形成了具有中国特色的朝鲜族舞蹈。2008年被列入第二批国家级非物质文化遗产名录
5.朝鲜族三老人 朝鲜族三老人主要流布于吉林省和龙市朝鲜族聚居区，是富有鲜明民族艺术特色的曲艺。朝鲜族三老人融朝鲜族曲艺才谈、小丑戏（尔光代）、漫谈、幕间剧等形式于一体，说白为主，唱演为辅。近年其演出曲目多反映新时代风貌，较有代表性的包括《百年大计》《新的长征》《去开会的路上》《老人足球队》等。2008年被列入第二批国家级非物质文化遗产名录
6.朝鲜族花甲礼 朝鲜族花甲礼是主要流传于吉林省延边朝鲜族自治州朝鲜族聚居地区的传统礼节。朝鲜族祖祖辈辈把尊重老人看作是家庭乃至整个社会生活中的重要礼节，为老人过花甲既隆重又至诚。一到老人的花甲之日，子女们便为老人摆寿席，设酒宴，广邀亲朋好友和邻居欢聚一堂，感谢父母养育之恩，祝愿老人健康长寿。2011年被列入第三批国家级非物质文化遗产名录
7.朝鲜族鹤舞 朝鲜族鹤舞是吉林省延边朝鲜族自治州传统舞蹈，它最早是大型宫廷歌舞五方处容舞中的一种穿插表演形式。李氏王朝时期，鹤舞在表演上出现了新的变化，两只鹤围绕两朵莲花翩翩起舞，形成独立的"鹤立莲花台舞"。传入中国后，经民间艺人重新加工整理，演出形式更为完善，在吉林省延边朝鲜族自治州西南部的安图县流传十分广泛。2008年被列入第二批国家级非物质文化遗产名录

续表

吉林省著名国家级非物质文化遗产及其特点
8.森林号子 森林号子是东北地区的传统民歌，是森林里从事抬木活动的伐木工人抬木头时唱的一种歌，俗话叫"号子"。目前这种森林抬木号子依然鲜活地存在于长白山森林之中，为抢救和保护这种珍贵的自然生态文化提供了条件。2008年被列入第二批国家级非物质文化遗产名录
9.满族说部 满族说部，吉林省地方民间文学，由满族民间艺人创作并传讲的、旨在反映历史上满族人民征战生活与情感世界的一种长篇散文体叙事文学。满族讲唱说部主要在氏族内以口耳相传，代代承继。因其体式与汉族民间艺人的说书比较接近，每部书可独立讲述，故称"说部"。2006年被列入第一批国家级非物质文化遗产名录
10.朝鲜族传统婚礼 朝鲜族传统婚礼是中国朝鲜族先民在长期的历史发展中，与汉族及其他少数民族不断融合发展而形成的，朝鲜族的婚礼分为"女嫁"和"男娶"两个部分，通常是同时举行的。传统的朝鲜族婚娶方式包括议婚、大礼、后礼三大阶段，另外非常特别的地方就是新郎要接受大桌。2008年被列入第二批国家级非物质文化遗产名录

资料来源：网络综合整理

3.地域文化独具魅力

长期以来，朝、满、蒙、汉等各族人民在吉林大地生息繁衍，创造了灿烂的地域文化，从民间文学、传统音乐、传统舞蹈，到曲艺、传统体育游艺及杂技、传统戏剧，再到传统手工技艺、特色民俗及传统医药等，吉林省的非物质文化资源十分丰富。以萨满文化、吉剧为代表的文化宗教与地方戏曲是吉林地域文化的突出特色，给吉林旅游打上了鲜明的民族标签。吉林省是萨满文化母源地之一，萨满是北方满族、蒙古族、赫哲族、鄂温克族及哈萨克族等普遍信奉的一种原始宗教，吉林省的九台区更是拥有丰富的萨满文化遗存和活态传承，具有"古老、稀奇、独特、集中"的特点，拥有多项国家和省级非物质文化遗产，素有"世界萨满看中国、中国萨满看吉林、吉林萨满看九台"之美誉。吉剧由东北二人转演变而来，流行于吉林、辽宁、黑龙江及内蒙古的一些地区，代表性剧目包括《蓝河怨》《桃李梅》《包公赔情》等。独特的表演步法充满浓厚的生活气息和地方特色。吉剧器乐曲牌多达一百多个，多由东北地区民间吹打乐和东北民歌的曲调发展而来，伴奏乐器包括板胡、唢呐、喉管、筝等，观赏性和娱乐性极强，已于2021年经国务院批准列入国家级非物质文化遗产代表性项目名录。同时，吉林省少数民族贡献了各具特色的音乐、舞蹈、戏剧等文化艺术，满族说部、朝鲜族洞箫音乐、农安县黄龙戏、朝鲜族长鼓舞等，都具有较强代表性。

二、区位交通优势

（一）吉林省地理区位优势明显

吉林省位于中国东北地区中部，地处东北亚地理中心位置，南、北、西分别与辽宁、黑龙江、内蒙古相连，同俄罗斯、朝鲜接壤，最东端的珲春市与日本海最近仅相距15千米，距俄罗斯的波谢特湾仅4千米。作为恰好地处东北亚几何中心位置的省份，吉林省拥有不可替代的区位优势。从国内来看，吉林省位于东北地区腹地和中间位置，是连接包括北京、天津、河北、山西、内蒙古、辽宁、黑龙江等在内的华北和东北地区的重要省份；从东北亚地区来看，吉林省是与包括韩国、日本北部和西北部、俄罗斯东部地区、朝鲜及蒙古国等在内的东北亚各国交流融通的重要地理节点，所辐射的东北亚地区陆地面积达1600多万平方千米，占亚洲总面积的40%以上。同时，吉林省与俄罗斯接壤的边境线长232.7千米，与朝鲜接壤的边境线长1206公里，有1个对俄罗斯口岸，10个对朝边界口岸，漫长的边境线为吉林省开展边境旅游和文化交流提供了重要平台。尤其是随着"一带一路"建设不断深入推进，地处中俄朝三国交界处的吉林省珲春市，拥有吉林省唯一对俄铁路及公路口岸，成为带动吉林省融入"一带一路"、打造中国向北开放的重要窗口和载体，珲春市也成为促进吉林省持续参与东北亚国际合作的最前沿。《区域全面经济伙伴关系协定》（RCEP）的签署和生效实施，为吉林省加快同日本、韩国等地区和国家的旅游业交流提供了新机遇。

（二）吉林省旅游交通设施不断改善

铁路公路：截至2020年末，吉林省基本建成横贯东西、纵贯南北、覆盖市县、畅通乡村的综合交通运输网络，包括铁路、公路、水运在内的综合交通基础设施总里程达11.4万千米。与京津冀、辽中南地区及环渤海地区实现便捷高效连通，与黑吉辽三省实现东、中、西全方位连通，建成面向俄罗斯、朝鲜等东北亚区域国家的综合交通运输通道。截至2020年，吉林省铁路营业总里程达5028千米，排在全国第11位，路网密度268千米/万平方千米，基本实现省会高速铁路连通，基本实现市、县普速铁路覆盖。吉林省公路通车里程达10.7万千米，二级及以上公路占比达15.1%，路网密度57.5千米/百平方公里。全省高速公路通车总里程突破4300千米，长春市与省内各市（州）政府所在地全部实现高速公路直连。普通国省干线公路总里程达1.1万千米，所有县级市节点两条及以上干线公路连通，覆盖全省90%以上乡镇，省内重点景区、口岸、机场及铁路枢纽全部连接。农村公路通车里程达9.2万千米，所有乡镇、建制村全部通硬化路、通客车，整治了包括旅游路在内的"畅返不畅"农村公路，畅通农村地区旅游通道。

航空水运：2020年，吉林省通航运营机场共有6个，包括长春龙嘉国际机场，延吉、长白山、通化、白城、松原机场；机场集团共完成运输航班8.51万架次，旅客吞吐量1032.34万人次，为旅客快捷舒适出行提供航空服务。水运基础设施不断完善，全省通航河流松花江、鸭绿江、图们江及嫩江的通航总里程达1621千米，其中高等级航道129千米。

随着基础设施条件不断完善，吉林省道路交通旅客通行服务能力不断提高，为全省旅游大发展提供重要保障。旅客联程运输能力提升，出行更加便捷，开通长春至通化、长春至榆树等定制化客运服务线路15条、冰雪直通车线路13条，基本实现3A级以上旅游景区、4A级乡村旅游经营单位道路客运全覆盖，"交通＋旅游"为旅游业发展提供重要支撑。长春市打造"公交都市"示范，省内城市公交车辆、地铁轨道车辆实现交通一卡通，初步建成"十字＋环形＋放射"格局的城市轨道交通网络。

三、先行发展优势

（一）吉林省是较早布局发展冰雪旅游的省份之一

吉林省位于世界冰雪黄金纬度带，处于全国冰雪资源优良梯队之中，坐拥"丝滑粉雪＋温暖静风"的气候资源优势，是全国较早开展冰雪运动、冰雪旅游的省份。吉林省立足冰雪资源禀赋，在全国率先发布了多项冰雪经济政策，较早地确立了冰雪旅游发展方向，在冰雪旅游政策布局上具有先行发展优势。早在20世纪50年代，吉林省通化市修建了新中国第一座专业滑雪比赛场地，承办了中国第一届滑雪比赛，通化市被誉为"中国滑雪之乡"。进入21世纪，尤其是2003年国家实施第一轮东北振兴战略、2016年开启第二轮东北振兴至今，"东北振兴""一带一路"等国家战略在吉林省交汇叠加；2015年，北京申办2022年冬奥会报告提出带动"三亿人上冰雪"的目标；2016年习近平总书记提出"冰天雪地也是金山银山"。2018年9月习近平总书记视察吉林时，指出"绿水青山、冰天雪地都是金山银山""保护生态和发展生态旅游相得益彰"；2020年7月视察吉林时，再次强调"冰天雪地也是金山银山"，要推动冰雪旅游、冰雪运动、冰雪文化、冰雪装备等加快发展。多重政策利好下，特别是习近平总书记的重要指示，赋予了吉林省发展寒地冰雪经济的时代使命与重大机遇。

作为"世界三大粉雪基地"之一，过去几年间，吉林省充分发挥资源优势，乘北京冬奥会东风，变"冷资源"为"热产业"。2016年至2021

年间，为推动冰雪旅游做大做强、实现高质量发展，吉林省发布了一系列意见、规划等政策措施，如2016年出台《关于做大做强冰雪产业的实施意见》，2019年出台"加快推进冰雪产业向冰雪经济跃升的倡议"，2021年发布《吉林省冰雪产业高质量发展规划（2021—2035年）》等，全力推动冰雪产业不断发展壮大，进一步完善冰雪设施条件、有效扩大产业规模、打造"温暖相约·冬季到吉林来玩雪"品牌形象，冰雪旅游、冰雪体育、冰雪文化等冰雪经济进一步向高质量发展跃升。

近年来，吉林省冰雪旅游先行发展优势明显，已经位居全国第一梯队前列，"中国冰雪产业发展看吉林"具有较高的市场认可度。随着经济发展不断进步、人民收入水平持续提高、改革开放步伐加快，吉林省在全国率先提出大力发展"寒地冰雪经济"的提法，吉林省以冰雪旅游为重点的冰雪经济发展速度加快。随着吉林省整体进入高质量发展时期，在着力培育冰雪经济新动能、多重政策效应不断释放的强力推动下，吉林省冰雪经济实现较大发展，现已初步构建起"西冰东雪"的冰雪产业格局，即：东部突出长白山粉雪资源优势，深度开发大长白山冰雪生态旅游度假产业集聚区并初具规模；中部开发独特的雾凇景观，以数量众多的滑雪场为支撑，大力发展长吉都市冰雪运动与休闲度假产业区；西部以查干湖、嫩江湾为核心，打造冰产业集聚区。

大长白山冰雪生态旅游度假产业集聚区实现规模化发展。2000年以来，随着我国人均收入水平不断提高，人民群众对美好生活的向往与追求不断释放，对旅游消费的热情快速提高；同时，随着地区间交往不断增多，对外开放不断扩大，吉林省以长白山冰雪旅游为代表和重要特色的旅游业快速发展，旅游市场空前活跃。2005年，成立了长白山保护开发区管理委员会，统筹谋划实施长白山旅游开发。设计并推广长白山统一形象标识，仅2011年就投入670万元在央视等媒体打造"休闲养生地、大美长白山"品牌形象。连续多年举办各类节庆比赛活动，包括长白山国际雪文化节、雪文化旅游节、长白山火山温泉节、长白山粉雪节等，以冰雪节庆赛事吸引消费者，提高长白山冰雪旅游吸引力。2009年，吸引万达集团联合5家民营企业投资230亿元建设长白山国际度假区，逐步打造成满足滑雪、山地度假、温泉养生等中高端市场消费需求，具备四季健身、休闲运动等功能的高端旅游度假目的地，是带动长白山旅游从观光型到休闲度假体验型升级的代表性品牌项目，核心区最大接待游客环境容量单日达8000人。长白山国际度假区滑雪场面积7平方千米，雪道总长度达30千米，雪道最大落差387米，涵盖初级教学区、中级道、高级道、野雪道、冬奥训练场地等，设施设备体验性、专业性较强，可满足不同层次消费者的需求。2020—2021年雪季，疫情影响下，长白山国际度假区游客人数达26万人次，营收达1.7亿元，单个雪季最高可接待42万人次。长白山旅游度假区是2015年全国首批国家级旅游度假区之一，成为2022年评选的12个国家级滑雪旅游度假地之一，连续多年蝉联冬季运动领先品牌雪场前十名榜单，挂牌成为奥运六大项目备训基地。试运营于2016—2017年雪季的长白山鲁能胜地滑雪场，则是国内首个专门为初中级滑雪者和度假游客提供完善教学体系的滑雪场地，雪道面积30万平方米，有9条雪道，雪场配备国内首个单体滑雪学校。鲁能胜地滑雪场还有总长度12千米、达到国际雪联FIS认证标准、可举办国际级越野滑雪赛事的越野滑雪场，2017、2018、2019年连续举办了国际雪联越野滑雪中国巡回赛，常年作为国家级各省市训练队的训练备战平台，吸引来自中国、瑞典、挪威等十余个国家和地区的80多名选手参赛。延边则依托长白山整体品牌，着力培育具有朝鲜族特色的冰雪文化。最早于2000年12月举办了首届吉林延边长白山国际冰雪旅游节，开展滑雪、滑冰、冬季登山、温泉冬泳、坐雪圈、滑雪橇板、驾驶雪地摩托、骑雪地自行车、参观冰川瀑布、游览雾凇长廊等丰富多彩的比赛活动。形成了基于延边州的冰雪文化品牌和IP体系，打造了一批冰雪生态旅游与民俗文化相结合的旅游项目，如梦都美民俗旅游度假村、老白山原始生态休闲度假基地、长白山仙峰滑雪场项目、仙峰四季旅游度假示范区、延边长白山雪岭生态森林旅游小镇等。延边州大力推动针对专业雪客、大众游客、本地休闲游客的多维度业态创新，丰富冰雪旅游产品供给，已初步将延边州打造成为具有一定知名度的冰雪深度体验区、冰雪旅游度假区、温泉康养体验区、冰雪乡村旅游区。

长吉都市冰雪旅游一体化建设进程持续推进。经过多年发展，长吉两市以冰雪产业为纽带，深入推动一体化协同发展，推动冰雪文化旅游与汽车、电影、光学、科技、商业、乡村等产业深度融合，大力发展冰雪会展、都市冰雪、高水平滑雪度假区、训练场馆、冰雪人才培养基地、产业园、冰雪文娱项目等。近年来，随着长吉两市冰雪与文化资源的深度开发，冰雪文化旅游对长吉一体化发展起到了重要的推动作用。2021年，长吉两市共拥有16座雪场、200多块冰场，带动吉林省参与冰雪运动的群众从2014年的10万人次增长到2021年的170万人次。长春市净月潭滑雪场、吉林市北大湖滑雪场与长白山滑雪场一起，共同位列中国十大滑雪胜地排行榜前十名；莲花山世茂滑雪场、庙香山滑雪场、天定山滑雪场，万科松花湖滑雪场、北山滑雪场等都是广受滑雪爱好者欢迎的旅游目的地。长春市利用"汽车城""电影城"产业优势，发挥吉林省商业中心优势，挖掘都市周边乡村旅游需求旺盛优势，持续推动冰雪旅游与相关产业深度融合共进，创新开发工业旅游、电影文化旅游、冰雪乡村旅游等，丰富冰雪文化旅游业态。长春市积极举办各类节庆会展活动，连续举办二十多届长春冰雪节、六届吉林冰雪产业博览会，为推动"白雪换白银"，促进冰雪关联产业融合发展，助力北京2022冬奥会冬残奥会，发挥了积极作用。2003年起，长春市政府与瑞典诺迪维公司合作，共同举办净月潭瓦萨国际滑雪节，使中国成为继瑞典、美国、日本之后第四个举办瓦萨越野滑雪赛的国家。2004年起，瓦萨引领长春冰雪旅游活动从单一的越野滑雪扩大到包括50千米、25千米、3千米及儿童瓦萨等不同级别。2009年，净月潭瓦萨国际滑雪节吸引了包括奥运冠军、世锦赛冠军在内的世界25个国家、超过2万名滑雪精英齐聚长春，扩大了吉林冰雪文化旅游的影响力。吉林市现有10座雪场、3个室内冰场和127块公益冰场，是亚洲首座全天候标准化滑雪专业训练场地——北山四季越野滑雪场所在地。吉林市北大湖滑雪场拥有亚洲最大的滑雪山体，是世界级滑雪胜地，举办过多项国际知名滑雪赛事。2022年春节假期，北大湖滑雪场度假区接待游客2.6万人次，实现旅游收入1130万元。万科松花湖度假区滑雪场总面积达35万平方米，可同时容纳2000人滑雪，是目前我国面积最大的公共滑雪场。松花湖滑雪场共有28条雪道，山体落差最高超过600米，滑雪环境与配套设施完善，获"中国最佳滑雪场"荣誉。2022年春节假期，万科松花湖度假区接待游客2万人次，实现旅游收入1280万元。

（二）吉林省旅游景区景点规划建设成效显著

自东北振兴战略实施以来，吉林省紧紧抓住多重政策红利和市场需求不断释放的机遇，加大旅游景点设施开发建设投入，推动旅游景区景点与交通设施服务的全面深度提质升级，旅游景区景点及配套基础设施规划建设质量水平得到显著提升。从整体来看，目前吉林省旅游资源数量多、差异化明显、品质相对较高、分布较为广泛。吉林省东部长白山区森林覆盖率达80%以上，中部地区平原辽阔、河流密集，西部地区草原湿地密布，各类景区景点数量众多。根据国家文化和旅游部及吉林省文化和旅游厅公布的"国家A级景区"数据显示，截至2021年末，吉林省9个地市州共有A级及以上旅游景区256家，其中，5A级景区7家（见表2.3），4A级景区73家，3A级景区104家，2A级景区43家。同期，辽宁省与黑龙江均有5A级景区6家，辽宁共有A级景区330家，其中4A级景区93家；黑龙江共有A级景区214家，其中4A级景区71家。从5A级景区数量来看，吉林省在东北三省中位列第一；从A级景区总数来看，吉林省在东北三省中位居第二。从地区分布来看，吉林省9个地市州中，拥有A级景区数量从多到少依次为：延边州45家、通化市43家、长春市39家、白山市29家、吉林市26家、辽源市14家、白城市12家、松原市12家、四平市10家（见表2.4）。2021年末，包括群众艺术馆在内，吉林省共有文化馆79个，公有制艺术表演团队38个，公共图书馆67个，博物馆107个。吉林省旅游景区类型十分丰富，包括自然生态、民俗文化、历史遗迹、边境旅游、红色旅游等多个种类，景区资源差异性较大、品质较高，开展四季旅游具有较好的先行发展优势。

表2.3　吉林省国家5A级旅游景区及特色

序号	景区	景区特色	所在地
1	长白山风景区	国家自然保护区长白山，是鸭绿江、松花江和图们江的发源地，也是中国满族的发祥地和满族文化圣山，是中华十大名山之一，有着"千年积雪为年松，直上人间第一峰"的美誉。1980年被列入联合国国际生物圈保护区。长白山有北、西、南三个景区，主要景点有天池、长白瀑布、高山花园、鸳鸯池、鸭绿江大峡谷等。长白山是中国朝鲜族的聚居地，区内有独特的朝鲜族民俗	延边州
2	净月潭	1988年被国务院批准为国家重点风景名胜区，1989年被林业部批准为国家森林公园，2011年升级为国家5A级旅游景区，"吉林八景"之一。占地面积百余平方千米，森林覆盖率达96%，有"亚洲第一大人工林海""都市氧吧"等美誉。景区内建有森林步道、高品质湿地公园、瓦萨博物馆	长春市
3	长影世纪城	中国第一家世界级电影主题娱乐园，中国十大影视基地之一，是集科技、冒险、演艺、观光于一体的综合性旅游区。被誉为"东方好莱坞""世界特效电影之都"。主要景点包括：华夏翱翔、空间迷城、巨幕影院、星际探险、非常实验室、精灵王国等	长春市
4	伪满皇宫博物院	国家一级博物馆、全国爱国主义教育示范基地，全国中小学生研学实践教育基地，中国华侨国际文化交流基地，省级文明旅游示范单位。馆藏文物7万余件，收藏大批伪满宫廷文物、日本近现代文物、东北近现代文物、民俗文物、近现代有代表性的书画、雕刻、非遗传承人作品等艺术精品	长春市

续表

序号	景区	景区特色	所在地
5	世界雕塑公园	首批国家重点公园之一，集雕塑收藏、展览陈列、交流研究、教学创作等功能于一体，为"一园五馆"格局，包括长春雕塑艺术馆、松山韩蓉非洲艺术收藏博物馆、魏小明艺术馆、长春雕塑博物馆、雕塑体验馆	长春市
6	敦化市六鼎山文化旅游区	集佛教文化、清始祖文化、渤海文化于一体的文化旅游区，主要景点包括海东之鹰、金鼎大佛、佛教文化馆、正觉寺、玉佛苑、清祖祠、古墓群等，2015年正式成为国家5A级旅游景区，是全国十佳文化生态景区之一，非物质文化展示基地，吉林省省级文明旅游示范单位	延边州
7	高句丽文物古迹景区	奴隶制国家高句丽王朝遗迹，下设长寿王陵、好太王碑、禹山贵族墓地、丸都山城、集安市博物馆5个景区。2004年，高句丽王城王陵及贵族墓葬列入《世界文化遗产名录》。2020年成为国家5A级旅游景区，国家生态旅游示范区	通化市

资料来源：吉林省文化和旅游厅网站、网络综合整理

表2.4 吉林省A级旅游景区分布（截至2019年）

单位：个

区划	5A	4A	3A	2A	A	小计
长春	4	12	10	9	2	37
吉林	0	10	7	9	1	27
四平	0	5	4	1	0	10
辽源	0	4	10	1	0	15
通化	1	7	29	2	1	40
白山	0	3	15	7	0	25
松原	0	2	8	0	0	13
白城	0	4	4	5	0	13

续表

区划	5A	4A	3A	2A	A	小计
延边	1	12	22	8	0	43
长白山	1	2	0	0	0	3
梅河口	0	2	2	0	0	4
公主岭	0	0	0	1	0	1
总计	7	63	111	43	7	231

数据来源：吉林省文化和旅游厅

第二节　吉林省旅游业发展的历程与特点

一、探索发展阶段

吉林省旅游业起步较早，真正意义上的现代旅游业起始于20世纪80年代末期，国家旅游局先后批准黑龙江省、辽宁省、吉林省和内蒙古自治区等一部分边境城市开展边境旅游。早期面向朝鲜的边境旅游时间较短，多为一日游、三日游等。尽管与国内其他省份相比，吉林省较早开始边境旅游活动，但在相当长的时期内，吉林省旅游业规模较小，发展不温不火，没有对经济发展形成足够支撑。

随着改革开放步伐的逐渐加快，吉林省发展环境与经济规模迅速发生变化，人民收入水平不断提高。直到20世纪90年代中后期，随着国内旅游市场日益兴旺，吉林省的旅游活动开始增多。1999年，吉林省旅游接待总人数为1478.95万人，全年实现旅游总收入38.6亿元，旅游总收入增速高达29.8%（见表2.5），尤其是国内旅游总收入增速更是高达31.2%。尽管增长势头较快，但从总量来看，38.6亿元的旅游总收入水平，对于1999年吉林省1672.96亿元的地区生产总值来说，仍然相对较少。因此整体来看，旅游业对吉林省全省经济增长的贡献是有限的。这一时期的旅游活动，主要围绕长春、吉林等大城市周边开展，以满足城市居民周末和节假日休闲观光需求为主。城市居民的休闲需求在城市周边催生了许多农家乐、民宿等，游客的旅游活动主要围绕吃农家饭、赏田园风光、住农家屋等进行，且停留时间较短，消费规模不大。因此，尽管20世纪90年代中后期吉林省旅游业已经开始起步，但总体来看，旅游业增加值占全省经济总量的比重较低，且旅游活动整体较为初级，旅游产品品质也相对较为原始，旅游产品开发程度较低，旅游的市场化运作程度较低。这一时期的旅游市场问题较多，旅游设施与交通相对落后，旅游环境保护不够，旅游市场相对混乱，商家与游客之间的纠纷经常发生。因此，吉林省旅游业起始于20世纪80年代后期，直至2003年国家出台第一轮东北振兴政策之前，尽管起步相对较早，但初期发展阶段的吉林省旅游业呈现出不温不火的特点。

表2.5　1999—2002年吉林省文化旅游年接待游客及旅游收入增长情况

年度	旅游接待总人次（万人）	同比增长（%）	旅游总收入（亿元）	同比增长（%）
1999	1478.95	－	38.60	29.8
2000	1831.49	23.84	56.76	47.0
2001	2252.42	23.0	83.68	47.4
2002	2484.07	10.28	115.39	37.9

数据来源：吉林省统计局

二、快速发展阶段

进入21世纪，尤其是2003年中共中央、国务院发布《关于实施东北地区等老工业基地振兴战略的若干意见》以来，直到2017年，吉林省旅游业迎来快速跃升发展的新阶段，这一时期又可以细分为2003—2006年、

2007—2017年两个阶段。

第一阶段：2003—2006年，发展基础和实力不断积蓄。

自2003年东北振兴战略实施以来，吉林省旅游业开启快速发展时期。到2006年，吉林省旅游接待总人次和旅游总收入均跃上新台阶，分别为3229.58万人和276.00亿元（见表2.6），与东北振兴战略实施前相比，均有较大幅度提高，吉林省旅游业已经出现了向主导产业迈进的苗头。这一时期，吉林省旅游业呈现以下三个主要特征。

表2.6　2003—2006年吉林省文化旅游年接待游客及旅游收入增长情况

年度	旅游接待总人次（万人）	同比增长（%）	旅游总收入（亿元）	同比增长（%）
2003	2352.33	−5.3	141.73	22.8
2004	2620.00	11.38	184.00	29.8
2005	2888.00	10.23	229.24	24.6
2006	3229.58	11.83	276.00	20.4

数据来源：吉林省统计局

一是国内旅游增长较快，国内旅游带来的收入大幅度增加。这一时期，随着人均收入水平的提高，吉林省居民的近距离消费热情高涨，旅游目的地主要瞄准本省及周边相邻省份的旅游景点，尤其是"五一""十一"等小长假、黄金周期间，各大城市及中心城市周边游十分火热，举家出游、结伴旅游、自驾车自助旅游等成为现代都市人外出旅游的新潮流。省内热门旅游城市和各大景区景点成为最具有吸引力的旅游目的地，去长白山度假、松花湖观光、净月潭游览、查干湖捕鱼、三角龙湾避暑，以及游玩云峰湖、向海、五女峰和拉法山等知名保护区和风景名胜旅游地，成为消费者观光游览、休闲避暑的热门，尤其是每逢"黄金周"，游客络绎不绝。吉林省消费者还赴邻省的哈尔滨、秦皇岛、大连、兴城等地，更有一些消费者赴京津及东南沿海乃至港澳地区旅游，使得吉林省旅游业呈现前所未有的蓬勃发展态势。受2003年发生的"非典"疫情影响，吉林省旅游接待总人数有一定程度下降，但旅游总收入保持增加。

二是吉林省旅游特色凸显，旅游产品开发力度加大，对消费者的吸引力、市场知名度与影响力不断扩大。这一时期，结合资源赋予的文化特色，吉林省旅游部门推出了一系列主题鲜明、具有吉林特色的旅游宣传推广活动，突出了吉林省旅游和文化的地方特色，吉林省旅游的市场知名度稳步提升。尤其是最具有吉林特色的冬季旅游、冰雪经济逐年升温，并已经初具市场规模。正是在这一时期，冰雪观光、滑雪运动、冰雪文化、年俗体验、观雾凇、吃美食、参加冬令营等冰雪活动逐渐火爆，吉林省各地开始重视开发具有吉林特色的旅游与科普、旅游与文化相结合的旅游产品，使得吉林省原本属于淡季的冬季，因为冰雪文化旅游火爆而开始兴旺起来，为冰雪旅游后期成长为长期热点奠定了基础。

三是吉林省初步打开了海外旅游的市场局面，入境吉林省的国外游客持续增长。数据显示，2006年吉林省国外入境旅游者36.83万人次，同比增长20.1%，高于全省游客总人数增速；全省旅游外汇收入1.44亿美元，同比增长20.7%，高于全省旅游总收入增速。吉林省入境游客数量与旅游外汇收入保持增长态势，得益于旅游部门积极拓展面向朝鲜、韩国、俄罗斯、日本、东南亚乃至澳大利亚、美国及欧洲等国消费者的海外旅游市场。从入境吉林省的游客国别来看，亚洲游客占主导。

第二阶段：2007—2017年，转型升级步伐加快。

在这一时期，在东北振兴战略全面深入实施、政策效应持续释放的支撑下，吉林省深入实施政府主导战略，全方位采取多重改革措施，吉林省旅游业进入总量规模快速扩张、发展基础和支撑条件显著提升、旅游综合功能不断提高的新时期。随着改革不断深入，吉林省旅游业提速转型升级，成功实现跨越式发展，新的吉林旅游形象跃然而出。11年间，吉林省旅游总收入以每年增加超过百亿元的规模，从2007年的350亿元增长到2017年的超过3500亿元，总量实现极大扩张；旅游接待总人次从2007年的

3757.95万人增加到2017年的19241.33万人（见表2.7），旅游总收入和接待总人次连年跃上新台阶。也就是说，吉林省旅游业在改革深化时期实现了两个突破，一是旅游总收入突破千亿元大关，二是旅游接待总人次突破一个亿。这11年间，吉林省旅游业主要呈现以下五个特点。

表2.7　2007—2017年吉林省文化旅游年接待游客及旅游收入增长情况

年度	旅游接待总人次（万人）	同比增长%（%）	旅游总收入（亿元）	同比增长（%）
2007	3757.95	16.10	350.16	26.9
2008	4558.65	21.3	450.80	28.7
2009	5501.08	20.7	580.96	28.8
2010	6490.90	18.0	732.83	26.2
2011	7641.3	17.72	929.32	26.8
2012	8972.55	17.4	1178.06	26.8
2013	10369.28	15.6	1477.08	25.4
2014	12141.24	17.1	1807.71	22.4
2015	14130.90	16.4	2315.17	25.4
2016	16578.77	17.32	2897.37	25.2
2017	19241.33	16.10	3507.04	21.0

数据来源：吉林省统计局

一是旅游业快速成长为吉林省支柱产业之一。11年间，吉林省抓住国家促进东北振兴的发展契机，努力适应旅游市场变化，全方位推出一系列重大举措，加大旅游投资力度、加强旅游综合交通体系建设、完善旅游城市接待设施、加强旅游公共服务体系建设、加大重点景区开发力度、积极扩大旅游对外开放、持续规范旅游市场等多重政策措施相继落地，取得了显著成效。2007年，吉林省旅游业增加值占全年地区生产总值的比重达到6.7%，初步确立了旅游业的主导产业地位。2007年至2011年，吉林省旅游业总收入每年增速都保持在26%以上，旅游接待人次每年增速都在16%以上，2012年旅游总收入突破1000亿元，为吉林省旅游业转型升级发展持续积蓄动能。自2012年起，国内旅游市场发生了显著变化，跨区域旅游、长线旅游崛起，旅游从团队游时代进入散客时代，旅游消费回归到公民消费、大众消费，旅游越来越大众化。2014年，吉林省出台了《关于加快建设旅游支柱产业的意见》，全力促进旅游业改革发展；2016年，出台了《推进旅游业攻坚发展实施方案》，加快培育旅游业成为新的支柱产业，推动旅游业转型升级、实现跨越式发展。2012—2017年间，吉林省旅游业年均复合增长率高达24.38%，2015年旅游总收入突破2000亿元大关，2016年旅游业占全省GDP比重提高到8.7%，旅游业确立了支柱产业地位。

二是旅游业对全省经济社会发展的带动作用日益突出。随着旅游业壮大成为吉林省新的支柱产业，旅游业对全省经济社会发展的带动作用也有目共睹。旅游业多种业态形式得到快速发展，旅游业串联起制造业、农业、体育、文化等产业，带动相关产业快速发展。2016年吉林省旅游业对交通运输业和住宿业增加值的贡献率超过80%，对餐饮业的贡献率超过60%，对房地产的贡献率超过20%。旅游业带动农民就业、促进农民增收、带动美丽乡村建设。旅游带动农村劳动力实现就地转化，旅游服务业收入占农民家庭收入的比重不断提高，农民收入水平更是发生了翻天覆地的变化，旅游基础设施建设推动美丽乡村建设不断推进，改善了农村人居环境，带动美丽乡村建设取得新成效。随着互联网的快速发展，"旅游＋互联网"在带动农产品销售火爆网络的同时，还给相关产业发展开拓了新空间，京东、苏宁、天猫等众多电商企业入驻松原查干湖冰雪渔猎文化旅游节，带动松原生态渔业发展加速，为建设东北大草原鱼米之乡贡献力量。旅游业发展催生一大批旅行社加入市场，2016年全省有旅行社1036家，旅游市场空前繁荣。

三是旅游产品品质升级、品牌知名度提升。这一时期，吉林省发挥比较优势，加大旅游业供给侧结构性改革，从加大旅游业投资、推动大项目投资落地着手，陆续推动包括万科松花湖国际旅游度假区、长白山漫江生态文化旅游综合开发等投资总额达百亿元规模的大项目落地在白山松水间。在一批大项目的强力支撑下，吉林省旅游形态、业态、结构都发生了深刻改变。整体来看，吉林省旅游产品品质逐步升级，逐渐从观光型向兼具观光和休闲度假的复合型转变；旅游产品体系初步形成，主要包括生态游、冰雪游、民俗游、边境游、乡村游等七大系列；旅游产品品牌市场吸引力和知名度更高，提供涵盖夏季避暑休闲、冬季冰雪旅游、全年民族风情与民俗文化等四季旅游体验，赢得了"缤纷四季、精彩吉林"的市场美誉，集休闲养生、旅游度假及人文风情于一体的吉林特色旅游品牌知名度进一步提高。

四是旅游空间布局趋于明晰。在大力实施旅游业供给侧结构性改革的推动下，吉林省紧抓促消费、扩内需战略机遇，率先实施旅游业攻坚行动计划，旅游业空间布局从以大长白山区域为中心的"一圈五区"，即环长白山生态旅游经济圈，以长白山区域为核心的观光休闲旅游度假区，以长春、吉林两市为中心的中部现代都市旅游区，以查干湖、向海、莫莫格为主体的西部草原湿地生态旅游区，以延边、白山、通化为重点的东部边境旅游区，以中俄、中朝边境为依托的大图们江东北亚跨境旅游区，向以长吉两市和长白山"双核驱动"为核心的"两核三区四带"演变。新的旅游空间格局初步显现，形成东、中、西三大旅游发展区相互支撑，长吉图休闲度假精品旅游带规模已成，超过全省市场份额的80%；鸭绿江边境旅游精品带风情乍现，南部文化康养旅游精品带初具魅力，草原湿地生态旅游精品带亮点频现，吉林省"两核驱动三区、四带贯穿全域"的旅游总体空间布局基本形成。

五是冰雪经济迅速壮大，冰雪产业体系初步形成。从发展冰雪经济到打造冰雪产业体系，吉林省全力推动冰雪产业做大做强，以冰雪产业大省为目标，打造"冰雪旅游、冰雪体育、冰雪文化"为核心的"3＋X"冰雪全产业链布局，冰雪经济蓬勃发展。借助2022年北京冬奥会东风，吉林省提出"冬奥在北京、体验在吉林"口号，重塑冰雪旅游新形象，增强冰雪旅游体验性及参与性，多条冰雪旅游线路告别过去赏雪观冰单一的旅游模式，形成了冰雪观光、滑雪健身、温泉养生、民俗体验等四大产品体系。这一时期，吉林省冰雪旅游综合收入不断提高，已经占全省旅游综合收入的三分之一，仅2016—2017年春节假期，全省旅游总收入就达近百亿元。

三、跃升发展阶段

近年来，吉林省旅游业已经从十几年前的小行业，成长为吉林省支柱产业之一。2018年至今，旅游业发展成绩有目共睹。2020年爆发新冠疫情，对包括旅游业在内的各行各业都产生了不小的影响，以此为分界点，吉林省旅游业高质量发展阶段主要有以下特点。

表2.8　2018—2021年吉林省文化旅游年接待游客及旅游收入增长情况

年度	旅游接待总人次（万人）	同比增长（%）	旅游总收入（亿元）	同比增长（%）
2018	22156.39	15.15	4210.87	20.07
2019	24833.01	12.08	4920.38	16.85
2020	15342.23	−38.2	2534.59	−48.5
2021	21141.90	37.8	3279.04	29.4

数据来源：吉林省统计局

一是多重政策效应持续释放，旅游业支撑高质量发展的作用增强。两轮东北振兴政策的长期效应正持续释放，利好吉林省旅游业高质量发展。2003年，东北振兴战略正式实施，推动吉林省在内的东北经济实现较高水平增长，吉林省旅游业也得到了快速发展。2016年，新一轮东北振兴战略落地实施，为吉林省提供了新一轮政策机遇。2012—2016年间，吉林省打造了一批旅游拳头产品，吉林旅游的知名度和影响力不断提升，重大旅游项目接踵而至，旅游目的地吸引力越来越强，旅游业一二三产业融合不断加深，全省旅游总收入保持年均超过25%的高速增长，增速高于全国平均水平，旅游业一跃成为吉林省服务业的龙头产业。国家层面两次东北振兴战略的实施，为吉林省旅游业发展提供了重要政策支撑。"一带一路"建设相关政策优势给吉林省旅游业带来新机遇。2015年，我国正式发布"一带一路"倡议。东北亚地区是我国"一带一路"倡议的重点延伸区域，"一带一路"建设的不断推进，加上俄罗斯的远东开发战略、韩国的"新北方政策"，为吉林省开放发展带来了新机遇。近年来，吉林省秉持得天独厚的资源优势与区位优势，积极参与"一带一路"建设，在战略规划、基础设施建设、贸易、金融及对外人文交流等领域积极融入，努力推进东北亚经济走廊建设，打造我国向北开放的重要窗口和东北亚地区合作的中心枢纽。吉林省持续深化与"一带一路"沿线国家友好城市的人文交流合作，推动跨境旅游合作，联合举办论坛会议，共同开展体育活动，推动吉林省旅游业在开放交流中实现更高质量的发展。

二是旅游业总规模再上新台阶，旅游业结构出现新变化。2018年是国家层面提出推动文旅融合发展的第一年，也是吉林省文旅融合的元年，旅游业实现了两个突破。2018年，吉林省旅游总收入迈上四千亿台阶，达到4210.87亿元，同比增长20.07%，比全国平均水平高9.17个百分点；旅游接待总人数突破2亿人，达22156.39亿人次，同比增长15.15%，比全国平均水平高4.65个百分点。2018年，全省旅行社数量达到巅峰，共有1093家。2019年，吉林省旅游总收入已接近五千亿，达4920.38亿元，旅游接待总人数达24833.01亿人次。2020年，受新冠疫情影响，吉林省旅游总收入和旅游接待人数均有大幅度下降。到2021年，吉林省旅游业呈恢复式增长，旅游总收入增长了29.4%，接待人数增长了37.8%，是疫情前2019年的七成、八成左右。2022年1—2月的春节假期，吉林省冰雪旅游增长势头迅猛，已超过疫情前的2019年同期水平。从消费者来源看，早在2017年，入境吉林省的外国游客人数就开始下降；2018年、2019年入境吉林省的外国及港澳台游客数量均下降；2020年国内游客与入境游客均下降；2021年则是入境的外国游客下降，但国内游客上升，国内旅游对吉林省旅游业起明显支撑作用。随着我国构建双循环新发展格局的不断深入，加速构建统一国内大市场，国内旅游对吉林省旅游业的重要作用还将进一步上升。

三是吉林省全域旅游格局基本形成。2018年吉林省出台了《关于加快推进吉林省全域旅游发展的实施方案》，2020年出台了《吉林省全域旅游发展规划》，坚持"旅游+"与"+旅游"双向发力，"联动冬夏、带动春秋、驱动全年、四季皆有特色"的全域旅游发展格局基本形成。吉林省在全国率先举办"吉林省全域旅游高峰论坛"，成立国家全域旅游示范区创建联盟，共创建国家全域旅游示范区5家，分别为长白山保护开发区管委会池北区、延边朝鲜族自治州敦化市、长白山保护开发区管委会池南区、梅河口市、通化市集安市；2020年，吉林省7个县市区列入省级全域旅游示范区创建单位名录。

四是旅游业市场主体发展质量显著提升。2018年吉林省文旅局推出文旅驿站，首批8个文旅驿站囊括吉林省图书馆、伪满皇宫博物院、长影旧址博物馆、延边大学、吉林艺术学院、书嗜书店、新浪吉林、吉林旅游广播，文旅驿站通过定期开展文旅体验活动，提高公众参与旅游活动的积极性，丰富旅游内涵。吉林省积极探索国有旅游集团转型，开启国有文艺院团绩效考评与工资改革试点工作，充分调动演职人员的主动性和创造力，以期为文艺繁荣激发新活力；下放博物馆自主权，调整博物馆资金使用方式，着力破除体制桎梏，突破博物馆发展瓶颈。2022年，为应对疫情的影响，吉林省文旅厅制定了《关于实施"专精特新"中小企业高质量发展梯度培育工程2022年度工作计划》，成立工作专班，综合考量企业市场前景、创新能力、发展潜力、综合效益和核心竞争力等方面，发掘和培育文旅行业的"专精特新"企业。2022年,举办全省导游人员首期直播带货培训班,吸引省内1579名导游人员参加。举办线上2022年全省导游人员综合素质能力提升培训班,培训3865人,持续提升文旅专业人才队伍素质。针对全省文创产业发展瓶颈,民盟吉林省委和省文旅厅共同举办了"文"以载道"创"以致远"文化创意产业发展研讨会",近千人参会,为企业提供智力支持,积蓄前行力量。随着游客旅游需求的转变,旅行社也纷纷走上转型升级之路。长春文化国际旅行社2015年成立了长春首个旅游集散中心,并成立了省交通旅游集散中心联盟。2019年成立了首个长春文旅体验中心,该中心设有智慧旅游体验区、城市阅书房、冰雪运动体验区、好少年成长中心、航天科技体验区、如美生活体验区等,集合了展示、体验、交流功能。长春文化国际旅行社借助"运游结合"的发展模式,也参与到旅游项目建设中。省环球国际旅行社从传统的"航司切位"走向以独立包机的方式运营,打破市场同质化和产品种类的限制,获得了更好的市场占有率和收益率。

第三节 吉林省旅游业发展取得的新进展

吉林省不断优化产业结构、延长产业链条,实现了旅游业整体发展水平的提升,更以供给侧改革为着力点,以文化和旅游融合为契机,完善产业体系,丰富产品与业态供给,持续加快旅游业发展。当前,吉林省旅游产业体系得到全面优化,项目建设稳步推进,产业集聚成效显著,品牌影响力逐步提升。文旅融合取得突破,跨界联合效果显现,融合机制与模式不断完善,形成了独特的地域风采。旅游消费不断提质扩容,消费模式不断创新,消费活力得到激发。旅游开放合作步履不停,为区域旅游协作与宣传推广开辟新空间。

一、产业体系逐步形成

文化和旅游融合发展为旅游产业转型升级、优化产业体系提供了良好的契机，吉林省以优化结构、延长链条、推动集聚和打造品牌为抓手，不断完善旅游产业体系，实现了旅游产业整体发展水平的提升。

（一）旅游产品不断丰富

1.冰雪旅游持续升级

吉林省近年来形成了集合冰雪观光、冰雪运动、温泉养生、民俗体验等多项内容的冰雪旅游产业。雪场品质全国领先，建有各类旅游滑雪场75家、雪道数量319条、雪道总面积1256.87万平方米，架空索道数量49条。目前国内占地100万平方米以上的大型滑雪场仅有6座，其中3座（长白山天池雪场、万科松花湖雪场、北大湖雪场）在吉林省。吉林雾凇、查干湖冬捕成为吉林冬季旅游名片。新产品、新业态不断涌现，冰雪＋温泉，冰雪＋娱乐，冰雪＋民俗，冰雪＋节庆，冰雪＋体育赛事等等，冬季旅游体验项目不断推陈出新。

2018至2019年雪季，吉林省冰雪旅游接待量8431.84万人次，同比增长16.08%，冰雪旅游收入达1698.08亿元，同比增加19.43%。滑雪旅游接待294.9万人次，占全国比重的14.97%，接待量比三年前翻一番。2019至2020年雪季，新冠疫情暴发前，吉林省滑雪旅游接待量已达219万，万科松花湖、长白山国际、北大湖三大滑雪度假区接待游客共112.53万人次，占全国大型滑雪度假区接待量的43.96%。受疫情影响，吉林省连续两个雪季冰雪旅游高开低走，尽管如此，冰雪旅游表现仍十分抢眼。

在一系列政策措施的支持下，吉林省冰雪旅游景区也不断升级。2021至2022年雪季全省雪场总接待能力可达500万人次，接待规模全国第一。万科松花湖度假区的雪道面积全国排名第一；北大湖滑雪场拥有870米亚洲雪场最大有效落差；北山四季越野滑雪场拥有国际水平的全天候标准化越野滑雪专业训练场、亚洲首条"雪洞滑雪道"，是我国备战北京2022年冬奥会的重要训练场地。万科松花湖度假区、长白山国际度假区、吉林北大湖三大滑雪场年接待量稳居全国前列。

据途牛旅游网数据显示，在全国冰雪旅游预订量排名前十位的冰雪景区中，有六个位于吉林省；在冰雪旅游景区游客满意度指标中，吉林省的长白山温泉和北大湖滑雪场位列前茅，净月潭风景区和万科松花湖度假区也位列前十名。据携程旅游数据显示，近年来白山市、长春市、吉林市都位列全国高人气冰雪旅游目的地前十位。《中国冰雪旅游发展报告2021》显示，吉林市、长春市入榜"中国十佳冰雪旅游城市"，延吉市、抚松县入榜"2021年冰雪旅游十强县（区）"，松江赏雾凇、查干湖冬捕入榜"2021十大冰雪经典"。

2021年11月，全国唯一省级冰雪经济高质量发展平台——吉林市冰雪经济高质量发展试验区，正式挂牌成立。冰雪旅游作为冰雪产业的重中之重，也取得了骄人的成绩。2022年，吉林省文旅厅牵头成立了吉林省冰雪产业标准化技术委员会，引领行业标准化建设，提高冰雪资源开发、建设、保护和管理水平。积极推动滑雪旅游度假地建设，长白山滑雪旅游度假地、松花湖滑雪旅游度假地成功入选首批国家级滑雪旅游度假地。冰雪旅游日新月异，冰雪项目新业态不断涌现，长春冰雪新天地、通化冰雪产业示范新城、长春汽车冰雪嘉年华、雪地音乐节、冰湖垂钓、雾凇漂流、林海逐鹿、冰上越野等项目为吉林省冰雪旅游注入了新的活力。万科松花湖举办了"天猫冰雪节"，北大湖滑雪度假区成为网络综艺节目《超有趣滑雪大会》的录制场地，长白山成为网络真人秀《雪地里撒野的朋友们》的录制场地，吉林冰雪旅游正不断开疆拓土，向跨界融合领域不断延伸。

2.避暑休闲旅游渐成体系

吉林省作为生态大省，自2017年开始推出避暑休闲产业，并为引导产业发展制定了《关于推进避暑休闲产业创新发展的实施意见》等政策。近年来，我省充分发挥长白山、松花江、鸭绿江和图们江"一山三江"山水生态资源优势，推出了主打"清爽吉林·22℃的夏天"的消夏节，并不断丰富避暑休闲产品供给，消夏节展开的各种节庆活动从2017年的120余项增加到2019年的400余项。2019年避暑季，全省游客接待量12824.97万人次，同比增长12.10%；实现旅游收入2464.00亿元，同比增长17.70%。

吉林省避暑休闲产业体系由山地避暑、森林避暑、滨水避暑、田园避暑四大产品体系构成，在发展中不断深耕传统地域文化、植入民俗特色，打造了山水清奇、森林静谧、文化清醇、生活清逸、田园清馨、舌尖清香六大产品体系。在优化提升传统业态的同时，积极培育康养避暑、亲子研学、候鸟式避暑等新兴业态，紧跟休闲文化风尚，激发大众消费热情。长白山区域等山地避暑产品全国知名，查干湖、莫莫格、月亮湖、雁鸣湖等地滨水避暑产品渐成气候；长春净月潭、辉南三角龙湾、抚松露水河等森林避暑产品打造康体养生优质体验；神鹿峰、延边朝鲜族风情的金达莱村、富饶农场等现代农庄、民族村庄展示现代田园的闲适风光；万科松花湖、吉林北大湖等四季游产品丰富多样，引领滑雪场成为避暑消夏新选择。

消夏节期间，各地纷纷举办文化节庆活动，营造浓厚的避暑消夏氛围，长春消夏节、松花湖休闲度假旅游节、"长白山之夏"文化旅游节、图们江之夏、集安油菜花旅游文化节、查干湖蒙古族民俗文化旅游节等各具特色，让游客感受吉林低温夏季的多样风情。长春是中国第一个举办以消夏避暑为主题的节庆活动的城市，也是东北地区第一个连续四年获得中国"最佳避暑旅游城市"称号的城市。2021年避暑季期间，长春第十四届消夏艺术节策划了红色旅游、特色美食、民俗体验、体育运动、研学游、休闲度假、灯会、文艺演出等门类丰富的旅游产品，共开展了81项活动，同时举办了首届长春消夏避暑产业博览会。消夏艺术节期间，各大景区和商业体推出了一系列消夏避暑主题的文旅活动，图书馆、博物馆等举办了多种文化科普活动，中国马术协会、长跑协会等体育协会举办了各类运动赛事和全民健身活动。消夏艺术节作为展示平台，有效实现了推动各类旅游资源融合创新、丰富旅游产品市场供给、打造长春市避暑名城品牌的目标。统计数据显示，首届长春消夏艺术节游客接待量665万人次，实现旅游收入75亿元，2020年游客接待量达到3961.21万人次，旅游收入741.76亿元，品牌效应逐渐凸显。

3.红色旅游建设取得突破性进展

吉林省深入贯彻落实习近平总书记"用好红色资源、传承红色基因"系列重要论述精神，加快布局和发展红色旅游，多措并举，全力推动红色旅游发展。全省整合红色旅游资源，打造了致敬国门线、抗联精神传承线、抗战烽火铭记线等路线，塑造"东北抗联""抗美援朝"等6大红色旅游品牌，开展了"红色旅游行·大学生筑梦之旅"摄影、红色讲解员大赛等活动。2021年，全省16个景区获评全国红色旅游经典景区，23处红色资源入选"建党百年红色旅游百条精品线路"。增设革命文物处，在全国率先公布革命文物名录，推动革命文物保护与红色旅游融合发展，涌现出一批特色鲜明的红色旅游经典景区，东北抗联、抗美援朝、工业遗产等教育品牌打响。2021年6月，省文化和旅游厅正式发布吉林省"百家红色旅游地（旧址）"及"红色旅游30条精品线路"。吉林省文旅厅与文旅部以及辽宁、黑龙江、内蒙古三省初步达成共识，共同策划推出区域红色旅游精品线路。2021年，长白山老黑河遗址和中车长客股份公司高速动车组制造中心入选全国爱国主义教育示范基地，至此，全省国家级爱国主义教育示范基地数量达12家。

4.旅游夜经济不断出新

吉林省自2019年开始重点培育夜间旅游业态，以"精彩夜吉林"为主题，为旅游消费者提供了更丰富多元的体验。长白山、松花湖、净月潭等景区纷纷打造夜间旅游景观，长春红旗街、梅河口爨街、集安夜市等商圈开辟夜间经济集聚区，夜间剧院、夜间音乐厅、夜间图书馆、24小时书店、酒吧街、市民文化角等场所为消费者提供旅游夜宴，朝鲜族烧烤、乌拉火锅、火盆烤肉等特色美食也为夜间旅游消费增添活力。有3家景区入选首批国家级"夜间文化和旅游消费集聚区"。经过几年的探索，吉林省不断总结夜经济发展的经验，积极推动基础设施改造，推动"旧市"换新颜。梅河口市东北不夜城对街区进行升级改造，更新设备，形成了总长度为1386米的文旅夜经济消费集聚区。吉林省持续推动夜游、夜购、夜娱项目的升级，将艺术剧院、文创中心、艺术展览馆等文化产业与商业元素深度融合，推动夜经济向"食、游、购、娱、体、展、演"方向发展，不断打造文旅夜经济亮点，提升夜经济的文化品位。长春新区栖乐荟综合体入选《关于第二批国家级夜间文化和旅游消费集聚区名单》。此外，全省注重完善夜经济的服务保障，加强卫生治理和食品安全机制建设，营造良好的夜间文旅消费环境，满足人民群众的文旅消费需求。

5.新型业态持续涌现

吉林省旅游产业以创新引领为理念，不断探索"旅游＋"融合的新路径，拓展旅游消费场景、提升旅游产品品质，推动了旅游新型业态的持续开发。吉林省结合自身汽车产业优势，开创性地将汽车工业与旅游相融合，提出建设红旗小镇，这种融合方式是世界首创。红旗小镇以红旗品牌和汽车文化为依托，将品牌生产与博物馆相结合，一期工程将在长春市打造工业旅游区、创新引领区和东风大街"两区一街"，将智慧交通、移动出行、智慧城市等内容纳入其中，为人们展示"未来交通生活"，目前红旗小镇已被纳入全国15个典型小镇之一。吉林省近年来积极助推低空旅游发展，2017年入选首批国家航空飞行营地示范单位，2019年发布《吉林省通用航空产业发展规划》，并在全域旅游建设中大力推进低空旅游。目前吉林省旅控集团已就松花湖、长白山等省内资源制定了低空旅游产品计划，长白山低空游览已实现常态化运营，万科松花湖、琵岩山等景区也推出了滑翔伞、热气球、滑翔机等休闲游产品。未来吉林省还将打造"1小时空中旅游经济圈"，加快"通航＋旅游"产业融合发展。

（二）旅游项目建设提速开展

1.投融资规模扩大

近年来，吉林省不断拓展旅游产业投融资渠道，加大资金扶持力度与招商引资强度，优化投融资环境，使得旅游业投融资规模不断扩大，项目建设突飞猛进，经济效益显著提升。2016年全省旅游项目完成投资347.5亿元；2018年争取国家资金近亿元，同比增长20.7%，全省在建项目达到240个，完成投资208.13亿元，包装30亿元以上项目31个；2020年旅游在建项目总投资1566亿元，新基建"761"工程共谋划和实施旅游项目231个，总投资1466.8亿元，分别占全省社会事业补短板工程项目数的65.8%和总投资额的64.5%，上半年全省实施亿元以上旅游项目109个，总投资624.6亿元。

冰雪旅游作为吉林省旅游业的品牌，近年来投资规模不断扩大，居于全国首位，2020年冰雪旅游业投资规模上千亿。目前在建的重点冰雪旅游项目有：总投资350亿元的北大湖滑雪度假区整体开发项目，总投资150亿元的长白山宝马国际文化旅游区，总投资100亿元的万科松花湖度假区雪场西扩项目，总投资98亿元的池西粉雪小镇，总投资51.4亿元的北大湖度假小镇，总投资30亿元的长白山京东康养小镇，以及吉林北山四季越野滑雪场、恒大文旅城、"梦吉林"、通化万峰、万达影视城、北大湖中瑞冰雪小镇等。

2021年吉林省旅游业投融资大会上，省文旅厅与12家银行共同签署《吉林省旅游业金融合作协议》，将在"十四五"期间为吉林省文旅重点项目提供1200亿元意向融资安排，会上还发布了《关于金融支持吉林省旅游业发展的若干政策措施》，提出18项金融支持措施。

2.优质项目纷纷落地

吉林省旅游项目建设稳步推进，成立了全省文旅项目库，完善了文旅系统项目推进机制，成立了文旅项目服务推进小组，提升项目管理水平，不断推进优质文旅项目生成落地。2016年全省旅游在建项目248个，2018年全省旅游在建项目240个，2020年上半年，全省在建文旅项目158个，其中109个为亿元以上项目，项目管理工作连年在全国名列前茅。

万科松花湖国际度假区、长影世纪城二期、庙香山旅游度假区、国信南山温泉、万达水上乐园等重大项目纷纷落地，首个由旅游部门主导签约、跟踪服务的400亿元红星美凯龙"梦吉林"项目成功落地，投资100亿元的北大湖冰雪小镇和投资1000亿元的恒大文旅主题项目顺利推进，延吉恐龙王国主题游乐园、吉林OMG海洋文旅综合体、长白山池南区20项重点项目、改造琵岩山朝鲜族温泉古村落项目等也正式启动。

交通建设方面，积极推进沈白高铁、敦白客运专线和敦化至牡丹江高铁项目三条高铁线路建设，以实现长白山南北双向联通高铁；加快龙嘉机场和长白山机场扩建工程，启动延吉机场和四平机场建造审批。

2020年，以《支持特色小镇和特色小城镇建设若干政策》为指导，扶持17个旅游特色小镇建设。支持7个文化旅游基础设施项目建设；督导各地加快实施9个地方政府专项文化旅游项目建设；再组织20个新增中央投资项目。

2021年吉林省旅游业投融资大会促成了中东净月白桦林小镇等5个重大文旅项目签约，以及各金融机构与多个旅游项目新合作，会议还公布了183个具有股权融资、债权融资潜力的吉林文旅优质项目，类型涵盖冰雪、民俗、康养、红色等多个旅游产品。

3.智慧旅游建设提速

吉林省为促进旅游业数字化转型和智能升级，启动了"智慧文旅提升工程"，以"全域旅游大数据中心"建设为核心，全方位加速智慧文旅建设。基础设施方面，加快推进通信信号、免费Wi-Fi和文旅场所视频全覆盖，大力推广文旅场所电子讲解、电子导游、实时信息，鼓励旅游消费场所增设移动支付、网上预售等功能，持续优化旅游数字服务平台功能，完善旅游产品推荐、导览导航、评价互动等模块。智慧旅游建设为吉林省产业提升开拓了新的发展空间。

数字旅游产品方面，"云游吉林"系列产品丰富多彩，伪满皇宫开辟了全景VR展厅，将瓷器、服饰、书画等藏品进行网络展览；长白山游览直播带领网友身临其境饱览雪域风情；还有吉林文旅云沙龙、非遗线上展、一图游吉林、雪博会数字产品等；吉旅行、如美生活等数字旅游服务平台纷纷上线。智慧景区管理方面，长白山、净月潭、伪满皇宫博物院、六鼎山等诸多景点实现了网络预约、客流监控、人脸识别、AI非接触式人体热成像测温等管理方式，伪满皇宫博物院还可提供语音导览，根据游客驻足时间分析游客偏好，实现精准推送游览路线功能。新媒体传播方面，推动建设以"两微一端"、抖音短视频为核心的新媒体矩阵平台，实施新媒体"双百计划"，开展流量扶持、短视频绿色通道、"云"直播等活动，构建了吉林旅游日常多渠道、多点位发声，重要活动集中宣传的新格局。并与马蜂窝、携程等OTA平台展开营销合作，充分利用新媒体平台进行旅游目的地宣传。2020年，吉林旅游产品全网整体曝光5亿次以上，直接带动线上销售5817.3万元。悠游吉林抖音号入选全国省级文旅新媒体传播力指数前十强。

（三）旅游产业集聚持续蓄力

1.旅游小镇建设

特色小镇是地区经济发展的有效推动力，建设旅游小镇可迅速提升旅游吸引力，扩大旅游市场。多年来吉林省十分重视旅游小镇建设，建设了万达长白山旅游小镇——国内第一个真正意义的旅游小镇，成为此后众多旅游小镇建设的示范，打造了吉林省冰雪旅游特色小镇品牌。2016年吉林省有3个小镇入选第一批全国特色小镇，2017年吉林省有6个小镇入选第二批全国特色小镇。2019年吉林省发布《支持特色小镇和特色小城镇建设若干政策》《吉林省加快特色产业小镇创建实施方案》等文件，建设首批特色产业小镇55个，取得积极成效后，再次推出第二批特色产业小镇29个，其中包含长春市关东文化小镇、吉林市乌拉街雾凇满族小镇、桦甸市红石影视小镇、延龙图新区海兰湖文旅小镇、二道白河休闲运动小镇、通化市金厂冰雪运动小镇等17个旅游特色小镇。吉林省在旅游特色小镇建设中，依托地区旅游资源优势，鼓励休闲农业、旅游度假发展，支持文旅综合体、主体功能区建设，持续完善小镇旅游基础设施和公共赋能设施，打造"吃住行游购娱"全链条，实现当地居民通过旅游产业发展平台增加就业和收益、外地居民通过旅游产业获得旅游体验的"主客共享"局面。

2.文化娱乐综合体建设

文化娱乐综合体是旅游业从观光旅游向深度休闲体验转变下的必然产物。多样化的旅游消费需求促使政府和地产企业在文旅地块开发上越来越倾向于融合娱乐、文化体验、观光等多种功能的文化娱乐综合体。吉林省近年来顺应市场需求，文化娱乐综合体建设如火如荼，以万科松花湖滑雪度假区为代表的冰雪文化娱乐综合体、以慢山里营地综合体为代表的现代农业文化综合体、以摩天活力城为代表的商贸文化娱乐综合体等，形式多样，文娱产品丰富。万科松花湖滑雪度假区，以滑雪运动为引领，集度假、休闲观光、生态旅游、购物、户外运动、节庆活动、野营等功能于一体，为游客提供丰富的文娱体验。吉林市OMG海洋文旅综合体等项目也即将投产运营。摩天活力城除了能满足购物、运动、饮食、娱乐外，还配有城市观光属性的楼顶摩天轮、科普属性的室内动物园、水族馆等。慢山里营地综合体以农业、生态、自然为依托，开发现代农业自然教育基地，除了休闲农业、生态观光、有机食品等，还设有研学基地、国际马术俱乐部、儿童平衡车俱乐部、房车营地，水上高尔夫营地等体验项目。

3.特色街区建设

特色街区是旅游消费的新模式，是促进旅游创意、购物、娱乐等要素融合集聚发展的重要手段。吉林省为打造城市经济新热点，近年来大力支持旅游特色街区建设。2021年吉林省文旅厅认定了长春市红旗街旅游休闲街区、长春市巴蜀映巷旅游休闲街区、梅河口市麓街（美食不夜城）旅游休闲街区等11家省级旅游休闲街区，长春市文旅局也组织了首批文化旅游特色消费示范街区评选，选定这有山和欧亚汇集为长春市首批文化旅游特色消费示范街区。长春红旗街长影文化艺术街区以电影文化为主题，配有电影院、音乐厅、长影集团历史展览、24小时书店、文创商店、特色美食等，打造了"文旅＋电影＋文创"的多功能街区。巴蜀映巷文化旅游休闲街区是东北首家川渝文化主题的商业街，除了川渝美食、川渝特产等，还成立了非遗文化展示传承中心，有钟氏泥塑、松花石雕、长白山黑陶、萨满文化等多个非遗项目，实现了非遗文化与旅游的有机融合。这有山是集合旅游、餐饮、商业、休闲、住宿于一身的室内"山丘景区小镇"，内部设置美食街区、影院街区、话剧院、书店、文创街区、博物馆、山顶问蟾厅等，山洞大厅可举办舞会、市集展览等活动，是城市微度假示范区。

4.产品与业态联合

文化和旅游产品与业态融合，是文旅融合的核心，吉林省围绕这一核心内容，持续推动旅游业全面提质升级，不断涌现的文旅新产品、新业态使文旅融合迸发出新的活力。产品融合方面，吉林省深入挖掘地域文化，加快文化资源和旅游资源普查梳理工作进度，重构文旅资源新系统，打造多元产品，推出了一批具有文化内涵的旅游商品和文化主题鲜明的旅游目的地，鼓励文旅综合体开发，鼓励富含文化活动的旅游路线开发，为产业发展创造了广阔的空间。近年来旅行社推出的新路线中加入了许多文化元素，如在研学旅游线路中加入博物馆参观、考古体验、非遗文化体验互动等活动；在民俗旅游线路中添加萨满文化体验、高句丽文化体验、朝鲜族风貌展示等内容，丰富旅游内容的同时大大提升了游客观感。长春文化旅游集散中心等许多机构和旅游目的地都设置了图书阅览区，并定期开展图书沙龙，方便民众参与文化体验，做到文化便民惠民。

业态融合方面，积极探索各种"文化＋""旅游＋"发展模式，并借助互联网的蓬勃发展，以科技手段助推文化和旅游新业态培育，不断拓展衍生品产业链，推动旅游业要素集聚节约发展。以全域旅游建设为推手，突出创新创意，全省红色文旅、旅游演艺、主题公园、文化节庆、文化遗产旅游等业态纷纷涌现。旅游目的地的文化氛围越来越浓厚，如剑鹏马城将马文化与旅游紧密结合，规划建设综合型旅游度假村，建设马文化展览馆，承办马术赛事、开办马文化旅游节等。辽金时代观光园已升级为辽金时代文化园，经营模式由原来的农业观光向文化旅游、研学教育、文化传播方面倾斜，建立了吉林印记——乡村文化博物馆，并设置辽金民俗村，排演了黄龙戏，用静态与动态结合的形式为游客多维度展现辽金文化。长春市依托丰厚的电影文化积淀，打造了"影视＋旅游"新型旅游业态，莲花岛影视休闲文化园区以影视场景为主题，设置了民国街区、抗联小路、和平饭店、第一路军展览馆等场景，为游客提供沉浸式旅游体验。红旗街长影文化艺术街区以长影文化为核心，集观影、阅读、休闲于一体，呈现出电影文化与新时代流行文化的融合交汇，成为街拍达人的网红打卡地。此外，以绿色发展为引领，吉林省实现了旅游与自然保护相结合。旅游与现代农业相互融合。旅游与新型工业相融合。旅游与大众体育相结合。旅游与医疗康养相结合等业态，产业融合发展势头良好，产业联动作用不断显现。"旅游＋自然保护"方面，以东北虎豹国家公园为基础，以各级、各类自然保护区、风景名胜区、水利风景区、森林公园等为主要载体，吉林省东部旅游大环线内已经初步探索出具有吉林特色的自然保护与生态旅游发展有机结合、相互促进的发展模式。"旅游＋现代农业"方面，以农林牧渔产业为基础，结合新农村建设，推动"旅游＋农业"深度融合发展，开展现代农业庄园试点示范，推动农耕体验、果蔬采摘等主题的特色旅游产品遍地开花，开发多条现代农业旅游精品主题线路，市场反响良好。"旅游＋新型工业"方面，发挥吉林省汽车、轨道客车、化工、森工及矿业等工业资源与文化积淀，积极建设"百年长春"宽城子老街区、德惠沙俄历史文化街区等建设；开发工业旅游产品，改造辽源市道岔厂旧址等工业废弃厂区房舍等，打造工业遗产文化创意基地。"旅游＋大众体育"方面，推动旅游与体育深入结合，创建吉林市北大湖、万科松花湖等国家级体育旅游示范基地，松花湖入选首批国家级滑雪旅游度假地，打造以长春净月潭瓦萨国际滑雪节为代表的国家体育旅游精品赛事，提高体育旅游大众接纳水平；持续创建"延边·韦特恩国际自行车旅游节""环长白山自行车骑游大会"等体育旅游品牌，提高体育旅游发展质量。"旅游＋医疗康养"方面，推动旅游与健康养老、康体休闲等融合发展，通化市成为首批15个国家中医药健康旅游示范区之一，康体疗养及养生养老旅游产品成为新的市场增长点。

（四）旅游品牌打响特色

冰雪、避暑品牌效应均显。近年来，吉林省以"绿水青山就是金山银山，冰天雪地也是金山银山"为指引，充分开发冰雪和避暑两大优势资源，挖掘文化内涵，丰富旅游产品，实施"温暖相约·冬季到吉林来玩雪""清爽吉林·22℃的夏天"双品牌战略，依托"雪博会"和"消夏季"，陆续推出了多个"吉"字号特色旅游产品，打响了吉林省特色旅游品牌，品牌整体对外吸引力不断提高。排在吉林省文旅品牌影响力前列的首推冰雪旅游。2017年人民网通过数据分析与数理模型计算，从游客期待指数、品牌美誉度、媒体引导力、自媒体影响力四个维度，全面评估并发布中国冰雪旅游目的地品牌影响力排行榜前30。吉林省共有9家冰雪旅游目的地上榜，分别是：万达长白山国际旅游度假区，排第2名；长春净月潭国家森林公园，排第6名；吉林万科松花湖度假区，排第9名；吉林北大湖滑雪场，排第14名；吉林查干湖，排第15名；长白山露水河长白山狩猎场，排第18名；长春莲花山度假区，排第19名；长春庙香山度假区，排第23名；长白山天池雪野雪公园，排第26名。评估数据显示，万达长白山国际旅游度假区游客期待指数、品牌美誉度两个指标分别高达93.02和88.75，其中游客期待指数位列单项第1名；长春净月潭国家森林公园新媒体运维能力指标高达66.08，位列榜单第1名，该景区活跃度指标为86.72，也为单项第一。2020年，中国旅游研究院发布"冰雪旅游十强市"，吉林省的长春、延吉两市上榜；"冰雪旅游十强县"有长白山保护开发区、延吉市上榜。2020年第八届中国旅游产业发展年会评选"中国旅游产业影响力风云榜"，吉林省8家单位斩获7项大奖，长春市、吉林市荣获年度中国冬游名城；延边朝鲜族自治州荣获年度中国夜游名城；吉林冰雪产业博览会荣获年度中国旅游影响力节庆活动；长白山"12度粉雪温暖相约"荣获年度中国旅游影响力品牌；吉林庙香山冰雪体育旅游集团有限公司荣获年度中国旅游影响力社会责任企业；集安市荣获年度中国乡村旅游发展名县（区）；"驾红旗车·游新吉林"荣获年度中国旅游影响力营销案例。作为冰雪产业大省、冰雪旅游强省，吉林省冰雪旅游目的地的综合品牌实力不容小觑，具有极强的品牌号召力。

二、文旅融合稳步推进

文化与旅游是灵魂与载体一般密不可分的关系，两者交汇融合发展能够激发出无限潜力。以文化提升旅游品质、丰富旅游内涵，以旅游增加文化传播、扩大文化市场，始终是吉林省文旅发展的重要目标。近年来，通过多方协作与推进，吉林省文旅融合取得了突破性进展，走出了一条"顶层设计、资源整合、项目带动、品牌培育、融合发展、全域发力"的特色文旅融合发展之路，产业发展迈上新台阶。

（一）融合进程推进顺利

1.机构与职能组合

2018年国家组成了文化和旅游部，将旅游提到了与文化同等高度并统一规划管理，体现了国家对文旅融合发展的重视。吉林省应声而动，于同年成立了吉林省文化和旅游厅，完成了文化厅与旅游厅两个部门的组合，成为全省机构改革行动中首家挂牌的省级新机构。依照《吉林省机构改革方案》，实现全体机关干部集中统一办公，并快速完成了市县层面的部门组合。全省文旅新部门自上而下迅速响应，迅速做好文化和旅游两个系统在发展理念、工作平台、机构设置、保障体系等方面的衔接，落实"三定"方案，明确职责，调整岗位与人员分配，确保新平台工作运转更顺畅、职能更完善。全省文旅机构均按照改革方案要求，于2018年完成了相关改革任务和工作职能整合，在提升服务和影响力方面取得了良好效果，获得文旅行业工作者的广泛好评。

新机构成立后，全省以文旅融合为契机，破除曾经文化和旅游分属不同部门而导致的一体保护和协同开发困难问题，积极推进文旅管理体制改革。强化顶层设计，以可持续性长远发展为导向，对各类文旅资源使用进行统一规划引导，努力实现文旅资源优势互补、产业发展互惠互利，高标准制定衔接配套的文旅规划。建立政府各部门、政府与各行业的协调联动机制与沟通交流渠道，在行业发展规划、政策落实、项目建设、招商引资等方面加强统筹，大大提升了文旅工作效率，形成了发展壮大旅游业的社会合力。全省文旅部门积极开展全面优化文旅行业发展环境工作，加强市场管理和监督，推进"双随机、一公开"，建立常态化治理机制，完善安全应急体系与市场信用体系建设。2021年延边朝鲜族自治州文化广播电视和旅游局在全国文化和旅游系统先进集体表彰大会上获得"全国文化和旅游系统先进集体"称号。

2.政策与措施整合

吉林省近年来注重文旅融合顶层设计与科学管理，为了引导文旅融合发展新思路，制定了一系列政策和措施，促进"多规合一"，有力推进文旅融合迈向新层级。2017年《吉林省"十三五"旅游业发展规划》开始提出"加快旅游业和文化产业融合发展"的思路，之后《关于加快推进吉林省全域旅游发展的实施方案》也明确指出要深化文旅融合。最新出台的《吉林省文化和旅游发展"十四五"规划》为推动文旅深度融合设置了独立篇章，提出从业态、产品、市场、服务、交流、人才六个方面进一步促进文旅资源整合利用、产业深度融合发展。吉林省文旅厅组建后，还陆续出台了《打赢脱贫攻坚战三年行动实施方案（2018—2020年）》《吉林省文化和旅游单位（场所）监管工作实施细则》《吉林省文化厅及旅游厅优化营商环境建设工作实施方案》《吉林省省级文化生态保护区管理办法》

《全省文旅行业安全生产专项整治三年行动实施方案》《吉林省文旅行业创建放心消费示范单位管理办法》《吉林省文化和旅游厅加强旅游服务质量监管 提升旅游服务质量行动实施方案》《关于推动旅游业攻坚发展专项行动方案》等政策，这些政策组合为吉林省文旅发展构建了政策体系保障。

在各项政策的指引下，吉林省为文旅融合发展制定了各方面措施，保障项目建设、投融资、税收优惠、用地用工等顺利进行，如《吉林文旅"春风计划"》从9个方面维护旅游业运营秩序，恢复市场活力；《关于有效应对疫情支持文旅企业发展的13条政策措施》对许多文旅经营单位提供补助和扶持；《关于金融支持吉林省旅游业发展的若干政策措施》提出了发展多元化融资方式、强化重点领域金融保障等5个方面18条具体措施，为吉林省旅游业发展提供金融支撑。

3.市场与服务融合

建立统一有序的市场是文旅融合进程的最佳检验。吉林省以文旅市场综合改革为契机，不断推动文旅市场的统一培育与一体化监管，探索文旅项目同步规划、同步申报、同步立项、同步建设机制，并积极推进市场主体融合，鼓励跨界联合，支持公共文化机构与旅游企业对接，培育了一批文旅融合型企业领军者。例如，在知名旅游景区添加旅游演艺项目，推动文创产品、动漫、会展等文化产业融入旅游，以旅游业带动文化消费市场活力，形成"大文旅市场"。市场主体融合的典型示范，如长春文化国际旅行社在九台区马鞍山村打造了乡村旅游精品民宿及餐饮项目，与长春世界雕塑公园合作冰雪梦工厂项目，与红旗品牌合作开展"驾红旗车·游精彩吉林"红旗自驾体验活动。吉林省恒曜旅游集团与中国农业科学院特产研究所合作建立了吉林家特研学基地，基地集学、研、游、吃、行、娱等多种元素于一体，开设植物种植、动物养殖、手工课堂、中医中药、科研历史博物馆等众多研学体验项目。

在推进服务融合方面，吉林省统筹公共服务设施建设管理，积极推进文旅综合服务设施改造升级工程，推动公共文化和旅游服务设施统一建设和管理标准。加快公共服务资源配置整合，在旅游区加强公共文化服务，如引入剧院、书店、博物馆等公共文化设施，以及举办文化旅游节庆活动等，推出了一批同时具备公益文化属性和旅游服务属性的惠民活动。大力推进全省70多个县级文化馆、620多个乡镇文化站与旅游部门建立合作共赢机制，共用文体设施设备，鼓励文艺团队接洽乡村旅游演艺活动，组织旅游从业人员到文化站学习文艺知识和非遗技术。促成文化和旅游统一宣传推广模式，吉林省旅游推介会上，增加了包含人参文化元素、吉林历史故事的大型舞剧《人·参》，除旅游线路外，还增设了高铁模型、红旗轿车模型、满族传统美食、葡萄酒等农牧业、工业衍生产品、非遗剪纸展区等，这些文化元素的加入，是吉林省文旅融合面向世界的创新表达。

（二）融合模式不断创新

1.文博资源活化拓展模式

文博资源是满足公众基本文化需求的重要组成部分，其在传播知识和提供文化素养方面的作用无可替代，随着文旅融合进程的不断推进，文博资源也借助各种拓展模式发挥更大的影响力。吉林省各博物馆、文化馆等单位纷纷以自身文博资源为元素举办多元化文化推广活动、开发活化型旅游产品，不断助推吉林省文博资源活化拓展。

吉林省文旅厅与文物局共同推出了吉林省数字博物馆在线服务平台，平台运用大数据等信息技术实现了对馆藏文化资源的全方位展示，可为公众提供随时随地查看藏品及博物馆展览动态信息的服务，是文博资源活化的典型示范。

伪满皇宫博物院自2017年正式启动智慧博物馆建设，打造了云服务平台为公众提供各项数字服务，功能模块包括线上VR数字展馆、文物全息展示系统、"格物客部落"协同研究平台以及正在研发的"伪满史料数据平台"。其依托微信小程序开发的"易游通"公众服务平台获选2018年"互联网＋中华文明"示范项目，目前伪满皇宫博物院正在此基础上开发"伴游"视频导览程序，该程序是国内首个融媒体资源与仿真导游相结合的博物馆道路产品。伪满皇宫博物院借助信息技术打造了国内博物馆首个拥有自主知识产权的字库产品"满宫德文体"；推出了全国首款融媒体出版物《长春日知录》，以印刷媒介和移动终端相结合的形式展示长春历史文化相关资源；牵头创办了国内首个"智慧博物馆联合实验室"，为中小型博物馆智慧化运营提供方案；开发了国内首个"文物核查小程序"，有效提高了展区管理效率与质量。2019年伪满皇宫博物院推出的《"新京"梦碎》大型原创历史话剧大受欢迎，填补了吉林省博物馆动态演艺的空白。该剧通过溥仪在伪满皇宫的皇帝梦，向大众充分展示了伪满洲国历史和伪满皇宫博物院的文化内涵。目前该剧已作为伪满皇宫博物院的常规演出，是游客的必游项目。伪满皇宫博物院还开创了"文博书架"活动，乃全国首例，"文博书架"在省内一百多个地点展出馆藏专著、读物、画册等图书，取得了良好的文化传播效果。2021年伪满皇宫博物院拍摄的《博物馆说——百年蒸汽机车》视频入选中华文物全媒体传播精品推介项目。在中国文物交流中心发布的《2021年度全国文物旅游景区影响力评估报告》中，伪满皇宫博物院在118处全国重点文物保护单位中获得景区创新发展力排名第七位的好成绩。

长春市图书馆与如美文化旅游公司合作，近年来打造了多家阅书房，打造了文旅融合新空间。首家入驻长春文旅体验中心的阅书房搭载了智慧图书分馆——长春数字图书馆服务平台，该平台整合了长春市图书馆2000余册图书信息，可实现浏览、VR展示、办理会员、电子支付、借阅、邮寄一系列图书借阅服务；并且，借阅的图书可在就近的各级图书馆、阅书房通借通还，为游客在旅游期间借阅图书提供便利。长春数字图书馆服务平台还升级打造了"惠阅·文化菜单"阅读服务平台，通过线上线下联合，年均举办阅读推广活动500余场，推动公共文化服务体系的不断完善。

2022年，吉林省以"文化和自然遗产日"为契机，举办了多项线上线下活动。伪满皇宫博物院举办了"活化文化遗产资源、聚焦城市当下"主题展览与直播活动；长春市博物馆在西安博物院举办了"丝路遐想——戈沙丝绸之路艺术作品展"，邀请游客免费体验拓印版画，以展示丝路文明和"一带一路"的魅力；长春市群众艺术馆举办了线上非遗项目演出，表演内容包括琵琶艺术、古琴、评剧、花棒秧歌、于氏刀刻画、关东泥人张等非遗表演。

2.文化节庆模式

文化节庆活动具有主题鲜明、参与性强的特点，与一般的文旅形式相比，文化节庆活动地域特色较强、文化氛围较浓、规模较大、品牌影响力较大、后续效应较强，因此其经济拉动效应和社会效应都较强，对当地相关产业和就业都有强大的带动作用。吉林省生态资源丰富、地域文化优渥，为节庆主题的选择提供了良好的基础，节庆活动始终是旅游业发展的重要模式之一。近年来随着文旅融合步履的加快，吉林省文化节庆也加快了发展的步伐。

目前吉林省文化节庆活动依据主题类型主要可分为：自然景观主题型、民俗风情主题型、特色产品主题型、科技艺术主题型、综合旅游主题型等。影响力较大的文化节庆主要有：长白山国际雪文化旅游节、国际雾凇冰雪节、查干湖冰雪渔猎文化旅游节、长春电影节、中国朝鲜族端午民俗文化旅游节等。

冰雪文化节庆是吉林省文化节庆的重要板块，对推广吉林省冰雪文旅和冰雪品牌起到极大的助推作用。吉林国际雾凇冰雪节依托雾凇资源，打造了集合东北风情和冰雪奇观的文旅节日，是吉林省旅游业的一张名片。雾凇节期间松花江上放河灯、彩船游江会、冰雕游园会、秧歌大会、国际冰雪赛事、商业交易会等活动丰富多彩。净月潭冰雪旅游节以创新型冰雪主题活动知名，举办过国际雪地勇士障碍赛、雪地穿越赛、雪地比基尼、冰雪红人秀、微视频大赛、大众高山滑雪彩烟赛等活动。查干湖冰雪渔猎文化旅游节是吉林省"民俗文化＋冰雪旅游"的代表，节庆活动包含冬捕体验、摄影大赛、品湖鱼、赶市集、冰上龙舟赛等，特色突出。

民俗文化节庆方面，和龙金达莱国际文化艺术节以朝鲜族民俗文化为主题，举办传统美食制作、民俗文化展览、特产展销、朝鲜族摔跤比赛等活动，是和龙市文旅发展的重要活动之一。延吉市每年举办中国朝鲜族端午民俗文化旅游节，宣传民俗传统文化，传承民俗文化遗产，打造了具有地域特色、民族代表性的文旅品牌。图们江文化旅游节将图们江文化融入边境游、跨境游路线中，有力推动了图们文旅事业发展。

长春电影节是"中国四大电影节"之一，以艺术追求和文化普及为主旨，内容涵盖电影、文化、旅游、科技、商贸，是吉林省文旅融合的重要着力点。此外还有以避暑休闲为主题的吉林松花湖休闲度假旅游节、以秋季生态旅游为主题的长白山红叶旅游节、以满族传统文化为主题的吉林松花湖开江鱼美食节、宗教主题的北山庙会等。

表2.9　吉林省知名节庆活动

	北山庙会
春季	金达莱国际文化艺术节
	吉林松花湖开江鱼美食节
	中国朝鲜族端午民俗文化旅游节
	查干湖蒙古族民俗旅游节
	延边朝鲜族民俗文化旅游博览会
	叶赫满族民俗旅游业
	长春消夏旅游节
夏季	长白朝鲜族民俗文化旅游节
	长白山花卉旅游节
	吉林松花湖之夏旅游节
	长春国际汽车博览会
	长春国际电影节

续表

秋季	高句丽文化旅游节
	长白山山货节
	中国吉林长白山红叶旅游节
	莫莫格国家级自然保护区湿地观鸟节
冬季	国际雾凇冰雪节
	长白山国际冰雪旅游节
	吉林冬季农业博览会
	查干湖冰雪渔猎文化旅游节
	净月潭瓦萨国际冰雪旅游节

3.旅游演艺模式

旅游演艺作为舞台演艺的一个特殊类型，与其他旅游品相比具有较高的艺术价值和文化内涵，是推广地域文化的有效途径之一；而其强大的商业效应又能在展示文化底蕴的同时为旅游经济带来极大的收益。在文旅融合不断深入的趋势下，旅游演艺的重要程度和巨大潜力也逐渐得到重视。

吉林省地方剧种资源丰富，吉剧、二人转、黄龙戏、朝鲜族唱剧等文化底蕴深厚，具有地域性强、民族特色突出、雅俗共赏的特点。吉林省近年来也依托这些地方剧种优势，形成旅游演艺精品，培育了一批知名的旅游演艺项目和演艺企业，成为吉林地域文化的新亮点。

抚松县万达国际度假区长白山大剧院的《天地长白》情景剧，是吉林省首个景区驻场演出，自2012年以来已经连续演出上千场，成为吉林省文旅特色品牌。《天地长白》将长白山人参文化、冰雪文化、关东民俗文化、萨满文化等地域文化元素融入一个爱情故事，表演形式涵盖民族歌舞、芭蕾舞、杂技、二人转、魔术、歌曲演唱，结合高科技的音效灯光，为游客呈现一场视听盛宴，其艺术行业跨度之大、融合之深，在旅游演艺作品中堪称典范。《天地长白》演出与万达长白山国际度假区的结合，形成了文化资源与旅游资源的优势互补，助推着长白山旅游业取得更大的经济收益和品牌影响力。

2020年"夜遇吉艺"消夏演出季活动在长影世纪城进行，省歌舞团、省曲艺团、省戏曲剧院京剧团、吉剧团、民间艺术团等机构的2000余名演职人员贡献了30场线上、线下演出，内容涵盖二人转、吉剧、魔术、快板、小品、相声、京剧等20余个艺术表演形式和80个非物质文化遗产代表性项目。这种"夜游＋演艺"的方式，既提升了夜游文化艺术魅力，创新了文化惠民形式，又促进了文旅消费，使长影世纪城成为融合文化、艺术、旅游、休闲、娱乐等多种文旅体验形式与生活方式的城市新地标。

4.主题公园模式

主题公园模式是文旅融合产品中发展空间最大、品牌效应最强的一种。首先，主题公园依托城市文化底蕴和文化品牌形成集聚性发展，将进一步提高地域文化品位和知名度，从而通过游客聚集，在交通、食宿、文化消费等方面增加物流、商品流、资金流，并对周边的配套交通设施产生强大的辐射效应，从而带动城市服务业的发展。其次，主题公园可以将文学作品、影视作品、民间传说等一些无形的文化资源，转化为有形的旅游品，突破了文旅资源的地域限制，为旅游品创新提供了广阔的新空间。基于这种优势，主题公园模式将在城市旅游业发展中发挥越来越重要的作用。吉林省在主题公园打造中充分挖掘自身文化资源，以资源优势和地域特色为主题公园建造方向，使得主题公园在吸引游客的同时充分展示了吉林省文化特色。较具有代表性的主题公园有长影世纪城、国际汽车公园、长春冰雪新天地、吉林乌拉公园。

电影主题公园——长影世纪城：长春电影制片厂依托电影文化底蕴，将现代电影工业与旅游业相结合，打造了我国第一家国际电影主题公园。园区在打造高科技电影娱乐项目的同时，适时融入吉林省地域文化和中国传统文化，充分展现了中国电影文化魅力，体现了传统与现代的融会贯通，形成了独具魅力的公园文化。近年来，为了更好地发挥品牌带动效应，扩大文化消费和文化惠民力度，长影世纪城推出了"长春消夏灯会"夜游项目，游客可在游玩公园项目的同时，观赏由中国非遗传承人手工打造的花灯展览，观看传统剧种黄龙戏、东北八大怪、二人转等文艺演出，欣赏由长春电影制片厂制作的各个年代的电影剧照展，不断丰富的业态形式使得长影世纪城传递出更加丰富多元的文化信息。

汽车主题公园——国际汽车公园：国际汽车公园依托长春市汽车之城的文化底蕴，打造了全国最大的汽车文化主题公园。公园布局分为"三街六区"，"三街"为国际汽车文化街、中国汽车文化街、汽车名人街；"六区"则包含汽车博物馆、品牌展览、商业服务、文化休闲等功能。国际汽车公园在汽车文化景观之外，还增加了园林、湿地、艺术演艺区域，是一座彰显汽车文化和地域文化的综合性主题公园。

冰雪主题公园——长春冰雪新天地：长春冰雪新天地依托吉林省冰雪文化优势而打造，媲美哈尔滨冰雪大世界，填补了吉林省大型冰雪主题乐园的空白。长春冰雪新天地分为九大主题乐园，可满足不同游客的娱乐需求，拥有规模庞大的冰雕雪雕展览和丰富多彩的冰雪娱乐项目，成为吉林省冰雪文旅消费的新地标。长春冰雪新天地还毗邻天定山滑雪场、莲花山滑雪场和天定山旅游度假区，形成了冰雪旅游业集聚发展模式，可为游客提供一体式冰雪体验路线。

民俗主题公园——吉林乌拉古城历史主题公园：吉林乌拉公园以满族文化为基础打造，内设乌拉牌楼、八旗筑城、四方神兽亭等景观，再现了吉林古城历史风貌。园中最引人注目的是演艺表演"吉林乌拉"，是国内第七大山水实景灯光演艺品牌。实景演出以东团山为背景，以松花江为舞台，运用高科技布景，还原满族先民的生活场景，为游客提供了全新的文化体验。

（三）融合发展示范效应显现

1.典型示范——延边州开创文旅融合新局面

自2018年提出"文化强州"和"旅游兴州"的决策部署以来，延边朝鲜族自治州高度重视文旅融合，坚持"以文塑旅，以旅彰文"的发展理念，以改革创新为动力，深入挖掘文旅资源，不断丰富旅游产品与业态供给，促成文旅项目建设落地，为文旅融合发展开创了新局面。旅游业已经成为延边州经济发展的新引擎。据统计，2019年延边州游客接待总量2751.38万人次，同比增长了13.10%；实现旅游收入555.34亿元，位居全省第三，同比增长了17.40%，其中入境游收入2.65亿美元，位居全省第二，占全省的36.8%；旅游业增加值占延边州GDP总量的22.60%，位居全省第一。

旅游产品与业态不断丰富。延边州充分发挥地域文化优势，在文旅发展顶层设计中注重将朝鲜族民俗文化特色融入其中，在产品开发上突出文化元素，不断推出融合型旅游品与新业态。安图县以少数民族特色村寨开发为重点，努力打造集民俗体验、农业观光、休闲娱乐等多种功能于一体的综合型旅游品，各少数民族特色村寨之间形成差异化发展，各有各的主题特色，村寨内不仅有各种文化设施，还广泛开展民族文化活动。截至目前，安图县已建成5个国家级少数民族特色村寨、2个省级少数民族特色村寨和1个省级少数民族特色村镇。延吉市打造文旅演艺精品《四季如歌》《乡音》《乞粒农乐舞》，推出了20处朝鲜族文化传承示范点。龙井市打造了边境红色旅游景观带、"春风套餐"及消夏避暑休闲系列产品。珲春市则以文创产品为突破点，设计推出了53款"珲龙、春虎"文创商品。

项目建设有序推进。延边州以建设"中国朝鲜族文化传承创新示范区"为目标，加快建设了一批富有地域特色和文化内涵的文旅项目。改造中国朝鲜族民俗园，建设成为全国第一个朝鲜族民俗旅游综合景区；加快恐龙博物馆和恐龙王国建设、和龙仙峰滑雪场建设、海兰江民俗特色小镇集散中心建设、龙井琵岩山文化旅游区扩容、龙井琵岩山朝鲜族温泉古村落项目建设、海兰江足球文化产业园建设、龙井市仿真冰馆项目建设、图们江流域文化展览馆建设、中京紫禁城影视基地打造、老白山原始生态休闲度假区升级工程等几十项文旅工程。

节庆活动丰富多彩。延边州彰显地缘文化，整合资源，在借助节庆活动弘扬民族文化的道路上一骑绝尘。延吉市举办了延吉国际冰雪旅游节、朝鲜族端午节、朝鲜族秋夕节等，安图县举办了朝鲜族农耕民俗文化旅游节、朝鲜族民俗美食节等，龙井市举办了农民丰收节暨中国朝鲜族农夫节、朝鲜族百种节御粮田祈丰祭、辣白菜文化旅游节、犨福金达莱赏花节、马蹄山露营音乐美食节等，和龙举办了苹果梨采摘大赛、老里克赏雪节、龙门湖冰钓大赛等。节庆活动将扇子舞、长鼓舞、摔跤、栖戏等民族歌舞、传统文化、民俗表演融入其中，凸显地域风情与民族特色。

品牌建设成果丰硕。延边州旅游品在2020中国特色旅游商品大赛中斩获5金、1银、4铜，并获得承办中国旅游商品研讨会资格，延吉市被评为"2020中国冰雪旅游十强县"，安图县奶头山村被国家民委评为"中国少数民族特色村寨"，龙井市开山屯镇入选中国民间文化艺术之乡，智新镇明东村入选国家级乡村旅游重点村。延边和龙青龙渔业景区和琵岩山文化旅游风景区获批国家级4A级景区，金达莱村农家大院获评国家三星级旅游民宿。"朝鲜族百种节""朝鲜族踩地神"等项目完成国家非遗项目申报，背架舞传承基地、农夫节传习所完成国家级非遗项目考核。

宣传推介形式多样。延边州将民俗文化元素融入旅游宣传产品中，积极参加国内外旅游博览会，并在成都、南京等地开展专题推介会，加强延边州与宁波市就旅游业发展的交流合作，不断提升延边州旅游业知名度。充分利用各种媒体形式提高社会关注度，开设官方抖音账号"延吉旅游"，获得2020年吉林省文旅最具影响力抖音账号、"双百计划"吉林省文旅最具成长力新媒体单位荣誉称号，和龙全域旅游荣获2020年吉林省文旅最具影响力微信公众号。珲春市推出"一机游珲春"微信小程序，展示珲春文旅IP形象。和龙市与中旅集团签订了《旅游战略合作协议》，在中旅平台上推广和龙旅游线路。

2.吉林经验——乡村旅游文旅融合成绩斐然

乡村旅游是吉林省旅游业发展版图的重要组成部分，也是乡村振兴的重要抓手。吉林省文旅厅从规划指导层面加强文旅融合引导，不断助力乡村旅游的文化内涵提高和服务水平提升，推动乡村旅游规范、有序、可持续发展。

吉林省加强顶层设计，坚持"三产融合"，围绕农业、文化、旅游"三位一体"，陆续出台了《大力推动乡村旅游发展的十七条政策措施》《吉林省乡村旅游扶贫工程实施方案》《关于推进乡村旅游高质量发展的实施意见》《关于促进吉林省休闲农业提档升级发展的实施意见》等政策措施，发布了《乡村旅游产业发展报告》，实施乡村旅游"十百千万"工程，引入行业规范和统一标准，指导全省乡村旅游改变零散、无序的发展状况，走向系统性、规范性、统筹性发展之路。各地深入挖掘资源优势，因地制宜开发乡村旅游产品，全省乡村旅游呈现出既协调统一又各具特色的差异化发展格局，目前已形成资源依托型、区位依托型、市场依托型、产业依托型、政府推动型等模式，打造了一批乡村旅游典范。

2019年，吉林省乡村旅游游客接待量和旅游收入增速分别为24.77%、35.65%，均高于吉林省旅游业游客接待量和旅游收入增速2倍左右。新冠疫情暴发后，乡村旅游是吉林省旅游业中第一个实现正增长的产业业态，抗风险能力最强，市场活力恢复最快。截至2021年，吉林省共有1597家乡村旅游经营单位，其中有388家A级以上单位，219家规模以上单位，乡村旅游游客接待量占全省游客接待量约30%，吸纳就业超30万人。2019年国家文旅部公布了乡村旅游发展典型案例遴选结果，吉林省6个地区入选，分别为长春市双阳区、延边朝鲜族自治州、汪清县百草沟镇、和龙市金达莱村、吉林市舒兰市、长白山二道白河镇。2019年至今，吉林省有个32个地区先后入选全国乡村旅游重点村（详见表2.10）。2021年8月首批全国乡村旅游重点镇（乡）发布，吉林省3地入选，分别为延边朝鲜族自治州敦化市雁鸣湖镇、通化市通化县西江镇、通化市东昌区金厂镇。

表2.10 吉林省入选"全国乡村旅游重点村"地区

入选时间	地区
2019年7月第一批全国乡村旅游重点村,吉林省入选地区	松原市前郭尔罗斯蒙古族自治县查干湖渔场查干湖屯
	延边朝鲜族自治州和龙市东城镇光东村
	延边朝鲜族自治州和龙市西城镇金达莱村
	吉林市龙潭区乌拉街满族镇韩屯村
	长白山保护开发管理委员会池南区漫江村
	长春市净月高新技术产业开发区玉潭镇友好村
	辽源市东辽县安石镇朝阳村
2020年9月第二批全国乡村旅游重点村,吉林省入选地区	延边朝鲜族自治州珲春市敬信镇防川村
	长春市莲花山生态旅游度假区泉眼镇泉眼村
	吉林市丰满区江南乡孟家村
	长春市九台区图们岭街道马鞍山村
	通化市柳河县安口镇青沟子村
	通化市集安市太王镇钱湾村
	延边朝鲜族自治州安图县万宝镇红旗村
	延边朝鲜族自治州汪清县大兴沟镇红日村
	长春市农安县华家镇战家村
	四平市伊通满族自治县河源镇保南村
	延边朝鲜族自治州敦化市雁鸣湖镇大山村
	延边朝鲜族自治州敦化市雁鸣湖镇小山村
	通化市辉南县金川镇金川村
	延边朝鲜族自治州图们市石岘镇水南村
	吉林市蛟河市漂河镇富江村
	通化市通化县西江镇岔信村
	白山市临江市四道沟镇坡口村
	吉林市永吉县北大湖镇草庙子村
	通化市东昌区金厂镇上龙头村

续表

入选时间	地区
2021年8月第三批全国乡村旅游重点村，吉林省入选地区	长春市双阳区太平镇小石村
	吉林市桦甸市桦郊乡晓光村
	延边朝鲜族自治州龙井市智新镇明东村
	白山市长白朝鲜族自治县马鹿沟镇果园民俗村
	通化市东昌区金厂镇夹皮沟村
	白城市通榆县向海蒙古族乡向海村

吉林省乡村旅游已从粗放式发展方式向精细高效方式转变，突破了初始的"农家乐"单一发展模式，纷纷向休闲度假综合体方向转变，不断探索"乡村旅游＋"模式，目前许多乡村旅游龙头企业均已涉及采摘体验、拓展训练、民俗文化、农业研学等内容，乡村旅游体验不断丰富，文化内涵不断拓展。以长春市九台区马鞍山村为例，该村以乡村旅游为抓手，引进吉林省亚汶旅游公司，集生态休闲、农事体验、红色文化旅游等功能于一体，打造了马鞍山影视文化基地、长吉游客服务中心、马鞍山田园综合体、长春市九台革命英雄纪念馆、如美乡村民宿等众多文旅项目，成为省内乡村旅游的典范。其中影视基地项目已完成乡村题材电视剧《鲜花盛开的山村》，影视基地门票、食宿收益以股份分红形式发给村民，一改从前的贫困村面貌，实现了吉林省"文化兴农"的突破。延边州龙井市的良田百世运动假日小镇以"文旅＋农业＋体育"为主题，打造了生态运动景观带、现代农业科技产业园、生态宜居康养区、码头文化区等六大功能区，其中休闲度假区以全民运动为导向，构建全产业链运动休闲模式。作为国家乡村旅游观测点的长春市玉潭镇友好村自2020年起打造全域特色文旅体验综合体，培育花海搭配农庄项目，形成"观光游览＋健康休养"组合，随着乡村旅游的火热发展和引流效应，村内又陆续建成了游客服务驿站、湿地公园、数字化农业中心、种子博览中心、乡村博物馆、中医药博物馆、东北亚国际康养及民族风情文化展示区、药膳馆等，致力于打造多功

能乡村文旅综合示范地基。

据2021年出台的《关于推进乡村旅游高质量发展的实施意见》，吉林省乡村旅游在"十四五"时期的发展目标为"到2025年，全省乡村旅游规模扩大、品质提升、基础进一步完善、贡献显著提高，接待人次、收入年均分别增长20%和25%以上""打造东北领先、国内知名的乡村旅游目的地"，并将围绕这一目标的实现，开展七个方面重点工作，其中"强化文化赋能"方面，将进一步丰富乡村旅游文化内涵，鼓励并增加乡村旅游文化活动的举办。

三、旅游消费扩容提质

（一）旅游消费具有韧性

随着我国进入经济新常态，消费对经济增长的拉动作用愈加凸显，当前我国消费对经济增长的贡献率已达到64.8%。而旅游消费作为居民满足精神需求的重要载体，也在居民消费中占据越来越高的比重。据2021年国际旅游节发布的《"海上丝绸之路"旅游业大数据报告》显示，我国文旅消费市场在后疫情时代迅速回暖，消费潜力正在持续释放，在八大消费类别中，旅游消费增速最快。

吉林省充分认识到旅游消费对促进经济社会高质量发展的重要引擎作用，在全面振兴、全方位振兴中，不断深化旅游业供给侧改革，培育旅游消费市场，激发旅游消费潜力，加速旅游消费提质扩容。从表2.11中可以看出，2014—2019年，吉林省旅游收入、游客接待量以及人均消费均呈现快速上涨的趋势；2020—2021年，受新冠疫情影响，旅游收入与游客接待量均有所减少，而人均消费却并没有大幅度减低，可见吉林省旅游消费市场潜力之大，居民消费意愿之强烈。

2022年端午假期，全省各地举办文旅促消费活动40余场，出台文旅促消费政策28项。全省接待国内游客344.3万人次，同比下降19.7%，恢复至

2019年同期的94.98%；实现国内旅游收入32.2亿元，同比下降24.8%，恢复至2019年同期的77.65%；恢复水平分别高于全国8.18和12.05个百分点。端午假期日均接待游客较"五一"假期增长65.66万人次，增长134%，[①]全省迎来了疫后首个文旅消费高潮。

表2.11　2014-2021年吉林省旅游收入与消费情况

年份	旅游总收入（亿元）	接待游客量（万人次）	人均消费（元）
2014	1807.71	12141.24	1488.90
2015	2315.17	14130.9	1638.37
2016	2897.34	16578.77	1747.62
2017	3597.04	19241.33	1869.43
2018	4210.87	22156.39	1900.52
2019	4920.38	24833.01	1981.39
2020	2534.59	15342.23	1652.03
2021	3274.83	21100	1552.05

数据来源：吉林省文化和旅游厅

（二）旅游消费呈现新特点

1.消费群体年轻化

据旅游OTA大数据，当前旅游消费群体呈现出年轻化的特征，40周岁以下的人群成为旅游消费的主流，而其中90后、00后更是旅游消费活力最强、潜力最大的群体，其在旅游消费群体中所占比例也呈现迅速攀升趋

---

①数据来源于吉林省文化旅游厅调研资料。

势。年轻化的消费群体为旅游消费市场注入了无限活力，也加速了旅游产品市场更新迭代的速度。首先，年轻消费者对网络信息十分敏感，善于使用并十分依赖线上消费和社交媒体，习惯借助旅游平台和社交媒体寻找志同道合的"消费圈"，因此催生了"网红打卡"式旅游消费。许多年轻消费者会用社交媒体记录并分享自己的旅游消费过程，而潜在消费者可通过这种可视化信息获悉相关旅游信息。随着这种分享越来越多，也形成了一批批"网红"景点与旅游产品，追随而来的后续消费者则将这些旅游产品和景点视为"网红打卡"之处，从而开辟出一条新的旅游营销推广路径。其次，年轻消费者更加追求个性化、创新性，自驾游、亲子游、自发组织的小团体自由行、定制游等方式占比越来越高，而房车游、研学游、主题游以及别具匠心的文创产品等都是年轻旅游消费者青睐的产品。随着年轻消费群体的旅游需求不断增长，为了迎合消费市场需求，旅游产品和业态的创新速度与融合速度也随之不断加快。

2.消费理念品质化

随着居民文化水平的逐渐提高和视野的逐渐拓宽，旅游消费偏好产生了从由量向质转化的特点，消费升级趋势明显，与之前的"排浪式"消费方式相比，如今人们更注重性价比，更追求旅游产品的高质量和文旅服务的高水平。丰富的文化内涵、真实的旅游场景、集约式的度假场所、周到的量身定制等成了消费者选择旅游产品的普遍倾向。旅游场所要吸引消费者，就要提供高文化附加值的产品，满足文化消费、休闲空间、餐饮文化、特色民宿、品牌服务等多元化需求。从吉林省近年来的旅游消费倾向来看，文旅融合类产品备受青睐，长春世界雕塑公园、桃李梅剧院、省图书馆、省博物馆等游客接待量日益增加；文化内涵丰富的产品吸引力更强，各种旅游演艺活动、文博展览活动、文旅节庆活动都吸引了许多游客；配套设施齐全、服务完善、集合多种文旅元素与业态的综合型度假区广受欢迎，长白山鲁能胜地、长白山万达度假区、神鹿峰旅游度假区、万科松花湖度假区、这有山文旅综合体、莲花岛影视休闲文化园游客量激增；高端酒店、特色民宿、特色餐饮、商业综合体、城市公园等特色化文旅场景成为消费主流。

3.消费内容体验化

随着全域旅游建设和文旅融合的不断推进，旅游消费者不再满足于走马观花式的观赏性活动，而是倾向于新奇多变的体验型旅游活动，深度体验不同的生活方式与文化特色成为消费者的消费动机。针对消费者注重体验性的特点，吉林省许多景区也纷纷增设沉浸式、互动性旅游活动，如长春世界雕塑园开展了堆沙雕体验活动和手工课，长春庙香山推出了水幕电影、滑沙滑草等产品，莲花岛影视休闲文化园景区打造沉浸式情景剧演出，长春市文广局牵头推出网红钢琴试奏、手工灯笼制作等互动体验活动，万科松花湖度假区举办采摘节、美食节和航空音乐嘉年华活动供消费者体验，龙井琵岩山文化旅游风景区增加了昆虫、蝴蝶等主题研学活动。体验活动丰富、互动性强的主题公园、科技博物馆、旅游演艺、夜间旅游等更是成为旅游爱好者趋之若鹜的消费热点。

4.消费需求休闲化

生活节奏的加快增加了人们的身心负担，也催生了人们对休闲养生的渴望，新冠疫情的暴发与持续使得人们更加注重身心健康，对亲近自然与康体养生的需求激增。因此，近年来主打休闲养生的生态类旅游产品热度走高，以原生态、有机田园食品为特色的乡村旅游成为消费热点。新冠疫情暴发后，乡村旅游是吉林省旅游业中第一个实现正增长的产业业态。2020年全省新增高等级乡村旅游经营单位15家，同比增长25%；新增全国乡村旅游重点村19家，同比增长138%；新增省级乡村旅游重点村77家。据统计数据显示，2020年中秋国庆双节期间，吉林省乡村旅游共接待游客476.34万人次，占全省接待游客量的29.29%。庙香山、陈家店村、剑鹏马城、慢山里田园综合体、和龙金达莱民俗村等乡村旅游景点接待游客量均翻倍，特色民宿预订爆满。省文旅厅推出到吉林"森"呼吸康养游、"乡旅生活圈"等旅游产品备受喜爱。

5.消费形式数字化

随着大数据、物联网等技术的迅速发展，数字消费的比重不断扩大，数字旅游也成了我国当前旅游经济的重要组成部分。据《中国文化产业发展指数和文化消费指数》数据显示，网络已成为旅游消费的重要渠道，旅游消费者对经过大数据等技术整合后的网络信息依赖度与喜爱度都越来越高。尤其是在新冠疫情对传统旅游产业产生巨大冲击后，数字旅游逆势上扬，以"VR＋内容"为核心的旅游产品成为疫情中人们的重要消费内容，如今线上游戏、云旅游、云看展、网络直播都是最受欢迎的数字旅游产品。5G网络、移动支付、二维码等数字化基建的普及，也使得消费者对数字技术支撑下形成的旅游消费形式接受良好，呈现出较强的依赖性。移动平台上的各种应用服务可以实现行程规划、信息搜索、导航导览、预订退订、团购优惠以及点评与分享等功能，实现了旅游消费"零距离"。

6.信息渠道多元化

互联网的贯通使得旅游消费者可以从更多渠道获悉消费产品的相关信息，从而拥有更多的主动权和更丰富的选择性，消费者可以十分便捷地查看旅游攻略、达人推荐与评价信息，也可以在各种销售渠道之间进行价格对比，这种局面打破了传统旅游行业与消费者之间的信息不对称。许多旅游网站都推出了更为便捷、更为精细的服务，短视频的分享与传递也成为年轻旅游消费者进行产品选择的重要影响因素，这些都为消费者收集旅游信息提供了巨大便利。消费者信息获悉渠道的扩展推动着旅游业创新宣传推广的方式与途径，以获得更好的宣传效果。吉林省顺应旅游消费者多元化的信息获悉方式，采取全媒体联动宣传模式，持续扩大吉林旅游影响力，在充分利用好传统媒体的同时，通过微博、微信、大众点评、快手、抖音等多平台发力，调动明星带货、旅游达人推荐、官方账号推广、网友热评等全方位互动宣传方式，还开展了"直播秋天"，自媒体"双百计划"网络达人走进城市主题交流采风等活动。

（三）旅游消费环境持续改善

1.消费季等活动有效开展

为进一步壮大旅游消费市场，激发消费潜力，吉林省各地纷纷举办了多项内容丰富的旅游消费月、旅游消费季等活动，打出旅游"组合拳"推动旅游消费提质扩容。

2020年，省文旅厅启动了防疫复苏两手抓的吉林文旅"春风计划"，推出倡导省内游为主的"周游吉林"全新品牌，并推出"春风套餐""初游清明""春动吉林产品攻略"等36项旅游产品。自主研发的"吉刻出发小程序"联合自驾游行业协会和专业机构在"春风套餐"板块推出了12款特惠自驾产品，在原本的出游淡季，"周游吉林"产品成功激发了旅游爱好者的消费热情。

"礼遇吉林·激发文旅消费潜力"系列活动集合了全省优秀旅游商品，以旅游品牌拉动消费升级，活动内容包括商品发布、主题展、座谈会、旅游商品展销会以及"沉浸式"旅游采风体验活动等。

长春市开展了"吉林人游省会"主题推广活动和"惠满春城"消费季活动，推出文旅消费券和惠民卡。在避暑消夏季积极组织消夏艺术节、文化夜市、长春汽博会、消夏宿营等活动，形成了一批"长春文旅好去处"。每年雪季，各种冰雪节庆活动、冰雪消费优惠活动纷纷开展，冰雪旅游消费在旅游消费中的占比连年上升。

吉林市为助力旅游产业复苏，开展了2020旅游消费季"惠聚江城"促销活动，市文广旅局联合美团APP发放550万元的旅游消费券，使用范围包括星级酒店、A级景区和经营单位、餐饮、跟团游等。

通化市以惠民、惠商、惠市为目标，举办了"夏享清凉"2020中国通化文化旅游节·通化旅游体育消费年活动，开展中国·通化采摘旅游季、文旅企业宣传推广服务年等十大活动，通过"云闪付"平台发放35350张面额面值不等的电子"体育消费券"，并推出通化"七星之旅"精品旅游路线，打造旅游消费新热点。

2.旅游消费优惠举措纷纷出台

近年来，吉林省为提振旅游消费、活跃旅游市场，先后推出了多项消费优惠举措。

2020年出台的《关于促进商业消费和文旅消费的若干政策举措》提出通过"政策＋平台＋载体"组合联动方式推动旅游消费稳定增长，吉林省开展了第三轮消费券促销活动，其中文旅消费券资金额度1000万元，带动市州配比2000万元，从供需两端支持旅游市场复苏。2020年雪季，吉林省对游客在各种冰雪旅游场所的综合消费实行限额减免，陆续发布优惠政策28项，并为雪博会发放专项消费券。对旅游企业在省外独立刊发吉林省旅游产品广告的行为给予资金鼓励。同时吉林省打造了"吉旅行""如美生活""吉刻出发"等OTA平台，并在这些平台上发布了许多旅游活动优惠套餐。

2021年吉林省发布了《吉林省人民政府办公厅关于进一步促消费扩内需若干措施的通知》，其中提到若干推动旅游消费的优惠措施：在冰雪旅游消费上，继续执行"冰雪令"消费补贴政策，省总工会面向工会会员发放1000万元电子优惠券，与滑雪场、冰雪乐园等服务单位签订打折优惠承诺。支持博物馆、美术馆、综合文化站等场馆免费或低价开放，推出一系列精品线路和惠民措施。

2022年，为有效应对疫情对旅游行业的影响，吉林省文旅厅出台了《支持文旅企业复工复业促进文旅市场疫后复苏的若干政策措施》，在扩大旅游消费方面提出：其一，要实施消费带动计划，提高消费券总体额度，扩大消费券发放范围，覆盖省内文旅各行业，定向购买文旅消费项目，采取直接购买、消费满减、实足抵用等方式，有效提高消费券杠杆率。其二，鼓励文旅企业以端午假期为契机恢复营业，对首批恢复线上销售和首次开通线上销售的文旅企业给予文旅消费券优先支持。其三，联合各市州举办系列文旅促消费活动。

3.旅游市场监管持续加强

吉林省以提升旅游服务质量、提高旅游消费满意度、规范旅游市场秩序、加强旅游安全管理为重点，持续加强旅游监管力度，不断改进旅游市场监管措施。

吉林省文旅厅在疫情防控常态化下强化旅游市场预判，指导旅游产业经营场所细化防疫经营措施，一方面保障旅游市场安全有序，一方面推动旅游市场活力复苏。文旅厅明确要求各景区实行实名制预约购票、错峰游览、限量开放、现场测温、扫码进入等措施，鼓励有条件的景区增加人脸识别系统、无接触式测温系统、无接触式导览系统等。同时不断加强节假日旅游市场的督导检查，加强旅行安全提醒和安全预警机制建设，开展了多轮安全隐患排查整治工作，指导各地完善应急预案和应急值守，推进文广旅行业消防安全标准化建设，积极开展"安全生产月"、旅游保险宣传等活动。针对冰雪游、包车游等重点领域开展专项整治行动。不断加强信息化建设工作，密切关注网络舆情，着力解决消费者旅游体验中遇到的问题与矛盾，执行24小时信息报送制度，严格查处强买强卖、欺诈消费者等违规行为。深化文旅市场综合执法改革，建立常态化治理机制，推进文旅市场信用体系建设。

2021年省文旅厅发布了《加强旅游服务质量监管提升旅游服务质量行动实施方案》，制定了文旅市场监管目标——到2025年，解决一批影响旅游服务质量的突出问题，人民满意度进一步提高。旅游市场综合监管能力进一步增强，信用监管效能得到有效提升，旅游投诉处理及时有效，旅游市场秩序更加规范有序，旅游环境明显改善。提出了A级旅游景区服务水平提升、星级饭店和旅游民宿服务优化等7项具体行动。《方案》出台后，全省各地迅速开展了为期40天的文旅行业督导检查行动，针对常态化疫情防控措施落实情况、安全生产工作落实情况、专项工作整治情况、旅游厕所运营管理情况、文物安全工作专项督察等内容，对各种文旅经营单位和文旅节庆活动进行督导检查。

（四）文旅消费示范试点建设顺利

1.长春市——全国首批文旅消费示范城市

长春市自2016年入选国家首批文化消费试点城市以来，始终对文旅消费工作十分重视，统筹整合全省市场资源，实施多种文旅消费优惠措施，探索文旅消费新模式，在促进文旅消费方面推出了一套完整的政策措施与工作机制，开创了文旅消费新格局，全方位激发消费者的文旅需求。2020年，长春市入选全国首批文旅消费示范城市，成为东北地区唯一入选的城市，实现了由试点城市到示范城市的飞跃。

长春市把握季节优势，坚持以冰雪与避暑两大旅游品牌为主题开展营销，并实施"两极带四季"战略，形成全季节联动，拓展文旅消费市场。在冬季，以"都市冰雪"为品牌举办各种冰雪节活动，打造长春冰雪新天地、神鹿峰度假区等项目，推出冰雪产品40余项、冰雪活动100余项。2022年长春市入选"全国十佳冰雪旅游城市"，春节期间，市文广旅局发放文旅消费券350.5万元，带动交易金额257.92万元，全市实现旅游收入45.11亿元，同比增长56.72%。在夏季，以避暑休闲为主题举办消夏艺术节，通过创新形式、活化资源等方式，开展万人百姓健康舞展演、朝鲜族文艺演出、长影周末音乐会、消夏演出季等80余项活动，拓展延伸了避暑消夏产业链。2021年长春消夏艺术节发放了500万元的文旅消费券以激发文旅消费市场活力，并举办了"长春都市文旅新地标"评选，选出慢山里营地综合体、这有山＋红旗街商圈、马鞍山美丽乡村等22家文旅经营单位，作为夏季休闲娱乐推荐地。在春秋两季，长春市注重抢抓假日经济和消费热点，扩大春秋旅游产品和线路供给，并探索培育"春来长春""夜动春城"等旅游品牌。

长春市深度推进文旅融合，打造了一批体验式、沉浸式文旅消费休闲品牌，形成了"文旅＋商贸"新型消费模式，规划了一批文化旅游特色消费示范街区、夜间好去处、乡旅好去处等文旅消费场所，其中这有山获得"全国首批SIT超级沉浸旅游项目"称号。2021年，长春市以"文旅＋商贸"的创新模式入围全国旅游产业影响力案例，这是对长春市文旅消费的又一次肯定。

长春市完善全媒体宣传矩阵，通过多种渠道不断推广长春文旅。一方面积极在主流传统媒体和门户网站发力，同时利用北京、广州等主要客源地城市线下媒体做好宣传。另一方面充分利用短视频、直播平台等新媒体渠道展示长春文旅品牌，提升旅游品的影响力。在2021年"全国市级新媒体传播力指数TOP10"排名中，"长春文旅"连续数月列在其中。

未来，长春市将继续推进文化强市战略，以《长春市国家文化和旅游消费示范城市工作方案》为指引，进一步发挥示范城市作用，促进旅游产业升级、品牌提升、消费扩容，以旅游产业不断赋能长春经济社会高质量发展。

2.吉林市、通化市——全国首批文旅消费试点城市

吉林市近年来依托资源优势，努力构建全时全域文旅体系，推动冰雪旅游、避暑休闲、生态观光、四季度假等业态与城市建设相融合，不断丰富旅游品供给，引领文旅消费提质升级。

万科松花湖度假区自建成以来，度假业态不断丰富，景区知名度持续攀升，截至2021年，冬季滑雪接待量已连续四年居全国首位。度假区"西扩雪场、北拓小镇"冰雪项目将在"十四五"时期建设完成，届时度假区雪道总面积将超过285万平方米，雪道总长超100千米，全年接待能力可达200万人次。除冰雪项目外，还将配备体育公园、购物中心、旅游小镇、教育中心及会议中心等，景区功能全面升级，将对吉林市乃至全省文旅消费形成强大的带动作用。避暑休闲季，吉林市推出美丽乡村、湖光山色、果蔬采摘、户外拓展等十条夏季旅游路线。2020年松花江避暑休闲季开展了"自游江城"吉林市全域精品自驾游发车仪式、"盛世中华·国乐江城"线上系列演奏会、"吉艺传承"特色演艺进景区网络展演等13项主题活动，所有活动都通过官方媒体与主流媒体平台线上呈现。吉林市还通过"文旅消费观察团"组织对接OTA平台"美团点评"开展文旅消费战略合作，通过资源融合、流量互换、优惠共享等方式，开展线上促销活动。吉

林省在做好冬夏两季旅游产品的同时，还注重培育春秋季文旅IP，连续举办了六届山地帐篷露营节，还有山谷音乐会、夜光风筝表演等。

通化市近年来以建设东北东部旅游集聚地为目标，以旅游产品提质升级为突破，实施"通化市旅游产业振兴"行动，创建国家文化和旅游消费试点城市。

旅游项目建设成效显著，高句丽文物古迹旅游景区晋级国家5A级旅游景区，辉南县金川村等5个村入选第二批全国乡村旅游重点村名单。持续推进康养小镇、康养基地建设，并出台了《通化市中医药健康旅游示范区发展规划》。制定了《通化市2020年冰雪产业实施方案》，加快冰雪旅游项目建设，推进冰雪产业发展壮大。旅游产品体系不断丰富，品牌影响力不断扩大。

通化市积极响应《吉林旅游体育消费年活动总体方案》，开展"通"往希望的春天——疫后提振通化文旅市场"十项行动"，以惠民、惠商、惠市为目标，营造"季季有优惠、月月有活动、周周有响应"的文旅消费氛围。推出文化旅游节暨通化旅游体育消费年"十大系列"活动，包括主题电音网红夜市、葡萄（酒）采酿旅游季、通化金秋枫叶文化旅游节、"滑雪起源地·雪舞通化城"七个一冰雪旅游季等活动。举办了"3·16"老把头节暨2020中国通化长白山人参旅游品展销、吉林龙湾野生杜鹃花卉旅游节、"非遗情怀——抗击疫情"通化市非遗创意作品展、通化消夏旅游节等。创新性开展"通化手信"文化旅游商品征集推广活动，评选推出60件文创旅游商品，并开展了"通化手信"扫码购和"礼享一夏"通化手信品牌展销活动，线上线下同步宣传推介。

推动"通化人游通化"系列活动，推行通化文旅惠民卡，以拉动内需。开展通化、丹东、白山三地联展活动，推进鸭绿江旅游联盟城市文旅一体化，完善泛鸭绿江流域城市文旅联盟，筹备"2020中国·鸭绿江流域黄金旅游带国际文旅节"活动，推广泛鸭绿江黄金旅游带。

四、开放合作实现共赢

吉林省积极拓展旅游产业开放合作版图，不断加强国内外交流，以资源共享、市场互动、优势互补为目标，形成区域旅游联盟、促进旅游企业投资共建、提升品牌影响力、打响吉林文旅知名度，实现旅游产业区域联合上的合作共赢。

（一）积极探索"冰雪丝路"建设

2017年习近平总书记访俄期间提出北极航线的开发可为冰雪产业带来溢出效应，这是"冰雪丝路"概念的第一次提出。这一思路为东北地区冰雪产业发展带来了良好契机。东北地区冰雪资源得天独厚，发展壮大冰雪产业，沿着"冰雪丝路"走向欧洲，不仅能够进一步释放冰雪优势，更使东北地区融入"一带一路"，实现东北振兴的重要举措。

吉林省作为东北地区冰雪经济的核心和"冰雪丝路"的重要节点，近年来坚持推动"冰雪丝路"设想，打造"冰雪丝绸之路"国际论坛，积极探索建设"冰雪丝路"的有效路径，致力于通过"冰雪丝路"建设推动吉林省冰雪产业高质量发展，融入全国冰雪经济新格局，成为中国冰雪产业大省、冰雪旅游强省和世界级冰雪旅游目的地。吉林省注重冰雪产业规模质量双提升，实施冰雪文化引领工程、冰雪旅游壮大工程等十大工程，走全产业链发展路径。推动吉林冰雪经济发展上升为国际合作新平台，将冰雪经济建设融入东北亚开放合作，推进其成为国家"陆海内外联动、东西双向互济"全面开放新格局中的重要一环，深化与俄罗斯、朝鲜、韩国、日本等区域国家的互动，不断提升寒地冰雪资源的经济价值。

2018年雪季，吉林省带头成立了我国首家滑雪场联盟——全国滑雪场联盟，成员单位涵盖东北三省、内蒙古、新疆、北京等14个省（区、市）。2019年首届全体成员大会以中国冰雪产业健康发展为主题举办了高峰论坛，通过了全国滑雪场联盟未来三年发展规划，公布了《全国滑雪场运营管理标准》实施意见，提出建立联盟成员单位市场营销推广平台以加强客源互通，并推出"冰雪丝绸之路杯"系列品牌赛事。滑雪场联盟的成立，对推动吉林省成为全国冰雪产业核心地区和扩大吉林冰雪标准影响力意义重大。随后，全国滑雪场联盟为充分发挥资源优势互补及品牌影响力，推出了"冰雪丝绸之路"联盟卡，游客持带有"冰雪丝绸之路"标识的联盟卡到权益联盟单位可享受专享优惠，参与联盟卡活动的滑雪场可获得冰雪丝绸之路杯精英滑雪积分赛举办资格。未来，全国滑雪场联盟将遵循冰雪丝绸之路的构架，以冰雪经济为契机融入一带一路，让联盟延伸至海外，搭建起国际交流平台，推动我国成为世界最大、最具成长性的冰雪产业市场。

2019年，吉林大学举办了"北极合作与冰上丝绸之路建设研讨会暨中俄海洋论坛"，会议汇集了俄罗斯国防部部长顾问、欧亚国家北极联盟主席，吉林大学、中国海洋大学、东北亚铁路集团等各领域专家学者，共同探讨了冰雪丝路建设与合作问题，为推动冰雪丝路建设提供智慧力量。

2020年，吉林省成立了冰上丝绸之路吉林研究中心，研究中心由吉林省社会科学院、中国太平洋学会东北亚图们江研究分会、长白山冰上丝绸之路研究院联合建立，旨在为吉林深度融入"一带一路"、冰雪丝路与北极合作等议题建言献策。同年12月，冰上丝绸之路研究中心承办了首届长白山"冰上丝绸之路"论坛，论坛围绕高水平对外开放与东北亚区域合作、"冰雪丝路"建设、双循环发展新格局下的冰雪经济等议题开展深入交流，引领和推动实践发展。

2021年，吉林省文旅厅厅长杨安娣提交了《关于共建"冰雪丝路"推动"一带一路"倡议新实践的建议》，提出完善国家级冰雪产业发展规划，创办"冰雪丝路"论坛，打造"冰雪丝路"文化带，以"冰雪丝路"为平台参与全球冰雪治理体系规则制定等建议。

（二）吉浙旅游实现对口联动

吉林省和浙江省自2017年成为东西部对口协作省份，两地文旅部门以对口合作为契机开展密切交流，不断搭建平台、对接资源、促进两省旅游业在体制、产品、市场等方面全方位联动发展。吉林省文旅部门紧握促进省内旅游资源与产品对接先进省份、吸取先进地区发展经验的机会，以此带动旅游产业高质量发展。

2018年两省旅游产业为了加强交流合作，制定了《吉林省与浙江省对口合作实施方案》，并不断夯实"千万游客互换计划"。两省建立了高层互访机制和多层次合作机制，以"城市1+1""企业1+1"活动为平台，两省部门、县市建立了工作联系，商协会和企业间开展了全方位对接。相继开展了"政府互动年""企业互动年"活动，积极组织产业发展研讨会和考察调研。通过"吉秀浙里""浙里出发去吉林""吉林72小时""百企走浙江""驾红旗车·游新吉林""浙江旅行商吉林行"等一系列"请进来"和"走出去"活动促进游客流量交流互通。2018年全年浙江省游客占吉林省旅游接待量的份额增至3.5%，较上一年度增长了近1倍。

2019年初，吉林省在杭州市举办了"吉浙携手"新春民俗文化节，两省联合发布吉浙两省对口合作电子商务平台"吉浙一码通"。"吉浙一码通"OTS在线服务平台由两省文旅公司合资成立的吉旅大数据产业发展有限公司建设运营，平台有企业服务和公众服务两个面向，提供人力资源、项目信息、政策发布等资源，并聚集了吉浙两省特色旅游产品资源，为两省合作共享和提升品牌认知发挥了重大作用，也通过大数据服务为行业监管提供了便利。2019年6月，吉林省文旅厅在杭州举办了"相聚盛夏·相约冰雪"吉林旅游宣传推广活动周、"石头背后的故事"吉林文旅展览等系列活动，并开辟了浙江省职工到吉林省疗休养合作项目，还与浙江长龙航空公司建立了战略合作关系，加大在吉林省航空市场的投入。在开展对口合作的前三年，即取得了吉浙两省互换游客超过1000万人次的成果。

2020年吉浙两省旅游对口合作更上一层楼，通化市与台州市在康养旅游项目上开展了许多合作，并开通了空中及海上廊道以促进旅游和经贸往来；延边州为宁波籍游客提供专属旅游优惠，以加强流量互换；和龙市向宁波鄞州区推广的"共享稻田"项目为乡村旅游发展开辟了新路径。两省还开展了"对口联动协同发展"文化和旅游产业交流合作系列活动，邀请浙江省文旅部门和国内文旅行业的知名专家来敦化市旅游业举办对口合作研讨会，共商吉浙文旅项目合作与冰雪资源开发。吉林省文旅厅也多次组织文旅代表赴浙江杭州市、湖州市、台州市等地学习先进的发展经验，同时推介吉林省特色旅游产品，促进两省合作共赢。长春市还举办了2020吉浙未来城市数字创新高峰论坛，集结两省行业精英与创新人才，以"新基建·新产业·新机遇"为主题，共商产业发展机会，促进商务合作，为数字赋能多产业发展激发创新力量。

2021年9月，嘉兴市文化广电旅游局对白城市大安市嫩江湾旅游区、镇赉县莫莫格景区、通榆县向海景区等旅游项目进行了考察，并举办了吉林白城—浙江嘉兴文化旅游对口合作座谈会，同签署了《"吉林白城—浙江嘉兴"旅游合作框架协议》，未来将在生态旅游、资源转换、品牌打造和宣传推广等方面加强合作。

（三）旅游交流推广拓展新空间

吉林省为持续提升旅游品牌影响力，近年来不断推进国内外交流合作与宣传推广，为吉林省旅游品牌的推广拓展了新空间。

吉林省以东北振兴为依托，形成"大东北"发展格局，积极推进与东北地区的旅游合作，形成区域协同式发展。2017年，吉林省与辽宁省、黑龙江省和内蒙古自治区共同组建了"振兴东北旅游合作联盟"，并签署了《辽吉黑蒙旅游战略合作框架协议》，提出四省区联手打造"大东北旅游带"，形成"资源共享、品牌共建、节会互参、市场互动"旅游新格局，共建"一体化"无障碍旅游区。"振兴东北旅游合作联盟"目前已吸纳30家成员单位，涵盖了东北地区主要的4A级以上景区。2019年吉林省在黑龙江省开展了"白山黑水的冬日恋歌"文旅合作交流活动和"坐着高铁去吉林"展览展示活动，与黑龙江省文旅厅达成进一步构建"白山黑水旅游共同体"意见,签署了《吉林省黑龙江省联合整治赴俄边境旅游市场秩序合作协议》。活动现场用5G技术让哈尔滨亚布力滑雪旅游度假区和吉林万科松花湖国际度假区与会场进行了视频连线,共同举行了"2019—2020年度雪季开放仪式",开启两省冰雪旅游深度合作新征程。2020年长春市文广旅局与通辽市举办了"长春—通辽文旅对接座谈会",探讨合作交流机制,就未来开展文化旅游合作交流活动、推进两地文旅资源整合、发展智慧文旅交流意见。吉林省还以雪博会为平台,推动冰雪旅游合作覆盖东北地区、辐射华北地区。"2019世界冰雪城市(长春)对话"邀请了第四届吉林雪博会的重要来宾以及省内文旅企业、冰雪度假区等代表共谋发展,来自国内外的300多名行业精英围绕冰雪资源与冰雪经济、冰雪旅游联合发展等主题对吉林省冰雪经济发展建言献计,与会城市还在活动现场与长春市共同发布了"2019世界冰雪城市《长春宣言》"。

吉林省积极推进省级旅游合作交流,推动旅游互动长效机制,并注重境外文旅推广,深化多层次国际交流。2018年吉林省先后与北京、上海、广东等8个省市区签署文旅合作协议,并举办了"北国风光·吉人吉祥"系列旅游推介活动,"浪花爱上雪花——大湾区媒体大咖秀吉林""吉林冰雪耀京华"等活动深受省外民众喜爱;牵头组织东北地区共赴香港开展冰雪旅游项目推广活动;在境外开展了"缤纷四季·精彩吉林"泰国推广活动、"感知中国·精彩吉林"日韩俄蒙推广活动、民族交响乐《福吉天长》国际巡演活动、赴丹麦和挪威进行"欢乐春节"访问演出等,向世界展示吉林旅游风采。2019年吉林省在武汉、成都开展吉林旅游推介会,向600余家旅游企业宣传吉林旅游双环线;在西安和太原两地组织"秦到吉林"文旅推介活动,上演《人参》舞剧,在吉陕晋三地各平台媒体开展广告精准投放;在广州举办"冰魂雪韵·相约吉林"泛珠三角区域冰雪旅游推介会,并在广东省6个主要城市举办旅游展览;长春市文广旅局赴西安、上海开展了系列旅游合作交流活动,签署了《长春市—西安市文化旅游合作框架协议》,并推动了5个重点合作项目;吉林省文旅代表还积极参加西安丝绸之路国际旅游博览会、中国北方旅游交易会、中国—东盟博览会旅游展等多项活动。2021年吉林省文旅厅与长白山保护开发区管理委员会主办了非你莫"暑"好做伴——长白山文旅故事分享会,邀请了甘肃省、新疆维吾尔自治区、陕西省、辽宁省、浙江省等地区的文旅代表参加会议,并向与会地区市民提供长白山景区旅游优惠项目,推广吉林省避暑消夏旅游产品。

五、"双线"建设成效卓著

(一)"双线"旅游产品定位清晰

近年来,吉林省旅游业发展积极践行"两山"理念,全面融入"一主六双"高质量发展战略的整体布局,明确构建"长通白延吉长避暑休闲冰雪旅游大环线",即串联长春、通化、白山、延边、吉林、长白山等旅游节点,推动东部地区文旅融合共进的东部旅游大环线;"长松大白通长河湖草原湿地旅游大环线",即串联长春、松原、大安、白城、通榆、长白山等旅游节点,推动西部地区文旅融合发展的西部旅游大环线。通过打造"避暑""冰雪"双品牌,推动区域协同发展,支持文旅与相关产业融合共进、联动发展,发挥项目建设带动作用,全方位开展文旅营销活动等,吉林省加快旅游业"双线"建设取得显著成效。

吉林省东部地区以山地森林河湖生态系统为主,具备世界级生态旅游资源与生态基础,朝鲜族、满族民族民俗文化特色鲜明,抗联红色文化突出。东部旅游大环线地区城镇体系健全,以长春、长白山为核心门户,吉林、通化、白山、延吉等重要节点城市及县城城关镇、乡镇、渔村、林场等多地串联成线,已初步形成具有吉林特色的全域旅游城镇体系。东部大环线生态功能与发展定位清晰,产业空间布局不断优化,多个配套产业、资金、土地政策相继落地,为全省"避暑+冰雪"双品牌建设提供重要支撑,初步形成了长吉图休闲度假游(长春—吉林—延边—

长白山）、图们江与鸭绿江边境风情游（珲春—长白山—通化）、长辽梅通康养避暑游（长春—辽源—梅河口—通化）等极具代表性的旅游精品线路，为构建东部避暑休闲冰雪旅游大环线格局奠定了坚实的基础。吉林省东部大环线区域大力发展冰雪文化旅游，形成冰雪休闲度假、冰雪温泉养生、冰雪观光体验、冰雪民俗史迹四大产品体系，发展雪地穿越廊道、雪地高尔夫、雪地汽车拉力赛等新业态。充分利用生态极佳、夏季清爽宜人等资源优势，创新避暑旅游产品，推动避暑休闲产业高质量发展。深挖吉林特色民俗文化、汽车文化、红色文化、祭祀文化、伐木文化等资源优势，发展文化旅游体验基地、文化旅游特色街区、文化旅游服务综合体及主题小镇等。打造一批精品乡村旅游产品，加快精品旅游农业庄园发展，推进兴业现代农业旅游度假区、朝阳现代都市观光农业示范区、长春碧水庄园度假村等现代农业旅游项目。充分发挥吉林省东部地区红色旅游资源优势，推进长春、通化、珲春等地的红色旅游景区、革命公园、抗日根据地遗址、红色教育基地等建设，强化教育功能，提升红色旅游发展水平。立足医药健康产业基础与生态资源优势，发展中医观光、疗养康复、特色医疗、中医药科考等健康养生旅游产品。合理利用吉林省自然保护区、森林公园等森林资源较多的优势，打造森林旅游精品线路，培育"森林旅游示范区""森林人家""森林养生基地"等森林旅游产品。发展滨水度假旅游、水上运动旅游等产品。

吉林省西部地区是吉林省对接"一带一路"、建设"中蒙俄经济走廊"的重要地区，已建成以高速公路为主体的交通大环线，具备连通南北、东接长春、向西拓展的功能。西部旅游大环线区域内生态资源极为丰富，以河湖湿地草原生态系统为主，具备开展草原生态旅游、湿地生态旅游、湖泊生态旅游、田园生态旅游的良好基础。西部地区拥有特色鲜明的蒙古族民族民俗文化，是吉林省重要的农业、牧业、渔业及新能源产业功能区，草原湿地自然景观、农牧渔产业特色与厚重的历史民族文化形成鲜活的组合，旅游吸引力极强。近年来，围绕草原湿地自驾游、湿地科考、草原蒙古族民俗跨省旅游、西部湿地观鸟旅游等，西部大环线开发了一批生态旅游精品线路，为完善吉林省西部旅游大环线提供了坚实支撑。西部旅游大环线地区内的查干湖、向海、莫莫格、嫩江湾等重点景区加强旅游功能区科学划定、旅游产品重新定位，以拓展发展空间、提升服务功能，正积极推动大安嫩江湾、松原查干湖晋升国家5A级旅游景区；嫩江湾、机车小镇、查干浩特等旅游综合开发项目快速推进，引领西部旅游业快速发展。西部地区积极延伸拓展西部渔猎文化之旅，推动生态文化旅游和冰雪文化旅游向更高端的度假康养产业形态升级，持续扩大查干湖"冬捕"品牌的市场影响力。大力发展生态避暑休闲旅游产品，重点建设的松原查干湖、天河谷、哈达山、乾安·西湖、白城向海、嫩江湾及莫莫格等景区已经成为知名的四季综合性旅游目的地。深入挖掘"冬捕""春捺钵"等渔猎及少数民族习俗的特色文化元素，打造了一批广受游客欢迎的民俗、祭祀、渔猎、军事及红色文化旅游产品，包括辽代皇帝"春捺钵"文化产业观光园、白城军事文化产业园、辽源省委辽北省政府办公旧址、侵华日军机场遗址群等，初步打开了市场知名度。同时，西部地区特色乡村旅游发展迅速，福顺镇农业观光园、四海明珠旅游度假村等一批特色乡村旅游经营单位实现提档升级。

（二）"双线"沿路建成各具特色的旅游城镇体系

近年来，吉林省中东部各地市州根据各自旅游资源特色与发展实际，构建了各具特色的旅游节点城市体系。长春市按照东北亚旅游门户城市标准开展文化旅游；吉林市与长春市一体化发展，是全省文化旅游的重要核心节点城市；四平市突出红色旅游资源特色，打造红色旅游节点城市；通化市以康养旅游节点城市为发展方向；辽源市打造特色文化旅游节点城市；白山市依托边境地理优势，建设边境旅游节点城市；延吉市发挥民族文化特色优势，建设民族民俗旅游节点城市；敦化市全力打造全域旅游节点城市；二道白河镇以建设特色国际旅游慢城为目标；松江河镇打造特色旅游集散镇。同时，吉林省支持延吉、珲春面向朝鲜、韩国、俄罗斯等国开展跨境旅游与交流合作，支持集安、珲春等地建设全面开放的口岸城市，开展边境旅游商贸活动。吉林省还初步构建了特色旅游目的地体系，分层次推进休闲度假节点城市、特色旅游小镇、民俗风情村建设，其中，较为知名的包括梅河口、蛟河、伊通等休闲度假名城，长春波泥河、吉林乌拉街、吉林北大湖等特色旅游小镇，吉林孟家、珲春防川、和龙金达莱民俗风情村等，各具魅力，广受游客欢迎。

西部旅游大环线已经形成以松原、白城两个节点城市为核心，与双辽一起，构成"西部环线旅游金三角"的旅游节点城市格局。近年来，随着西部旅游开发步伐加快，西部旅游大环线正发挥松原作为西部城市群节点城市、白城作为"一带一路"倡议的吉林省西部门户城市、双辽作为向南重要旅游节点城市的"轴向连通、横向带动"作用，对区域发展发挥了重要的功能支撑与辐射带动作用。同时，西部旅游大环线内已经形成农安、前郭、长岭、洮南、大安、镇赉、通榆等一批特色旅游小镇，打造了通榆向海前郭妙音寺等一批民俗风情村，较好地融合了游牧文化、渔猎文化、民俗文化等要素，旅游业与农牧渔业融合发展步伐加快。

（三）"双线"综合交通辐射能力显著提高

东部大环线交通基础设施建设进一步推进，完善连接东部地区各旅游节点城市、城镇的高速公路、特色风景道等建设，与国省干道、高速铁路、机场相配合，基本建成了功能齐全的东部旅游环线交通主网格局。加大交通、景点等基础设施建设，景区、城市、口岸的交通条件持续改善，实现重要景区及生态旅游目的地等与高速公路、国省干道全部连接，提高了交通网络密度，提升了区域通达性，为游客提供个性化、多渠道的出行选择。吉林省还初步建成了以长春龙嘉机场为核心的机场群，拓展了直达国内省会城市及其他主要城市的航线，为游客提供方便快捷的出行服务。随着区域公路网络建设的不断推进，东部大环线区域内主要城市和重点城镇已实现互联互通。随着区域综合交通枢纽建设步伐的加快，东部大环线区域已建成集铁路、公路、机场、城市公共交通等功能于一体的综合客运枢纽网络，多种交通运输方式协调衔接，功能更加完善。

西部旅游环线初步建成以哈大、珲乌"大十字轴"为支撑，以东南快速客运环线（长春—四平—通化—白山—敦化—长春）和西北电气化环线（通辽—四平、四平—齐齐哈尔、通辽—让胡路）为两翼，设施与功能相对完善的快速铁路网格局。基本建成了以高速公路为骨架、以国省干线公路为支撑、以农村公路为基础的内外通畅、便捷高效的区域公路运输服务网络。推动洮南至向海、通榆至向海、莫莫格至大安公路提质升级，提高了西部旅游大环线区域内交通设施承载与服务能力。

（四）"双线"旅游公共服务水平显著提高

吉林省东部大环线地区已基本形成长春、吉林两大一级旅游集散中心，四平、辽源、通化、白山、延吉五个二级旅游集散中心，若干重点旅游景区、特色小镇、度假区等三级旅游集散中心。3A级以上景区、重点旅游区及重要乡镇旅游点等均建设有旅游综合咨询服务中心，为游客提供全方位综合旅游服务。吉林省实施旅游业供给侧结构性改革以来，加快东部大环线区域内旅游风景廊道建设，加快东北林海雪原（吉林市—敦化）及东北边境（集安—长白山—延吉—珲春）等国家旅游风景道建设步伐；加快旅游营地驿站建设，丰富东部环线经典自驾游线路；建设生态绿道和慢行系统，包括自驾车绿道、自行车绿道、步行绿道及雪地穿越旅游廊道等，提高东部旅游的慢生活体验度；深入推进"厕所革命"，确保旅游厕所数量充足、设施完善；加快智慧旅游服务体系建设，已建成覆盖全省的旅游综合云平台，以"吉林旅游网"为主入口，已接入全省各类旅游业务数据。目前，吉林省已基本建成覆盖全域的旅游监控网络，可对景区交通危险路段、进出口要道、旅客集散地等重要位置提供全天候、全方位监控服务。进一步完善旅游标识标牌系统，实现旅游景区标志统筹规划设计建设，加强对公路沿线道路交通标识标牌整治。

西部旅游大环线已形成松原、白城共2个一级旅游集散中心城市，双辽、前郭、大安、镇赉及通榆共5个二级旅游集散中心，及若干个重点旅游景区、度假区、特色小镇等三级旅游集散中心。以环线高速公路与城际铁路线为重要支撑，一二三级旅游集散中心基本可以为游客提供方便快捷的旅游集散服务。不断完善重点旅游镇与景区等的交通衔接，打通景区最后一公里，基本实现区域内景区无障碍化旅游。西部旅游大环线区域内旅游度假区、A级景区及各乡村旅游点等全面开展道路、停车场、供水供电、医疗急救、游客信息服务、垃圾污水处理、安防消防等基础设施标准化建设，提高旅游服务质量。加快西部河湖连通区域主要旅游区的环形旅游廊道建设，加快西部生态旅游大环线旅游景观公路等区域旅游风景道路建设，松原查干湖"环湖生态走廊"自驾游等已成为著名的生态旅游精品线路。

第三章

吉林省旅游业发展面临的机遇与挑战

旅游业作为现代服务业中的朝阳产业，不仅为经济结构调整、区域协调发展提供了充足动能，而且为提高人民生活水平、实现全面协调发展提供了重要途径。吉林省旅游业发展应立足新发展阶段这一历史方位，结合新冠疫情深远影响的科学研判，把握旅游业发展变化的新趋势、新特点、新机遇、新挑战。一方面，旅游业长期向好发展的趋势没有变；另一方面，旅游业发展的产业形态、市场结构、消费需求正在发生深刻变化。充分认识旅游业发展中的"变"与"不变"，是顺应时代发展趋势、推动经济高质量发展的战略选择，也是发挥吉林资源优势和区位优势，培育发展新动能的重要抓手。

第一节　发展机遇

一、旅游成为民生和经济建设的重要内容

伴随着发展水平的跨越提升和人们生活需求的变化，旅游业快速发

展，规模不断扩大，质量也在不断提升，旅游已经成为生活水平提高的一个重要指标，成为小康社会生活的重要方式。旅游业作为国民经济战略性支柱产业的地位更加巩固。2012年以来，我国国内旅游收入年均增长10.6%左右。2020年后，尽管受到新冠疫情的严重影响，旅游业出现了较大波动，但总体来说，在国民经济结构中，其支柱性地位并没有发生改变。2021年，全国共有A级景区14196个，从业人员157万人，全年接待总人数35.4亿人次，实现旅游收入2228.1亿元。国内旅游总人次32.46亿，同比增长12.8%。国内旅游收入（旅游总消费）2.92万亿元，同比增长31.0%。①

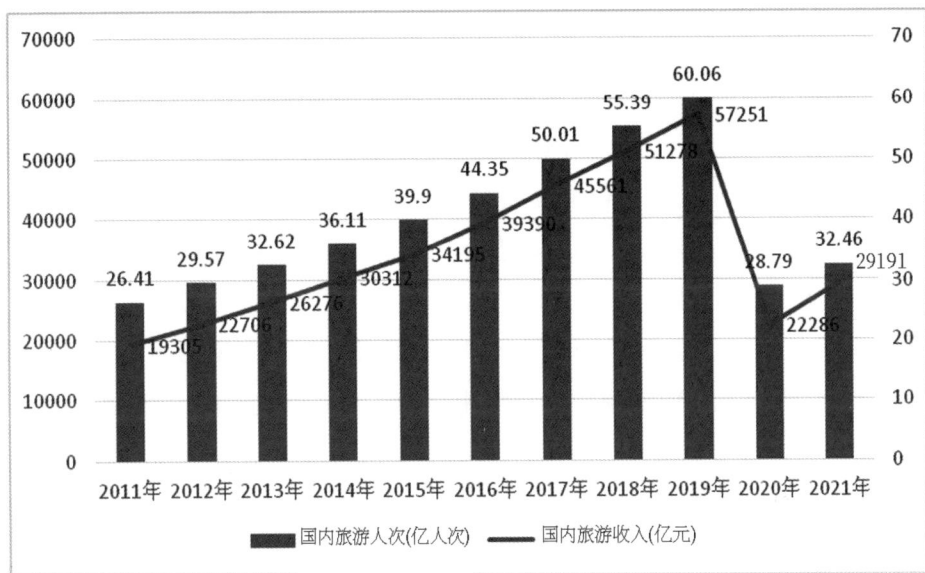

图3.1 国内旅游人次和国内旅游收入走势变动情况

数据来源：文化和旅游部官网

①资料来源于《2021年文化和旅游发展统计公报》

"十四五"时期，我国旅游业将深度融入经济社会发展全局，对国民经济增长的支撑和带动作用将进一步凸显。文旅消费作为居民满足精神需求的重要载体，也在居民消费中占据越来越高的比重。据2021年国际旅游节发布的《"海上丝绸之路"文旅产业大数据报告》显示，我国文旅消费市场迅速回暖，消费潜力正在持续释放，在八大消费类别中，文旅消费增速最快。对于很多地方而言，旅游业正在成为各种产业发展的重要驱动力。旅游业具有产业带动性强的特点，因此，各地旅游业正在逐步成为龙头型产业。国内一些省市旅游行业现象级的项目、事件不断，如北京环球影城盛大开园，文旅部和浙江省联合发布了关于共同富裕示范区建设中文化和旅游领域发展的路线图，河南以《唐宫夜宴》开启的优秀传统文化破圈创新等等。这些旅游热点持续带动着文旅产业的发展，为其他省市提供了启示和借鉴，同时也调动着群众的旅游消费积极性。

持续增长的财政经费为旅游事业发展提供支持。旅游发展事关民生，也是全面建设现代化国家新征程的重要内容，国家始终予以高度重视，即使在国内经济形势承压前行的状态下，国家对文化和旅游事业也不断提升支持力度。2021年，全国文化和旅游事业费1132.88亿元，比上年增加44.62亿元，增长了4.1%；全国人均文化和旅游事业费80.20元，比上年增加3.12元，增长了4.0%。文化和旅游事业费占财政总支出的比重为0.46%，比上年提高0.02个百分点[①]。从近十年的变化趋势看，文化和旅游事业费占财政总支出的比重呈逐步上升的趋势，文化和旅游发展的受重视程度可见一斑。而且，全国文化和旅游事业费对县级以下地区的支持力度逐渐增大，2021年，全国县以上和县以下的文化和旅游事业费占比分别为44.7%和55.3%，相比上一年，县以上资金支持比重下降了1.3个百分点，县以下资金支持比重提高了1.3个百分点（见表3.1）。由此也看出国家对城乡文化和旅游统筹发展的考虑，城乡旅游发展差距将逐步缩小。

[①]数据来源于中华人民共和国文化和旅游部2021年文化和旅游发展统计公报。

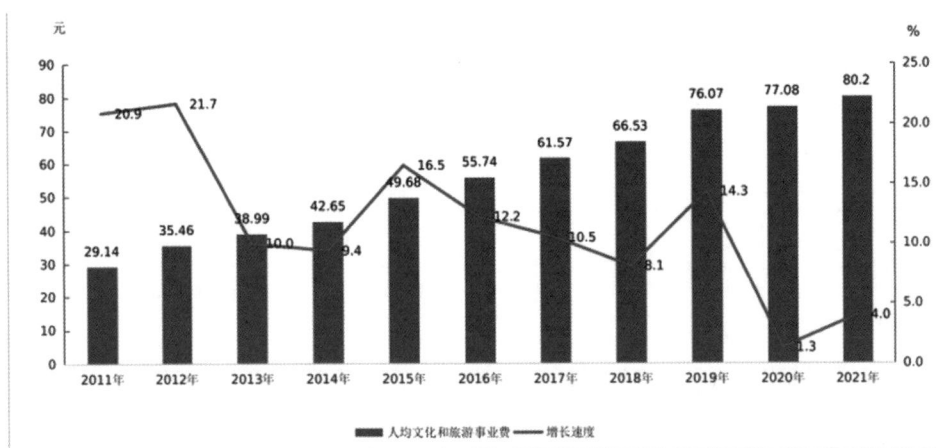

图3.2 2011—2021年全国人均文化和旅游事业费及增速情况

数据来源：文化和旅游部官网

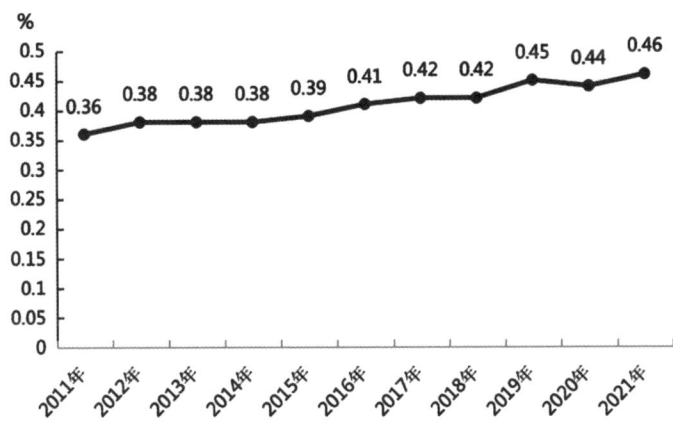

图3.3 2011—2021年全国文化和旅游事业费占财政总支出比重

数据来源：文化和旅游部官网

表3.1　全国文化和旅游事业费按城乡分布情况

		2000年	2005年	2010年	2015年	2018年	2020年	2021年
总量（亿元）	全国	63.2	133.8	323.1	686.0	928.3	1088.3	1132.9
	县以上	46.3	98.1	206.7	352.8	425.0	501.0	506.4
	县及县以下	16.9	35.7	116.4	330.1	503.4	587.3	626.5
所占比重（%）	全国	100	100	100	100	100	100	100
	县以上	73.4	73.3	64.0	51.7	45.8	46.0	44.7
	县及县以下	26.7	26.7	36.0	48.3	54.2	54.0	55.3

数据来源：《2021文化和旅游发展统计公报》

　　旅游公共服务建设也是国家高度重视的民生事业。随着经济社会发展水平的提高，人们生活水平和消费能力逐步增强，对美好生活的向往更加强烈，旅游产品的需求也更趋于多元，不是简单地停留在休闲娱乐、旅游观光，而是注重场景化、参与性、开放性、体验性等多种方式结合的"新旅游"模式，希望拥有更丰富、更高品位的文旅生活，这使得旅游需求和供给之间的结构性矛盾突出，迫切需要高水平、高品质的公共旅游供给。习近平总书记指出："高质量发展，就是能够很好满足人民日益增长的美好生活需要的发展，是体现新发展理念的发展。"旅游公共服务的高质量发展应包含品质发展、均衡发展、开放发展、融合发展，以旅游供给侧结构性改革为主线，努力解决人民日益增长的旅游美好生活需要和不平衡不充分发展之间的矛盾，以优质旅游为目标，逐步加强旅游基础设施建设，持续提升旅游公共服务供给水平。旅游公共服务是政府和其他社会组织、经济组织为满足国内外旅游的公共需求而提供的基础性、公益性的旅游产品和服务。我国不断完善扩大旅游公共设施及服务体系，丰富优化公共服务内容，提高运营效率；完善旅游基础设施、优化旅游交通便捷服务体系、提升旅游公共信息服务、加强旅游惠民便民服务、构筑旅游安全保障网等措施。我国不断丰富优质旅游供给，针对旅游业的不同类型，坚持公共服务属性，优化配置资源，建设一批有震撼力的大型旅游综合体，培塑一批具有国际能级的龙头旅游景区和精品旅游线路，全力推行"旅游公共服务＋互联网"模式，深化科学技术在旅游公共服务领域的应用，实现大数据、人工智能、5G技术等智慧旅游服务体系建设融合发展，促进"观光游"向"体验游"、"景点游"向"全域游"转变，提供更加便捷、舒适、智能的全新旅游公共服务。此外，我国逐步健全公共旅游设施管理与服务标准，加大公共旅游设施免费开放力度，优化旅游公共服务体系布局，保障旅游公共服务基础设施和公共服务供给，确保公共利益最大化，大力推进旅游为居民、为游客的公共服务体系建设，切实增强居民、游客的获得感和幸福感。

从旅游业与中国式现代化极高的契合角度分析，旅游业在中国式现代化进程中将面临更大的发展机遇。习近平总书记在党的二十大报告中指出："从现在起，中国共产党的中心任务就是团结带领全国各族人民全面建设社会主义现代化强国、实现第二个百年奋斗目标，以中国式现代化全面推进中华民族伟大复兴。"并提出："中国式现代化是人口规模巨大的现代化，是全体人民共同富裕的现代化，是物质文明和精神文明相协调的现代化，是人与自然和谐共生的现代化，是走和平发展道路的现代化。"中国式现代化的特征和要求正是旅游业得以稳定繁荣的基础。旅游业是为人们提供旅游服务的行业，人口规模巨大的中国式现代化是推动旅游业发展的最大动能，这也是旅游业能够蓬勃发展的底气。"共同富裕"会让更多的人民群众腰包鼓起来，也就"更有余钱"去支出文化旅游方面的消费，满足对美好生活的向往。物质和精神文明相协调是旅游业发展的价值追求，旅游业在"讲好中国故事"的传播上将会承担越来越重要的使命，要让人民在旅游中更多地感受到中华优秀传统文化的魅力，这是旅游业发展的方向，也是其重要任务。人与自然和谐共生是旅游业发展的产业红利，旅游业是人与自然和谐共生的天然践行者，是"两山理论"的天然拥护者，只有好的生态，才有更多美好的生态旅游场景；有了好的生态场景，人们在旅游中才能有更好的共享体验，旅游业才能更好地发展。

二、旅游消费市场具备了快速回暖的条件

防疫政策优化为旅游消费重启创造条件。2022年12月7日，国务院联防联控机制综合组发布了《关于进一步优化落实新冠肺炎疫情防控措施的通知》，对风险区域划分、核酸检测、隔离方式等十个方面进行优化调整。这也是自"二十条"以来，国家再次放宽了出行层面的管控要求，方便民众出行出游，人员流动性进一步得到释放，大大提升了旅游市场的信心。从防疫"二十条"到"新十条"，国内防疫管控大幅放松，旅游复苏预期燃起。从海外防控放松对消费的影响来看，随着时间的推移，疫情反弹对消费的冲击总体趋弱，消费全面恢复需要时间和过程，长期空间的打开是确定性趋势。疫情防控政策持续优化，将推动旅游消费场景恢复，并提振居民出行和旅游消费意愿，对旅游消费恢复形成有力支撑。

经济、就业的恢复，支撑居民旅游消费信心的回升。基于明确的防疫措施放开信号已经发出，疫情对经济活动的限制将逐步减弱，经济运行将逐步从底部缓慢向上出现边际改善。2023年，随着全社会对二十大提出的中国式现代化建设战略部署的全面落实，新动能的牵引作用也将充分发挥，各行各业的复苏成为经济主基调。在就业层面，官方持续发力稳就业。今年的政府工作报告提出，"强化就业优先政策""各地都要千方百计稳定和扩大就业"。国务院常务会议要求"财政货币政策以就业优先为导向，稳住经济大盘"。吉林省积极落实落细减负稳岗扩就业政策，积极拓展就业空间，加大重点群体就业帮扶，为就业稳定提供了有力保障。经济形势的好转以及就业和收入的预期向好，将极大地提升居民信心，从而对居民旅游消费能力形成提振。

疫情之下的预防性储蓄有望转化为旅游消费新动能。居民储蓄率在疫情前波动相对平稳，疫情防控期间却大幅飙升，三年积累了数量可观的预防性储蓄。2022年，吉林省金融机构居民住户人民币存款余额22019.67亿

元，同比增长了14.7%，大幅高于2020年和2021年的同期水平，充足的居民储蓄"余粮"，为旅游消费改善提供了重要动力保障。随着疫情影响的减弱，消费者信心将改善，居民的较多储蓄资金有望逐步释放，理论上将为旅游消费复苏提供较大的空间。

三、科技创新为旅游业升级提供技术支持

国家《"十四五"文化和旅游发展规划》刚刚发布不久，是"十四五"时期全国文化旅游发展方向和布局的总引领。其中将坚持创新驱动列为基本原则之一，要以创新元素塑造文化旅游发展的新优势。《规划》中针对艺术创作、文物、公共文化、文化产业、旅游等领域明确了创新发展的方向。同时，为进一步发挥科技的引擎和支撑作用，推动我国文化事业、文化产业和旅游业发展迈上新台阶，文旅部印发了《"十四五"文化和旅游科技创新规划》，意在通过科技促进文化和旅游生产方式、体验方式、服务方式、管理模式的创新，提升文化产业和旅游业的供给质量。可以预见，在旅游领域，科技运用将更加广泛，新兴技术将在旅游单位及政府职能部门加速普及和应用，旅游重要装备研发将获得大力推动，旅游科技创新成果转化和科技标准将被有效促成，科技成果更加丰富。科技的深层次渗透将创造出更加丰富的旅游消费场景，有效提升旅游消费的便利程度。由此可见，旅游科技创新的核心作用将更加突出，科技全面融入旅游生产和消费各环节，全面赋能内容生产创新、产品和业态创新、商业模式创新、治理方式创新等各领域。"创新"将成为当前及整个"十四五"时期旅游业提质增效的重要课题。

四、数字技术和新基建为旅游业发展赋能

5G技术为庞大的信息量和数据量提供高速传输通道，信息产业以及传统产业在5G技术的影响下发生系统性变革，经济社会发展模式也产生了巨大变化。首先，数字技术极大地提高了旅游业的效率。2020年4月9日，

《中共中央国务院关于构建更加完善的要素市场化配置体制机制的意见》明确把数据列为新型生产要素，与土地、劳动力、资本、技术等传统要素并列。数据作为生产要素参与生产，大大提升了生产效率，对传统产业模式的改变和新兴业态的培育起到了极大的促进作用，同时创造了较为可观的经济效益。数字经济将数字技术融入经济发展全过程，推动旅游业向质量、效率、创新转变，通过技术变革提高生产力水平，由此产生的新业态、新产品、新模式、新需求是旅游业健康发展的重要内容，也是经济高质量发展的动力源。其次，数字技术创新推动旅游业发展模式改变。互联网的发展在逐步改变人们的生活方式和消费行为，消费方式多元化倒逼旅游业数字化改革，数字文旅打破了地域限制，通过增强旅游产品的创意性与功能性来丰富人们的消费体验。数字技术的创新推动了旅游业发展模式的改变，加速旅游业与其他产业融合发展，在融合发展模式、路径、方式等方面实现创新，增强旅游业供给侧改革的动力。最后，数字化可以有效应对突发公共卫生事件。新冠疫情的暴发对国家、企业、个人产生了不同程度的影响，对产业发展模式和企业经营模式带来新的挑战，由于新冠病毒具有传播速度快、感染率高的特点，在疫情较为严重的地区，政府不得不采取短期封控、限制人员流动等措施来抑制病毒进一步传播，这对采取线下经营模式的实体经济带来冲击，而以线上经营模式为主、数字化程度高的旅游企业受到的影响相对较小。旅游业作为一种能直观反映人们生活方式和消费模式的业态，线下传统的产业模式由于受到时间、空间、政策等诸多制约，不利于产业可持续发展，亟须采用数字化技术加快旅游业转型升级，由此不仅可以有效应对突发公共卫生事件，也为旅游业的创新发展提供动力支撑。在数字信息技术的赋能下，旅游业产生了多方面变革，如旅游设施科技含量更高，增强消费者体验感受；旅游对大众的吸引力更强，文化旅游的服务范围进一步扩大，旅游经济逐步迈向高速增长阶段。5G商业在我国加速发展，推动旅游业加快进入发展机遇期。2020年，新基建首次写入政府工作报告，此后，发力于科技端的新基建加紧建设，大数据、人工智能、虚拟现实/增强现实等技术手段不断翻新，深度学习算法等技术加速变革。旅游相关部门发布文件促进旅游业对新技术的运用和融合，2020年1月，文化和旅游部等10部门发布《关于深化"互联网＋旅游"推动旅游业高质量发展的意见》，从政策环境到基础设施建设都为旅游业带来新的机遇。

近年来，吉林省着重发展数字经济，在信息化建设方面持续加大投入，推进网络强省建设。基础设施支撑有力。电信企业全面开展以千兆光网和5G为代表的"双千兆"网络建设；长春国际互联网专用通道开通，为系统布局新型基础设施夯实底座，为推动经济社会高质量发展提供坚实的网络支撑。大数据发展应用成效显著。吉林省在全国较早出台了大数据地方性法规——《吉林省促进大数据发展应用条例》，规范了公共数据采集、归集、应用、安全等全过程管理的内容，为大数据产业发展护航；吉林省吉林祥云信息技术有限公司"大数据融合智能分析管理系统"和中国科学院东北地理与农业生态研究所"基于知识化三维城市信息模型的数字孪生大数据及应用"入选工信部2021年大数据产业发展试点示范项目，彰显出吉林省在大数据供给和发展方面的能力。

伴随数字技术在旅游业的渗透和运用，旅游业数字化转型将更加深入。在积极应对疫情防控常态化的大背景下，旅游市场主体对数字化转型的态度从被动适应逐渐过渡到积极主动寻求数字化转型，旅游数字化进入快速发展阶段。从市场层面来看，智慧旅游市场在需求与供给方面均会表现出旺盛的生长力。从需求角度来讲，大众对文旅的智慧化需求旺盛。我国网民规模达到9.4亿，移动互联网用户规模达13.19亿，通过一部手机实现文化体验与旅游过程的全程方案解决，是被大众所需要的。消费者对数字内容的需求逐渐增加，也更有意愿进行在线消费。旅游领域，景区景点、文化机构等预约服务，对于保障疫情防控和优化游客体验起到了良好的支撑作用。从供给角度讲，智慧旅游市场供应潜能有很大的释放空间，智慧旅游发展的技术基础——5G网络建设投资将持续增长。根据中国信息统计研究院预计,此项投资在2025年将达到1.2万亿元,而且,将对产业链上下游以及各行业投资实现带动。从产业发展层面来讲,在数字技术的加持下,智慧旅游产品层出不穷,云旅游、云展览、云会议、云直播等业务需求快速增加,旅游消费者画像更精准,数据营销锁定消费者,旅游企业服务、营销、管理等核心业务的数字化也得以拓展。伴随数字技术在文化和旅游领域的渗透,一些智能化元素、科技化元素不断渗透到旅游设备领域,推动旅游装备制造业不断向智能化方向发展。可见,旅游业数字化转型必将拓展至产业全要素、全流程和全业态范围。

五、新发展格局构建为旅游业发展打开空间

在新发展阶段,我国政府提出了新发展格局战略,这是抢抓新机遇、应对新挑战做出的战略选择,也是在新的发展环境下为经济发展做出的战略定位。新发展格局最初被提出是在2020年5月的全国政协十三届三次会议经济界联组会上,之后总书记在不同场合就新发展格局做出阐释和强调。在《中共中央关于制定国民经济和社会发展第十四个五年规划和二〇三五年远景目标的建议》中,详细部署了"十四五"时期"畅通国内大循环"和"促进国内国际双循环"的任务。这意味着在"十四五"时期,推动形成新发展格局将成为中国经济的主旋律。经济发展格局的变化也将给中国旅游业的发展提出新的课题和任务。在国民经济的行业中,旅游业具有综合性强、拉动力大、就业领域广的显著特点,新发展格局的重大战略将成为旅游业发展的重要推动力。在新发展格局战略思维的引领下,旅游业需要从供给到渠道到需求进行全链条安排,需要从产业链、供应链和需求链的全系统推进。围绕新发展格局战略,旅游业必然迎来发展新思路,开拓出发展新方式,形成发展新局面。

全球化推进了资源配置和客流、物流、资金流的全球性流动,中国旅游企业"走出去"不是简单的客源外流、企业外流、资本流失,而是中国旅游业在更大的范围内进行文旅资源的全球配置。"走出去"和"引进

来"双轮驱动是中国"旅游走出去"的主要模式。第一，推进我国旅游不同层次的"走出去"。作为世界第二大经济体，中国在世界中的旅游强国地位已经形成，国内旅游人次、出境旅游人次、入境旅游人次均排在世界前列。面对突如其来的新冠疫情，多数国家采取措施对出入境进行管控，对出境游、入境游产生的冲击明显。《2021年度全国旅行社统计调查报告》显示，2021年度全国旅行社入境旅游营业收入2.90亿元，占全国旅行社旅游业务营业收入总量的0.20%；入境旅游业务营业利润为-0.09亿元。2021年度全国旅行社出境旅游营业收入6.63亿元，占全国旅行社旅游业务营业收入总量的0.45%；出境旅游业务营业利润为-0.44亿元。面对疫情对旅游业的影响，我国通过线上与线下、客流与物流、企业与资本等不同维度、不同层次的"走出去"，线下文旅和"云文旅"相结合，彰显中国文旅面对突发公共卫生事件的包容性和适应性。2021年1月，北京冬奥组委新闻宣传部、文化和旅游部国际交流与合作局合作举办了"北京2022冬奥文化全球行"主题活动，通过设立"冬奥之窗"、启动"云上冬奥"项目等多种形式，在全球49个国家的54个城市分阶段开展各类宣传活动，全面展示北京冬奥会场馆建设、可持续发展、人文交流等特色亮点工作，推动中国冰雪文化、长城文化、春节文化的国际传播。第二，协同推进文旅资源全球优化配置。新冠疫情仍肆虐全球，对国际文化交流和旅游业发展造成巨大冲击，我国努力恢复发展"后疫情时代"国际文化和旅游行业，进行文旅存量资源、闲置资源的整合与产品创新，推进文旅资产的跨国协作，"引进来"其他国家的文旅经验。2021年9月，中国文化和旅游部联合五省市（北京、重庆、湖北、河南、贵州）举办了"发现中国之旅"系列活动，来自希腊、阿尔及利亚、阿联酋、朝鲜、黎巴嫩、马耳他等国家的驻华大使及34个国家的40位文化和旅游外交官共同出席了活动。这既是欣赏中国山水、感悟悠久中华文明的"发现之旅"，也是了解真实、立体、全面中国的"友好之旅"，有力推动了我国与其他国家的文化交流和旅游合作，让世界认识"发展中的中国""文化中的中国""旅游中的中国"

以及"文旅资源全球优化配置的中国",深化我国文旅产业全球化能力建设,为促进全球经济复苏和发展贡献力量。

六、政策高频出台为旅游业发展明确方向

旅游是新时代人民美好生活和精神文化需求的重要内容,是人民群众获得感和幸福感的重要体现,是展示国家形象和国民素质的重要窗口。坚持新发展理念,加快推进供给侧结构性改革,补短板、调结构、增后劲,深化旅游业各方面改革,我国出台了一系列政策文件,引领和带动旅游业高质量发展。2018年,我国出台了《中华人民共和国旅游法》,在国家层面保障旅游者和旅游经营者的合法权益,保护和合理利用旅游资源,促进旅游业持续健康发展。为促进旅游业转型升级、提质增效,国务院办公厅出台《关于促进全域旅游发展的指导意见》,对创新体制机制、完善治理体系做出部署。2019年,为进一步提高旅游管理服务水平,提升旅游品质,着力解决广大游客旅游体验的重点问题和主要矛盾,推动旅游业高质量发展,文化和旅游部发布了《文化和旅游部关于实施旅游服务质量提升计划的指导意见》。2021年,为了推动"十四五"时期我国旅游业高质量发展,不断满足人民美好生活需要,实施质量强国战略,文化和旅游部印发了《文化和旅游部关于加强旅游服务质量监管提升旅游服务质量的指导意见》,提出了落实旅游服务质量主体责任、培育优质旅游服务品牌、夯实旅游服务质量基础、加强旅游人才队伍建设等重点任务。2022年,因新冠疫情等突发的公共卫生事件影响,旅游业受到的冲击和波及范围很难在短期内得到控制,需要政府采取有效措施及时干预并给出解决方案,帮助旅游业渡过难关、恢复发展。发展改革委、文化和旅游部等14部门联合印发了《关于促进服务业领域困难行业恢复发展的若干政策》,将旅游业作为重点帮扶行业,做好普惠性减税降费政策、普惠金融政策等在旅游业的落实,给予有力政策支持。《国务院关于印发扎实稳住经济一揽子政策措施的通知》(国发〔2022〕12号)指出,为受疫情影响较大的文化和

旅游企业提供差异化的金融服务，发挥文化和旅游行业在加快构建新发展格局、推动高质量发展中的重要作用，满足人民群众对美好生活的需要。2022年，吉林省文化和旅游厅印发了《支持文旅企业复工复业促进文旅市场疫后复苏的若干政策措施》，从减负降本、扶企助企、金融赋能、拓宽渠道4个方面提出18条帮扶措施。新发展理念下的旅游新政为吉林旅游业的发展带来了思路、政策和信心，从旅游行业管理部门的配置到旅游业融合发展的政策支撑，从旅游产品的质量把控到旅游业的结构转型，从体制机制的健全完善到应对突发事件的紧急预案等，以期实现旅游发展全域化、旅游供给品质化、旅游治理规范化和旅游效益最大化，为吉林旅游业融合发展、转型发展、跨越发展、高质量发展指出了方向。

进入"十四五"时期，旅游业发展不论从政策引导还是实践推进上，都表现出逐渐跳脱出原来的单点思维和单线思维的发展方式，注重以系统思维为抓手，全局谋划、重点布局、整体推进、统筹推动，旅游发展更紧密地与经济社会发展、人民美好生活需要以及生态安全保障相结合，表现出"大旅游"发展格局。系统观念在"十四五"规划文件中尤其突出，《"十四五"文化和旅游发展规划》以"一个工程，七大体系"为文化产业和旅游业未来发展指明了方向；《"十四五"文化产业发展规划》在基本原则中首次提出要坚持系统观念。《黄河流域生态保护和高质量发展规划纲要》《长城国家文化公园建设保护规划》《大运河国家文化公园建设保护规划》《长征国家文化公园建设保护规划》等规划，强调整合沿线文旅资源，构建总休空间格局，同样体现了系统思维。以此看来，旅游业的宏观指导将更加注重统筹城市与乡村、发展与安全、政府与市场、事业与产业、供给与需求、国内与国际等重要关系，以全国一盘棋的思路谋划战略、整体推进，从而形成旅游业发展的新格局。

七、需求多元化为旅游业发展创造更多可能

旅游业是典型的消费驱动型经济，旅游消费特点极大地影响旅游业的

发展方向。疫情虽然短暂地影响了旅游消费，但旅游消费仍呈现出较为特别的状况。一是Z世代群体成为旅游消费主流客群。随着95后与00后的消费力越来越高，Z世代已经成为目的地营销的目标人群。Z世代是互联网的原住民，对互联网科技接受度高，且有一定的依赖性，追求小众、有深度且主题鲜明的旅游消费项目，他们是未来中国新经济、新消费、新文化的主导力量。Z世代对旅游市场的影响力越来越大，他们的喜好也逐渐成为社会的主流喜好。2020年，Z世代掀起了一阵阵对文旅产品的消费狂潮，如对盲盒的消费热情高涨，贡献了许多热搜与流量。河南博物院创造性地将考古文化与盲盒相结合，推出考古盲盒，深受喜爱。二是银发一族成为旅游消费主力。老年群体也是极具个性化的消费群体，他们兼具"有钱"和"有闲"，旅游逐渐成为退休人群的第一消费需求。老年旅游者对新生事物有了解的渴望，也有学习使用移动支付、网络预约、线路规划等技术手段的热情。第49次《中国互联网络发展状况统计报告》显示，截至2021年12月，我国60岁及以上老年网民规模达1.19亿，互联网普及率达43.2%。老年群体的互联网普及与消费在一定程度上有效地促进了老年群体的旅游消费。这两类消费群体进行文旅消费规划时，更多以自身需求为出发点，注重预算合理化，追求旅游过程的深度体验，关注推陈出新的新业态项目，推动文旅消费群体的个性化特征更加明显。

在市场推动以及国家产业发展规划和重要政策的引领下，旅游市场逐步向细分化与品质化发展。《"十四五"文旅市场发展规划》提出要加强对体验式演艺等新业态新模式的引导、管理和服务，在规划指引下，康养产业、红色旅游、电竞行业、冰雪产业等细分行业市场将迎来快速发展。随着二孩、多孩家庭比重的增加，亲子游、研学游市场将逐步拓展，不断增加的适龄青少年人口将为研学旅游带来巨大的市场需求。受到疫情对人们健康养生认知以及我国老龄人口增长趋势的影响，以中医药健康旅游、温泉旅游、森林生态游、康养运动游等健康养生为特色的旅游需求正在被激发，康养旅游细分门类将不断拓展与完善，康养旅居市场也将迎来新的发展。

受到产业融合发展动力的推动，以及常态化疫情防控下科技力量的助力，旅游业结构将逐步优化，产业链条逐步延展，旅游产品在多个维度上实现升级，多元化产品体系快速构建，特别是联动商业、教育、文娱等高频消费业态，多种旅游新业态悄然兴起，逐渐形成长尾经济效益。一是"夜经济"迅速发展。"夜经济"突破传统的夜市模式，以系统规划为引领，以品牌化为发展方向，注重娱乐性，也注重体验性，将吃、住、游、行等旅游消费项目融于一体，形成一系列连贯消费项目，带动夜间消费释放和升级。旅游夜经济正日趋成为拉动城市消费的新增长点。据中国商务部数据，夜间消费额占据全天消费的60%，而且本地夜生活逐渐成为重要旅游吸引物，夜晚演出、文化市集、剧场、夜市等是最有吸引力的夜间旅游消费场景。伴随刺激消费政策的实施，全国夜间经济规模持续扩张，夜经济发展进入品牌化时代，如西安的"大唐不夜城"，成为城市的宣传名片，在网络上热度非常高。二是乡村旅游蓬勃壮大。在实现乡村振兴的号召下，乡村旅游迎来发展机遇，异军突起，成为文旅行业的黑马。2021年"中央一号文件"提出全面推进乡村振兴，意在要加快乡村建设，文件中明确要开发休闲农业和乡村旅游精品线路，乡村旅游是符合乡村振兴的发展之策。乡村旅游资源作为最重要、最庞大的旅游资源，还有很大的潜力可以挖掘。三是亲子游、研学游爆发式增长。随着生育政策放开以及生活水平提高，亲子游项目受热捧。同时，寓教于"游"的需求逐步旺盛，引致研学游项目逐渐兴盛。这两个旅游项目已经成为旅游行业的新蓝海。四是沉浸式旅游业态蓬勃发展。消费市场的互动体验性需求越来越旺盛。通过文化与科技融合形成的沉浸式体验业态，颇受年轻客群青睐，如主题巡展，情境式演艺，VR、AR主题乐园，剧本杀，密室逃脱等沉浸式旅游产品广受欢迎。这类沉浸式文旅产品对故事内容情节及场景打造要求较高，但由于回本周期快，短时间内就吸引了大量入局者，呈现出现象级的特征，有亮点也有热度。在单价和最后消费总量上均扩张迅猛，已经成为旅游消费结构中的主力,满足了消费者的体验感需求。此外,沉浸式体验技术也越来越多地应用到博物馆和各类文艺演出中,创新出更加多元的体验形式,为吸引流量和进行商业转化提供了助力。五是旅游与国潮联动频繁。传统文化精品演艺节目叫好又叫座,文博创意产品不断开发,国风景区、国风旅游线路接连出现。

八、文化和旅游深度融合拓展旅游业发展边界

文化和旅游的融合生成了一种全新的产业生态和人文体验,促成了"文旅+科技""文旅+生态"等新型文旅业态和消费模式,不仅为实现经济高质量发展、构建产业发展新格局提供了重要支撑,也为人们追求高品质文旅新生活、扩大优质文旅产品供给、实现产业结构和居民消费"双升级"提供了重要途径。从全球经济发展来看,产业融合已经成为提高生产能力和竞争力的重要选择,文旅融合程度不断加深,且越来越呈现出与其他领域的"跨界融合"。一是文旅产品融合形态逐步递进。文化和旅游的产品融合从最初的表面嵌入式融合形式开始,更多地表现为在旅游产品中对文化符号的运用,随着实践的探索和推进,文化和旅游产品逐步显现出在功能上的互补和交融,未来,文旅产品将更多地体现出文化和旅游在价值效用上的共生融合,融合形态将更多在复合和系统层面上实现。二是文旅产业与其他产业的跨界融合领域逐步拓宽。文旅产业与其他产业融合发展,使得产业边界逐渐模糊,产业业态实现重构并逐步丰富。疫情对各行各业都产生了影响,文旅的跨界融合趋势更加明显,"文旅+"和"+文旅"创新融合模式加速推进。"文旅+农业""文旅+直播""文旅+航空"等模式推陈出新,形成新的消费场景和生活场景,改变了产业发展格局,创新产品体系将得到丰富和优化。文旅深度融合及跨界融合成为"十四五"时期及更加长期旅游业高质量发展的重要内容。

第二节　面临挑战

一、旅游企业发展水平有待提升

一是旅游企业发展元气尚未恢复。旅游企业是旅游业运营发展的支撑，在三年疫情的影响下，旅游企业发展受到严重影响，旅游活动受限，日常支出繁重，很多小旅行社和旅游文化企业无力支撑，已经倒闭。景区也因长时间疫情管控影响，旅游人次大幅缩减，旅游收入下滑严重。随着管控政策的优化，省内重点景区迎来了瞬时的游客量大增，景区、目的地普遍在应对大客流的运营模式及人员储备方面略显不足。对于旅行社来说，受到前期疫情影响，旅行社收缩经营规模，当前面对突然增长的旅游需求，资金问题和人员问题成为最大的困难。防疫措施优化和出行管控放宽对旅游业同时也是挑战。对旅行社、景区而言，要肩负起更多疫情防控、安全管理的责任。对于旅游目的地来说，在疫情精准防控方面提出了更高要求。对旅游企业来说，对企业内部管理和流程管控的要求也更高了。二是旅游企业网络运营能力不高，给线上旅游经营带来阻碍。吉林省线上旅游发展基础薄弱，信息化程度和网络建设能力不高，进一步加大了旅游企业的经营负担。吉林省旅游和服务的信息化水平不高，随着互联网、物联网和新媒体的迅速崛起，云端支付已经成为人们消费的主要方式，旅游产品的知名度与口碑直接影响消费者的消费决策，甚至关乎人们未来旅游规划和产品选择。吉林省旅游企业亟须通过网络平台建设提升运营能力，加大旅游产品及服务的宣传力度。三是旅游企业开发创新型旅游产品能力有限。部分民营企业和小微企业注重对旅游产品的创新，但由于含有较多创意元素的产品所占市场份额有限，科技成果转化率较低，旅游市场发展前景堪忧。加之其他大型景区和旅游综合项目多是以政府投资为主，以"旅游＋金融""旅游＋房地产"为主要经营模式，经营活动高度依赖现金流。挖掘大众的消费潜力、提升企业运营能力，是当前吉林省旅游业发展的关键。

二、旅游业竞争压力逐渐增大

吉林省拥有众多自然景观（如长白山景区、吉林雾凇等）和历史遗迹，有着得天独厚的冰雪资源和物质遗存优势，但是，吉林省在全国闻名的景点也仅有长白山景区、长春电影制片厂等少数几个，加之受到人才、资金、管理效能等的限制，呈现出明显的资源大省、产业小省的特点。此外，与旅游业相关的网络信息技术、网络运营平台建设等发展滞后，更是拉大了吉林旅游业与其他旅游发达省份的差距。经济具有流动性，一定时期内的消费群体和消费能力总量有限，如果吉林旅游业不能快速提升服务质量和社会影响力，必将在与其他省份旅游业的竞争中长期处于不利地位。

旅游业发展对地理条件、区位特点等依存度较高，对于具备较为深厚的传统文化和民族文化底蕴的区域，总结、提炼、弘扬其文化精髓，将优秀文化内涵融入旅游业发展当中，从而使其发展优势明显。吉林省旅游地方特色和品牌效应没有发挥出来，加之在技术、人才、创新领域的投入不足，严重阻碍其参与到全国旅游业竞争的步伐。由于受众群体数量的有限性及消费能力、消费水平的现实瓶颈制约，如果吉林省旅游业不能较快融入全国产业发展新格局中，必将被其他省份旅游业超越，旅游高质量发展的压力将进一步加大。

近年来，吉林省深入践行"旅游为民"的理念，发挥旅游带动作用，推进旅游业供给侧结构性改革，同时注重需求侧管理，发展大众旅游、智慧旅游、绿色旅游，推动红色旅游、乡村旅游提质升级，更好满足人民的旅游需求，不断增强人民群众的获得感、幸福感、安全感。但受现实条件和区域发展的多重制约，尤其是其他地区旅游业快速发展带来的压力逐渐增大，旅游业的区域竞争形势愈发激烈。广东、浙江等东部地区的旅游业发展水平高，资金、人才等资源投入大，旅游创意活跃，拥有华侨城、省广集团、岭南控股、鼎龙文化等众多文化旅游上市企业，并出台了多项产业发展指导文件；云南、四川、陕西虽然地处西部，但文化旅游业协调发展水平较高，拥有云南旅游、丽江旅游、峨眉山旅游、西安旅游、西安饮食、曲江文旅等大型旅游上市企业。和吉林省同样具备冰雪资源优势的黑龙江省，将资源优势转化为竞争优势，积极开展全方位多角度多维度宣传推广活动，紧紧依托城市自然生态、人文优势以及独特的欧陆风情和城市文化，积极打造"冰城夏都"城市形象，拓展客源市场，扩大省会城市哈尔滨的知名度和影响力，加快建设世界冰雪文化旅游名城。全国其他省份根据区域发展地理条件和资源优势，推动沙漠旅游、工业旅游、酒庄旅游、研学旅游、民俗旅游、边境旅游、红色旅游等主题线路产品开发；推进"旅游＋工业""旅游＋气象""旅游＋交通""旅游＋智慧""旅游＋体育""旅游＋农业""旅游＋文博"等融合发展；具备冰雪资源优势的地区积极推进全区滑雪场建设，加快旅游精品品牌建设，推出一批精品旅游线路，努力构建旅游发展格局。其他地区旅游业的快速发展，给吉林省带来压力的同时也带来新的机遇，为吉林省旅游业发展提供创新思路和方法借鉴，促使吉林省进一步健全旅游业体系。

三、旅游公共服务供给尚有差距

公共服务彰显人性化、便捷性和服务于民的理念，直接关系到公众的切身利益，政府作为公共服务的组织者和执行者，听取公众的意见和建议显得尤为重要，健全公共服务体制机制、优化基础设施建设水平、充分利用和节约服务资源、拓宽公共服务范围和标准、保障人民日常生活需求等是提升公共服务能力的重要内容。旅游公共服务同样明确了"公众本位"的特征，扶持旅游企业健康发展，为公众提供更具创造性和竞争力的旅游产品及服务，投入资金建设并改造一批旅游综合服务基础设施等，提升公众的获得感与幸福感。

随着经济社会的快速发展，旅游业成为吉林省经济发展的引擎之一，要实现旅游业从粗放型向集约型的转变，从单一的总量扩张向质量提升转变，就要充分发挥旅游公共服务的基础性支撑作用，旅游业的高质量发展应与社会效益、经济效益，尤其是人民日益增长的精神文化高品质需求相适应。但吉林省旅游公共服务能力薄弱制约了旅游业高质量发展，具体包含如下内容：一是旅游管理部门的责任意识和服务意识有待强化。管理部门作为旅游公共服务的提供者，满足公众对旅游服务的多样化、个性化需求，公众的意见和信息反馈对于决策制定者有重要的参考价值。新冠疫情等公共卫生领域的突发事件对旅游业的影响增加了旅游服务的不确定性，对旅游行业相关部门在抗风险能力和应对突发事件的处理能力上有了更高要求，其决策更应体现科学性和可操作性，符合事物发展规律和公众根本利益，实现公众和管理层之间的良性互动，增强服务效率和质量，有效提升"服务力"。二是旅游公共服务体系不健全。旅游公共基础设施建设水平不高、旅游公共服务模式创新能力不强等因素，制约着旅游公共服务体系高质量发展。旅游公共服务重点示范工程是以公共基础设施建设和公共服务模式创新为出发点，随着吉林省不断推行"旅游公共服务＋互联网"模式，深化科学技术在旅游公共服务领域的应用，便捷、舒适、智能的旅游公共服务模式将逐步形成。三是旅游公共服务与社会公共服务的衔接不到位。政府与企业合作、景区与非景区资源联通、旅游与非旅游功能互通等各项工作的"融合联通、共建共享"水平不高，旅游公共服务引领社会公共服务的作用没有发挥出来。四是乡村文旅公共服务基础薄弱。吉林省在完善乡村公共文化设施和文化惠民项目实施中有较大的提升空间，需不断推进村级综合性文化服务中心建设，根据各区域文化旅游资源体量和群众的实际需求建设独立的综合文化服务中心；文旅行业优势没有充分发挥出来，乡村社区网上公共服务仍需深化拓展，根据疫情防控常态化需要，用艺术方式宣传防疫知识，鼓舞和提振基层群众士气；农村文化小广场建设普及程度不高，需切实解决村民对室外活动场地的需求。吉林省需积极探索文旅公共服务融合的方式方法，在理念、规划、管理、运营等方面推进文旅公共服务资源共享、优势互补、协同发展，加快城乡公共文旅服务体系建设、推进实施群众文艺精品工程、推动公共文旅服务品牌建设等来加强优质文旅公共服务供给，由此未来文旅公共服务能力将有较大提升。

四、旅游业技术应用效能不足

数字技术在旅游领域发挥了一定的效能，如对服务过程进行数据分析，开展消费者图像画像，以明确消费趋势，从而开展精准营销、智能推荐等，但是这种技术应用仍处于数据的感知阶段，技术应用场景非常有限，尤其缺乏基于大数据的预测性与决策性应用。旅游业仍处于数字化转型的初级阶段，在产品创新、设计、生产制造等核心环节的数字技术渗透率低，传统旅游活动与现代科技融合的新业态尚未形成突破性发展的局面，数字技术赋能内容创新型发展的程度还不够。线上文旅消费作为最初的"应急之举"，与线下体验融合实效仍有待深化。

旅游业技术应用效能受制于全省的科技创新环境，创新能力不强是制约吉林省旅游业升级和技术进步的重要短板。2020年数据显示，吉林省R&D投入强度为0.76%，显著低于全国2.19%的水平，也低于辽宁省（1.8%）和黑龙江省（0.83%），位列全国第25位；国内发明专利万人拥有量为1.06件，吉林省仅是全国的30%，低于辽宁省（1.65件）和黑龙江省（1.14件）。以发明专利为核心的知识产权是体现企业创新活力和区域自主创新能力的重要指标之一，这一数字显示出吉林省企业的科技创新内生动力普遍不足。技术市场成交额占全国比重不足2%。企业创新主体作用不突出，高新技术企业数量仅居全国第30位。引才环境与沿海发达地区相比，政策力度不够、优势不足。科研基础设施薄弱，全省每名R&D人员研发仪器和设备支出指标处全国第29位。根据《中国区域创新能力评价报告2019》，吉林省综合科技创新水平排名为第27位，在全国排名靠后，而且相比上一年退后了3个名次，说明吉林省在创新发展上仍然面临较大的转型压力。

信息技术服务水平较为落后的现状也对旅游业的技术效能发挥产生影响。省内数字经济市场主体竞争力不足。软件和信息技术服务业是数字经济基础的重要组成部分，吉林省在这方面存在短板和弱项。2021年1—11月份，吉林省软件业务收入增速低于全国平均增速3.7个百分点。吉林省软件企业户数占全国比重的1.0%，软件收入占全国比重的0.5%，软件和信息技术服务业利润总额占全国的比重仅为0.32%。再与数字经济发达省份浙江的对比来看，浙江省软件和信息技术服务业企业数量、软件收入以及利润总额分别是吉林省的5.2倍、16.0倍和45.1倍，浙江省以吉林省5.2倍的软件企业数量挣得了45.1倍的利润。①可见，吉林省软件和信息技术服务业的盈利能力和市场竞争力较弱，一定程度限制了旅游产业数字化转型进程。吉林省软件和信息技术服务业总体规模偏低，数字产业链条较短，缺少拥有关键核心技术的领军企业。在2019年公布的两份体现互联网企业和软件信息企业技术服务能力综合水平的100强名单中，均没有吉林省企业上榜，说明吉林省信息技术发展水平落后，软件与互联网企业实力较弱，对互联网发展动态关注不足。

五、旅游市场管理工作愈发复杂

经过改革开放40多年的高速发展，旅游业已成为我国国民经济无可争议的支柱产业，其对国民经济的综合贡献度在疫情暴发前一直呈持续上升态势。但同时，旅游业又有很高的消费弹性、安全敏感性和综合带动性，极易受突发事件的影响。随着现代社会科技信息技术的迅猛发展，网络环境对于突发事件的传播和发酵十分迅速，在新媒体环境下，一方面对于当地旅游资源的宣传起到了促进作用；另一方面突发事件的影响范围之广、

①根据中国工业和信息化部网站公布数据计算而得。

传播速度之快，尤其是以手机为媒介产生的扩大效应，给旅游市场的规范化管理带来挑战。第一，网络舆情危机有可能迅速转化为社会舆情危机，给旅游管理部门造成压力。网络深度影响着每一个人，人们从网络上获取生活咨讯、进行情感交流、发表社会评论，形成复杂的社会交际网络。网络与现实连接密切，其产生的社会效应和反响是不可预估和难以评判的，事件发源地所承受的来自各方的压力持久并深远，对其经济、社会、文化等诸多方面产生影响。公众对于旅游业的认知程度相对较低，尤其对文旅融合等相关知识了解较少，可能仅仅局限在旅游及其周边产品方面，而现实中文旅产业包含的范围十分广泛，影视、游戏、动画、文物、美术、广告等等，与现实连接紧密，某一领域引起的网络舆情危机都会左右人们的旅游计划或消费选择。因此，疫情防控常态化以后，提升大众对于旅游业的认知，消除其对旅游项目体验不佳的顾虑显得尤为重要。第二，旅游业的抗风险能力较弱，旅游管理部门应对突发事件的处理机制不健全。新冠疫情的暴发使大部分旅游企业受到重创，公共旅游服务机构短期关停，文艺演出项目、文化宣传类演出等被迫中止。同时也暴露出吉林省旅游业发展中存在的弊端，比如运营模式和结构相对单一、产业发展不成熟、产业链不健全、现代化程度不高等，不利于旅游业的健康可持续发展。因此，吉林省旅游业亟须改变应对突发事件的处理方式和效率，逐步健全完善应对突发事件的法律法规和政策体系，将突发事件对旅游业造成的损失和影响降到最低，明确事件的产生原因及责任划分，加大政策实施力度。第三，数字经济的权益问题不够明晰，使旅游管理决策者的决策环境变得复杂。加快推进旅游数字权益的立法，解决好数据要素的产权制度、标准规范、交易平台、治理机制等问题，是优化旅游市场发展环境的重要内容。当某一旅游景点发生意外事件，现场参观人员很可能会以直播视频方式将之发布于网络，在对事件的起因和经过没有全程了解的情况下，表述中加入个人情感及态度，可能会在社会上产生不好的影响，加之传播者的个人素质参差不齐，会存在歪曲事实、误导公众的情况。吉林省应持续优化市场化、法治化、国际化的旅游业发展环境，加强市场管理，规范监督体系，努力打造新时代"吉字号"旅游名片，提升旅游业的抗风险能力，规范旅游市场管理，并积极营造旅游业持续健康发展的良好环境。

六、旅游人才队伍支持能力薄弱

生产要素的集中和流动体现了不同地区间的发展差距和未来潜力，生产要素流入地的发展速度要快于流出地。人口流动是最能体现生产要素流动的因素，人口流动的规模决定了一个地区经济活力的程度或经济增长的速度。数据显示，截至2020年末，吉林省常住人口为2407万人，相比2019年减少了41万人，自2015年以来逐年下降。区域经济收入状况及发展前景与人口流动密切相关，根据智联招聘发布的《2020年夏季中国雇主需求与白领人才供给报告》所统计的全国38个城市的平均薪酬，长春市排位倒数第二，较低的薪资待遇使吉林省缺乏对人才，尤其是高端人才的吸引力。当前，旅游专业人才存在流失现象。吉林省旅游人才收入偏低，南方发达省份通过制定和落实人才引进政策，以安家补贴、高工资收入、解决住房、解决配偶就业、解决落户等为条件，吸引高水平人才，导致吉林省旅游从业高端人才流失严重。长春市的中泰海洋娱乐管理有限公司、东北风文化传媒有限公司、吉林市的完美世界影城、延吉市的依斯特文化传媒有限公司等企业反映，人才留不住，现有员工素质参差不齐，且引进人才渠道较少，难以保障企业的长远发展。人才结构不尽合理，从事传统服务项目的人员较多，从事高新技术服务项目的人员偏少；从事生产和销售的人员较多，从事创作和管理的人员较少；各个领域都缺少领军人物，无法起到带头作用，不能发挥辐射效应；从业人员整体文化水平与专业水平较低，人才结构对产业的支撑能力薄弱。

| 第四章 |

国内外旅游业发展经验借鉴

　　吉林省旅游业目前已取得了较好的建设成效，但其发展水平和产业规模与国内外其他旅游业发展较为优秀的国家和省份地区相比仍存在差距。在新形势下的机遇与挑战中进一步优化升级、取得新突破、达成"万亿级产业"的发展目标，是当前吉林省旅游业面临的重要课题。学习国内外旅游业发展的成功案例、吸取相关经验，可为吉林省旅游业未来发展开阔视野、拓宽思路、启迪思维。

第一节　国外旅游业发展的经验借鉴

　　总结国外旅游业发达地区的发展经验，研究其发展轨迹与模式，提炼可借鉴的方式，对规范化建设吉林省旅游业、促进旅游业良性发展具有很大的现实意义。本节选取瑞士、加拿大、日本、西班牙旅游业发展的经验与特色作为借鉴，以期为吉林省旅游业高质量发展提供启迪。

一、瑞士旅游业发展的经验借鉴

瑞士被称为欧洲屋脊。作为瑞士三大支柱产业之一的旅游业，在瑞士已经有两百多年的发展历史。瑞士是国际最大的冰雪胜地——阿尔卑斯地区的内陆山地国家，拥有上千个天然冰川，雪期长达10个月，地理位置与粉雪资源的优越性使得瑞士成了滑雪天堂，境内形成了许多以冰雪为主体的特色小镇。

（一）以"会议＋滑雪"的特色模式打响知名度

瑞士达沃斯小镇围绕"空气、滑雪、国际会议"三个特色，形成了完整的产业链，实现了生态特色与文化特色的有机结合。1970年世界经济论坛年会在达沃斯举办，也称"达沃斯论坛"，此后每年年初达沃斯论坛都会举办为期5天的年会，来自世界各地的经济精英与政治首脑齐聚达沃斯，在会议之后还有1天固定的滑雪日。达沃斯论坛每年可为达沃斯创造4945万美元的收益，为瑞士整体经济带来8241万美元的收益。借助世界经济论坛的影响力，达沃斯小镇已经成为国际会议集中地，每年300人以上的大规模国际会议就超过50个，小型国际会议近200个，平均每小时有5场会议在同时进行。作为国际知名的疗养胜地，每年都有许多国际医学大会在达沃斯举办。各种国际会议收入每年为达沃斯贡献近40%的GDP收入。达沃斯有众多会议场所，可同时容纳7000名代表，会议中心均配备会议管理处、各类餐厅、康乐中心、健身中心等设施，参会代表还可在会议期间享受免费的交通服务、网络服务和优惠的旅游服务。商务会议的发展也促使许多研究中心在达沃斯落成，而浓厚的学术氛围与强大的科研背景又进一步巩固了达沃斯的国际会议小镇地位。

（二）形成多产业相互支撑的全产业链运营模式

国际会议的影响扩大了冰雪旅游的影响力，也为瑞士带来了大量游客和经济收入。当地政府将这些收入迅速投入相关产业的配套设施建设中，进一步推出了各种特色的文旅服务项目，不断延伸并完善产业链，形成了滑雪运动、商贸、休闲养生、餐饮度假、医疗、文化旅游等多产业相互支撑的全产业链运营模式。瑞士可为游客提供全景式服务，滑雪场有家庭套餐、有儿童游乐房与托管服务，小镇内商业规模宏大，购物十分便利，宾馆、别墅、餐厅酒吧、雪具服饰一应俱全，还有许多博物馆可供参观。作为国际冬季运动中心，瑞士每年承办花样滑冰、速度滑冰等多项国际比赛。

（三）建立区域协同发展机制

瑞士在冰雪旅游兴起的初期曾因大批兴建滑雪度假区而陷入无序竞争状态，此后瑞士成立了滑雪协会，对全国滑雪度假区和冰雪小镇进行统一规划与开发，并会同瑞士旅游局建立了一套完整的管理体系。阿尔卑斯地区的16个冰雪小镇均以冰雪旅游业为主体，发展各有侧重的延伸产业，例如达沃斯重点发展会议业，圣莫里茨重点发展体育业，其他还有滑雪制造业、疗养业、文化业等，各地协同发展，注重差异化，避免同质竞争。同时又用"冰川快车"观景列车和全国联票将主要的冰雪小镇串联起来，方便游客在区域间流动。瑞士旅游局将达沃斯和与其毗邻的克洛斯特斯作为统一旅游区进行开发，两个小镇之间交通相连，旅游区整体开发，公共服务设施统一布局，达沃斯集中了大量会场，而克洛斯特斯集中了大量高档住宿及娱乐场所。达沃斯的知名度可以带动克洛斯特斯的旅游业发展，而克洛斯特斯的旅游区、住宿资源等可作为达沃斯的补充，两个小镇形成优势互补，有效增加了游客的滞留时间与消费。

（四）实行严格的生态环境保护措施

从联邦政府到省政府，各级政府部门都制定了有关自然环境保护管理的法律规定，任何公共事务和重大项目的决策，不仅要遵守联邦法律规定，更要遵守本地的法律规定，同时还要征求相关利益方的意见。在高海拔山地，为了避免破坏当地地貌，观景设施往往采用嵌入式、地下式和封闭式的构造。如瑞士伯尔尼省的"少女峰"，是世界较为著名的旅游目的地，这里的旅游设施大多数建在地下，尤其是交通体系，全部采用了长距离隧道、地下火车站、地下升降机等设施构造，充分保证了游客不从地表进入该区域；而在一些滑雪胜地，除了一些专门的雪上运动外，游客活动被严格地限制在一定范围内，如封闭的缆车或者观景室内。在许多山地景区，为了充分减少废气排放，景区严格禁止机动车进入，而是通过马车或者电瓶车代步。饮用水和污水均通过管道输送处理，其他废弃物通过缆车外输的方式进行处理。

（五）注重大众冰雪文化培育

瑞士冰雪旅游闻名国际的根基在于国内冰雪文化氛围浓厚，他们十分注重大众冰雪运动的普及与冰雪文化教育。《2018年全球滑雪市场报告》显示，瑞士是世界上滑雪渗透率最高的国家，高达37%，意味着每3个瑞士人中就有一个滑雪运动爱好者，而中国同期指标仅为0.87%；瑞士滑雪人口转换率4.2次，即滑雪人口每年滑雪次数平均为4.2次，而中国同期指标仅为1.1。瑞士拥有800多家滑雪俱乐部，平均每万人即拥有一家滑雪俱乐部；此外还有36家冰雪培训中心和3个国际冰雪运动基地。瑞士在19世纪30年代即成立了瑞士滑雪学校组织，下设172个滑雪学校，运营范围遍布全国，拥有等级分明的教学培训体系和针对各年龄层的教培项目。滑雪学校在全国提供统一的标准化服务，所有滑雪教练必须经过专业的授课训练、救援训练、多语言训练，并通过统一考试评定教练级别。儿童滑雪教练还需进行儿童心理课程培训后才可为儿童提供有针对性的滑雪指导。瑞士小学即开设滑雪课程，所有学校每年都会有一周安排学生到滑雪区专门学习滑雪。所有滑雪场均提供针对各个年龄段的滑雪培训课程。滑雪场针对初级滑雪者制定较低收费标准，儿童票价更低甚至免费，雪具租赁十分方便，且价格也随着租用时间而定，时间越长价格越低，以此鼓励大众参与滑雪运动。旅游协会还专门制定了"青少年上冰雪"计划，设置专门的国家补贴用于支持青少年冰雪运动。此外，瑞士还利用线上滑雪博物馆，介绍并推广瑞士滑雪发展历史，发表滑雪领域研究成果等。

（六）安全保障措施完善

滑雪是一项技术性较强、危险性较高的运动，瑞士滑雪场具备严格的安全保障制度。每年雪季，滑雪场管理员会通过告示、网络等方式及时通报最新的天气预报，适时提醒游客注意天气变化，救援部门的巡视员会在滑雪场随时巡逻监督，并配备随时待命的直升机救援队，滑雪场危险地段都有醒目的提示牌。保险公司不仅为滑雪者提供完备的保险服务，还在滑雪场设置测速雷达，提醒滑雪者控制速度。各滑雪场均制定了完善的补救预案，如有发生意外的游客，将可得到及时的救援与送医治疗服务。同时，瑞士所有滑雪场均具备完善的滑雪教练培养体系，全国有4000多名经过严格、正规的培训持证上岗的滑雪教练，数量充足、专业能力强，从而确保滑雪者的安全。

二、加拿大旅游业发展的经验借鉴

加拿大幅员辽阔、风景秀美，素有"枫叶之国"的美誉，丰富多彩的美景吸引着世界各地的游客，快速拉动了加拿大文旅业的发展。2019年，旅游业在加拿大创造的直接就业岗位数达69.6万个，高于农业、林业、渔业、采矿业、采石业、石油和天然气行业直接产生的就业岗位数总和；为加拿大的国内生产总值贡献了452亿加元，与农业、林业、渔业和狩猎业的经济总和相当。尽管新冠疫情对旅游业造成了打击，但据加拿大旅游局预测，加拿大的旅游消费开支将在2024年全面恢复至疫情前水平。

（一）"体育赛事＋滑雪"扩大旅游知名度

惠斯勒位于加拿大不列颠哥伦比亚省，坐落于惠斯勒山和黑梳山之间，雪期长达7个月，一年四季都有可以滑雪的地方，雪质也非常适宜开展滑雪运动。加之毗邻海岸，受海洋气候影响，冬季温度适宜，日平均最低温−5℃，具备开发冰雪旅游的优势资源条件。惠斯勒小镇自1908年开始开发旅游业，自1966年启用滑雪场，并以申办冬奥会为建设目标大力开发冰雪配套产业，经过多年的不断发展，现成为"世界顶级滑雪胜地"，也是北美面积最大的滑雪区。惠斯勒小镇每年接待近300万名游客，是不列颠哥伦比亚省旅游的支柱。

惠斯勒小镇自1968年冬奥会选址开始不断申办冬奥会，并以此为小镇发展的战略目标。虽然屡次失败，但往后的40年中惠斯勒小镇始终以申办冬奥会为重要导向，采取了多项措施改善小镇的基础设施和环境条件，以取得举办冬奥会的资格。随着开发商对惠斯勒雪场的建设与不断完善，小镇以体育产业为主导、以旅游业为支柱的发展特色愈加鲜明，最终与温哥华一起成为2010年冬奥会的举办地，承办了雪上项目，这次冬奥会的成功举办将惠斯勒冰雪小镇的国际地位推到了另一个高度。此后惠斯勒小镇成为许多国际体育赛事的举办地，知名度迅速扩大，"体育赛事＋滑雪"成为小镇的名片。惠斯勒奥林匹克公园不仅承办过冬奥会，还承办了国际雪联越野滑雪、北欧两项和跳台滑雪世界杯，每年4月举办科研电讯世界滑雪节；4个高尔夫球场是高尔夫运动的天堂，经常举办相关国际比赛；山地自行车公园拥有3个技艺中心，每年7月的山地自行车节是国际最重要的山地自行车节之一。小镇目前每年雪季举办各种赛事约30项，每场赛事规模在100—200人。国际级专业竞赛场地和比赛项目极大地提升了惠斯勒小镇的知名度，为小镇带来了世界各地的专业运动爱好者和高端度假人群。

（二）功能完善实现"主客共享"

仍以惠斯勒小镇为例，小镇在几十年的时间里，不断加快基础设施与配套设施建设，完善特色小镇功能，这不仅为小镇的旅游业发展提供强大的助推力，还使得小镇成了兼具生活与休闲的多功能社区，打造成"主客共享"型旅游小镇。小镇从空间布局上分为4个区域——户外活动区、商业服务区、旅游住宿区3个旅游功能区和1个生活居住区。旅游配套设施方面，小镇既拥有四季度假酒店、水晶套房酒店等高端酒店，也拥有追求性价比的短租公寓、经济型酒店等，可为不同消费水平的游客提供6500间房间，可同时容纳3万游客；拥有各种餐厅150家，其他类型商店200家；所有大型场馆均配备了车位充足的停车场；除此之外，小镇还有丰富的购物中心、文化中心、体育中心、博物馆、艺术馆、日间照料中心等设施满足游客的多元需求。生活功能方面，小镇还拥有邮局、诊所、警察局、杂货店、酒吧、公园等，具有完整的功能形态。

（三）四季旅游模式突破冰雪小镇的季节性瓶颈

2010年冬奥会结束后，惠斯勒小镇进入了四季旅游的发展模式，以期为小镇带来更多的常态旅游人口和更加均衡的发展结构。除了冬季的滑雪运动外，小镇深度挖掘夏季户外休闲资源，可以保证一年四季客流不断。小镇建设了国际最大的山地自行车公园，公园内设置了近百条山地自行车速降赛道，可以满足不同专业程度和消费水平的山地运动爱好者。建设了4个国际标准的高尔夫球场，备受高尔夫选手的青睐。依托当地山地丰富的地貌特征，探索出登山徒步、缆车观光、高空滑索、野外探险等游玩项目。充分开发当地的5个湖泊，开展钓鱼、独木舟、风帆驾驶等水上活动。此外每年在小镇举办的惠斯勒艺术节、冰火表演、惠斯勒电影节等节庆活动时间跨度涵盖四季，也为小镇吸引了许多游客。目前惠斯勒小镇的夏季游客占全年游客人数的60%，高于冬季游客人数。

（四）可持续发展理念保障文旅业长远发展

气候变化对冬季运动和高山植被都有很大影响，从而对惠斯勒小镇的旅游模式也构成影响。2007年小镇颁布了《惠斯勒2020：迈向可持续的未来》，以可持续发展理念为基础，致力于将惠斯勒小镇建设成一个可持续性的社区，实现社会、环境、经济的健康平衡发展，在持续保护自然环境和生态完整性的同时，继续促进本地旅游经济繁荣。2015年惠斯勒和黑梳山提出打造无烟环境，保护原始的高山环境。小镇管委会在《官方社区计划》中为保护自然环境制定了详细的要求，将保护河谷、湖泊和湿地作为所有规划的首要目标，规定所有新开发地区必须以保护生态环境为前提。2010年惠斯勒冬奥会的比赛场馆在获得举办权前均获得过环境可持续性的设计奖项，是小镇的永久性遗产，举办过程中奥组委也始终将可持续理念作为冬奥会规划的重要部分。在可持续发展理念的作用下，惠斯勒小镇虽然客流量巨大，但生态环境没有遭受破坏，居民生活没有受到游客打扰，这是保障惠斯勒小镇未来长远稳健发展的根本。

（五）管委会协调机制专业高效

惠斯勒小镇管委会成立于1975年，其地区政府模式是当时加拿大国内首创，它的成立为小镇发展提供了政策保障，具有前瞻性的发展规划与指南为小镇发展提供了合理的空间布局与发展理念。管委会的合理规划使得惠斯勒小镇功能迅速完善，各项条件不断优化，从1992年开始，连续8年，惠斯勒小镇均被各种主流滑雪杂志列为北美排名第一的滑雪度假区，在国际滑雪市场上的地位快速上升。除了市政规划与执法，管委会还负责运营国家公园、管理公共设施、提供环境服务和金融服务，并在各方利益冲突时进行协调。管委会队伍始终重视人才资源，成员普遍学历较高，执政具有专业性和高效性，各项工作公开透明，其高效的管理水平直接对当地的发展产生了极大的促进作用。

三、日本旅游业发展的经验借鉴

日本于20世纪中期开始大力发展旅游业，经过几十年的发展，已经成为亚太地区主要旅游目的地以及国际游客的重要输出国之一。日本也是亚太地区重要的冰雪运动中心，曾举办过两届冬奥会，目前还在积极参与冬奥会的申办。冰雪运动已成为日本的名片之一，也是日本文化输出的重要途径之一。

（一）充分借助奥运效应形成冰雪运动高地

日本国内有许多广受冰雪旅游爱好者认可的目的地，其中札幌小镇最负盛名。札幌是日本北海道首府，也是北海道最大的城市，珍贵的粉雪资源使其具备成为冰雪小镇的天然优势。札幌周边有70多个滑雪场，包括国家滑雪场、奥林匹亚滑雪场等，全部采用天然雪，每年1—2月的旺季滑雪接待量可达500多万人次。札幌在冰雪旅游发展过程中，不断强化自身特色，并延伸产业链，发展了冰雪装备制造、文创产品生产等相关产业，生产、旅游、商贸衔接流畅，形成了经济效益良好的综合经济体，城市形象得到不断提升，国际知名度也不断扩大。

1972年第11届冬奥会在札幌举办，是冬奥会第一次选择欧洲和美国之外的地区作为举办地。这次冬奥会让世界看到了日本的冰雪运动实力和札幌的冰雪旅游资源，为札幌的冰雪旅游发展乃至亚洲的冰雪运动开展都起到了强大的推动作用。冬奥会后，札幌充分借助奥运效应，迅速推出诸多冰雪旅游项目，助推札幌树立"国际知名冰雪旅游目的地"的形象，使札幌的冰雪旅游迅速腾飞。70年代，札幌冰雪旅游规模就已达到150万人次，巨大的客流量带来吃、住、行、游、娱、购旅游要素全方位的消费激增，为札幌带来巨大的经济效益。日本商界开始在札幌举办商品展销、商贸洽谈、技术交流等活动，这又促使札幌集中了更多新奇、知名、优质的特色商品，从而对消费者形成更大的吸引力，最终促成政府获得更多税收、商业取得更多盈利、消费者对商品更加满意的多方共赢局面。之后札幌又承办了1986年第1届亚冬会、1990年第2届亚冬会，更巩固了其国际冰雪运动胜地的地位，目前札幌正在为2030年冬奥会申办做准备。

（二）以冰雪节庆作为文旅宣传名片

日本冰雪节庆最著名的活动当属每年的札幌雪祭，虽然活动仅有一周的时间，但影响力极大，是札幌冰雪旅游宣传最有力的名片。札幌雪祭始于1950年，自1974年举办国际雪雕比赛后知名度在国际上越来越高，成为世界四大冰雪节庆之一。札幌雪祭重头戏为国际雪雕比赛和三大雪雕景区展览，大通公园会场展示国际雪雕参赛作品，每年有大小雪雕冰雕作品200余件陈列于此；薄野会场主打餐饮娱乐，会在餐饮娱乐场所展出厨师特制的冰雕作品；TSUDOMU会场主打滑雪和冰雪体验，此外还辅以滑雪运动、艺术表演、文艺展览、美食休闲等活动，内容十分丰富。札幌雪祭通过其文化优势和对外交流平台，最大限度地发挥了冰雪旅游业、文化产业对经济的推动作用，为商贸交流搭建了平台，带来了极大的社会价值，提升了札幌的社会影响力，成了札幌的城市名片。除了札幌雪祭以外，当地还在不同季节举办许多不同的活动，以彰显札幌四季分明的特征，推动全季节旅游，同时还按期举办国际赛事和八国集团首脑会议等重要会议。节庆活动与体育赛事的交替举办，不仅使札幌的国际知名度不断提高，也为小镇增加了不菲的经济效益。

（三）为冰雪产业注入文化内涵

日本十分重视本国传统文化的发扬与输出，也是文旅深度融合的典范。作为国际知名冰雪旅游胜地，其冰雪产业中也处处体现着文化内涵，这是当地冰雪旅游业得以持续发展的核心支撑。如札幌的市徽是六角形雪花图案，彰显了冰雪文化在札幌的重要性。札幌雪祭也从一项单纯的旅游节庆活动演化为地域文化的代表，每年的雪雕主题都是通过向大众征集意见后确定的，充分调动了大众参与感。主雪雕经过精工细雕，将世界各地的著名建筑展示于众，其他雪雕主题也不乏知名的影视人物和深受日本人喜爱的卡通形象。这些雪雕不仅作为观赏对象，还作为文体活动和演艺表演的背景，烘托出极佳的文化氛围。雪祭期间许多日本著名艺人都来到札幌举行文艺演出，并由电视台进行转播。还有日本特色美食文化节，札幌特有的海产品、日式料理、乳制品和知名食品"白色恋人"广受欢迎，以及独具日本风情的旅游纪念品展销。雪祭期间会组织各种文化展览，主题多围绕"雪与生活""雪与健康"展开。在对外宣传时，日本也常常借助本土文化IP的热度，如文学作品《雪国》、影视作品《北国之恋》、著名作家渡边淳一的博物馆等，以深刻的文化内涵提高竞争力。

（四）因地制宜开发温泉产业

温泉是日本重要的旅游体验项目，也是日本特色文化的重要组成部分，日本每年温泉旅游接待量都在1亿人次以上，温泉旅游颇具规模。那须火山带和鸟岛火山带，温泉资源丰富，堪称温泉宝库。北海道最著名的登别温泉、定山溪温泉、洞爷湖温泉都在札幌地区，温泉区之间交通便利。温泉多依靠酒店发展，各大酒店的温泉浴场众多，且功能齐全，温泉泳池、温泉瀑布、乐园、蒸汽泳池品类众多，配以日式料理和特色餐饮，且温泉区周边都有商业街区，还建有健身设施、疗养设施、高尔夫球场等，配套服务健全。当地温泉景观多以天然环境为依托，追求温泉与山水风景的协调，充满日式风情。许多滑雪场也将温泉与滑雪有机融合，在滑雪场周边开发温泉产业，满足游客的运动与休闲需求，实现资源利用与要素互补。

（五）优惠政策引导冰雪产业良性发展

日本对冰雪产业发展十分重视，针对冰雪产业推出了许多扶持政策，日本能够成为国际知名的冰雪旅游胜地与政府的大力支持有很大的关系。从发展初期开始，日本政府就以官方名义对札幌雪祭进行宣传，并联合国内外企业对冰雪旅游进行投资，积极改善当地的基础设施条件，才促使札幌雪祭知名度不断提高。日本专门成立了"旅游政策审议会"和"日本政府观光局"，2017年开始还定期举办"激活滑雪胜地推进会议"，为旅游产业发展出谋划策。重视冰雪产业投资，在财政预算中设立"观光事业振兴助成交付金"作为冰雪旅游专项资金，并为冰雪旅游业提供非常多的融资优惠。日本以优惠政策鼓励旅行社、财团、房产公司等企业涉足冰雪产业，共同参与雪场开发与建设。日本重视冰雪产业人才培养，在高等学府普遍设置冰雪文化专业教育，并联合社会团体开设冰雪文化相关培训，为社会不断输送冰雪产业专业人才。政府还定期举办冰雪产业相关评奖，对在冰雪产业领域做出突出贡献的学者予以表彰和奖励。

四、西班牙旅游业发展的经验借鉴

西班牙是全球最受欢迎的旅游目的地之一。旅游业也是西班牙经济的支柱产业，占国内生产总值的比重超过10%。世界经济论坛发布的《2017年旅游业竞争力报告》显示，西班牙全球旅游竞争力排名居世界首位，成为全球旅游竞争力最强国。西班牙之所以成为世界旅游强国，一方面是享有得天独厚的气候条件和吸引游客的旅游资源；另一方面，其在产品开发、宣传促销、提高产业竞争力等方面，走出了一条符合国情的旅游发展路子。

（一）积极打造国家旅游品牌形象

在充分利用自然、历史、文化等资源的同时，西班牙政府全力支持各地打造旅游品牌。从20世纪80年代起，西班牙便开始了国家旅游品牌形象的整体营销时期，每个阶段都有一个响亮的口号，如"阳光下的西班牙""生命与激情的西班牙"等。各地区政府根据这一时期的旅游推广方向，结合本地区的旅游特色，策划旅游主题和项目，以生活化的西班牙拉近与游客之间的距离。言简意赅的宣传语让西班牙充满活力，成为一种无形的吸引力。塑造良好的国家旅游形象，是西班牙政府、企业和民众的共同期望。在佛朗哥时期，政府就向国民发出过"旅游业关系到每一个人"的号召，提倡西班牙人友好热情地接待游客。如今，火车站、市中心、旅游景点都设有旅游信息问询处，问询人员解答问题、介绍路线都耐心十足。无论餐厅、酒店还是购物中心，服务态度都是"西班牙欢迎你"。

（二）文化旅游产品多样化

西班牙的旅游产业依托文化资源不断开发出新的旅游产品。随着时代的发展，文化旅游成为西班牙旅游业的拳头产品。因为政府意识到仅依靠发展阳光、沙滩的传统单一产品已难以满足旅游者多样化的需要，要注重对其他旅游产品，尤其是文化旅游产品的开发。西班牙有多处世界文化遗产，许多名胜古迹和富有浓郁地方色彩的建筑，以及风格各异的生活方式，都体现了西班牙文化的多元化特点；斗牛、弗拉门戈舞、民俗节日活动等给游客留下了难忘的印象；众多的博物馆、美术馆、教堂、古城是西班牙文化旅游的重要组成部分；饮食文化也是西班牙最具吸引力的特色文化之一。此外，西班牙还开发了可以满足游客个人品位的多类文化旅游路线，如推出圣地亚哥之路、堂吉诃德之路等重要的文化旅游路线。尤其是朝圣旅游线路——圣地亚哥之路是西班牙开发较为成功的旅游路线。这条线路，除宗教信仰的因素外，由于朝圣之旅途经不同的地区，各地不同的文化传统以及沿途动人的美景也成了朝圣者的又一精神支柱。

（三）宣传促销手段多样化

在强调整体性营销战略的同时，根据不同客源国的市场需求，制定差异化的营销策略，是西班牙旅游业的促销手段。西班牙善于推出丰富和互补的产品，集中力量宣传旅游产品的高质量及与众不同的特点，满足各类消费者的需求。针对成熟的欧洲市场，西班牙将目标确定为大力恢复"阳光和沙滩"产品在德国家庭市场的份额，巩固英国市场高占有率，确保法国市场持续增长；针对东欧新兴市场，目标是加强和巩固"阳光和沙滩"产品的市场地位，重点宣传西班牙高品质旅游目的地形象；针对成熟的远程市场——美国，促销目标是强化西班牙文化旅游目的地形象，调整好质量和价格的关系，处理好市场最关注的旅游目的地安全问题。近年来，西班牙也很重视利用互联网进行宣传促销，西班牙国家旅游局投入大量资金用于旅游信息服务建设。此外，西班牙政府非常重视旅游宣传推广以及宣传的实效，设有专门的旅游宣传促销机构，即西班牙旅游促进会，其在国外设有31个驻外旅游办事处。西班牙不仅根据不同阶段适时、有针对性地提出全国整体性的主题营销口号，而且重视区域联合的宣传促销。如圣地亚哥之路这条线路途经7个大区，各区域联合携手共同宣传这一品牌，形成共赢局面。

（四）实施旅游质量计划

尽管西班牙的旅游业一直处于世界前列，但在近几年的国际竞争中也经受了不少损失，考虑到未来经济、社会、生态环境的可持续发展，西班牙官员认为，其旅游业的发展模式需要进一步调整。为此，政府推出了国家综合旅游计划，列出一组未来两年将要采取的措施，以促进旅游类企业及旅游目的地的竞争力。该计划主要涉及西班牙旅游品牌影响力、客户、旅游目的地、公共和私营旅游企业、人才6个方面。为实现该计划，政府将继续进行旅馆的建设，加强旅游目的地基础设施的建设和维护，并在财政和信贷额度等方面给予支持，以提高旅游服务的质量；对旅游城市的可持续发展及环境保护给予关注；与此同时，还将加强国际的交流合作，积极参加旅游方面的展会以确保公共和私人旅行社间的合作，共同实现旅游发展的目标。此外，政府还提供新的融资渠道，融资金额达1.9亿欧元，为旅游业内的企业和创业者提供贷款；通过担保公司的参与，降低这些公司的信贷风险，投入金额达到3200万欧元。西班牙国家旅游管理部门还设立了旅游基础设施现代化建设基金，通过与地方政府的合作促进旅游目的地的建设，推出更多成熟的旅游路线。

第二节 国内旅游业发展的经验借鉴

文旅产品与业态的不断创新，是文旅消费者能够获得新奇体验的源头，旅游业的发展过程实际上就是产品与业态不断创新的过程。随着我国人民经济收入水平的不断提升，消费结构不断变化，新时代、新消费、新技术推动着整个旅游业更新迭代，文旅业只有保持文旅产品持续创新的能力，并不断发展文旅新兴业态，才能与人们日益提升的文化旅游需求相匹配。本节选取浙江文旅产品数字化改造与北京故宫博物院文创产品创新发展的经验，作为国内文旅产品创新的典型示例，以期为吉林省文旅产品创新提供灵感。并选取了近年来表现尤为亮眼的乡村旅游和夜间旅游，作为国内旅游业新业态培育的典型案例进行分析，以期为吉林省乡村旅游和夜间旅游发展，乃至其他新业态的培育开拓思路。

一、浙江省旅游业发展的经验借鉴

数字化技术进入文旅领域后，为旅游业达到质量变革、效率变革及动力变革提供了重要抓手。旅游业通过科技创新手段，可以实现文旅深度融合，带动旅游业进入集约式增长，从而提高旅游业对经济发展的拉动效应。浙江是文化资源大省，也是旅游强省，始终走在文旅升级的最前沿。梳理浙江省旅游业数字化转型的历程与经验，对吉林省旅游业的优化升级是很好的借鉴。

浙江作为全国信息通信技术发展的前沿地区，近年来始终将数字经济建设作为重点目标，并且持续扩大其影响范围，在经济社会发展的各个领域横向渗透，其中旅游业数字化转型也是重要领域之一。在新冠疫情持续的情况下，数字经济为旅游业提供的支撑，有效缓解了疫情带来的负面影响，为浙江省旅游业的稳步复苏、转型升级发挥了积极作用。

自2018年以来，浙江省文旅厅以"整体智治"为理念，持续推进旅游业数字赋能，在文旅领域构建了数字政府、数字经济、数字生活新服务等业务场景。依托"浙江省经济运行监测分析数字化平台"，添设了"省文旅厅专项分析系统"，根据系统提供的数据与指标评价，为旅游业走势与发展提供产业指导，提升旅游业的数字化生存能力。为适应防疫形势，浙江省文旅系统率先构建预约出行、限流游览的旅游方式，并探索身份信息、健康码信息与预约信息的同步认证，构建智慧文旅新出行模式。在文旅产品上，推出了一系列形式多样的"云游"产品和"数字经济旅游十景"，并打造线上服务平台，集合多方数据，为消费者提供便捷的文旅服务。旅游业数字化转型的快速发展，迅速扩大了文旅市场主体，优化了旅游业结构，使浙江省成为辐射全国旅游业数字化转型的核心区域。

（一）建立全省统一的数字文旅平台

浙江省旅游业数字化转型能够实现高效、有序开展，其中一个重要原因是浙江省始终坚持全省统一规划，按照统一部署，分层次地构建全省数字文旅网络。这种方式能够最大程度打破部门边界和信息孤岛，整合各单位数据资源，达到数据共享共建，同时便于管理，提高了产业管理效率。按照《浙江省文化和旅游厅文化和旅游数字化改革方案》，浙江省提出基于全省"一张网"，全面构建"1＋4＋N"的数字化改革总框架。"一张网"即"诗画浙江·文化和旅游信息服务平台"，该平台通过跨部门、跨层级的文旅数据整合与共享，形成全省智慧文旅大脑，为全省建设"数字政务服务、数字公共文化和旅游服务、数字文化和旅游产业发展、数字文化和旅游治理"4个维度的服务体系，再向全省各地各部门延伸出"N"个应用场景，如浙里好玩、浙里有戏、信用借阅等。"诗画浙江·文化和旅游信息服务平台"目前已经汇聚了全省238家4A级以上景区、978家3A级以上的饭店、2423家旅行社的信息，建起"一景一档""一团一档"的智慧运行监管机制，实现对涉旅企业日常运营实时监管；开发了"文旅导览一张图""文旅资源一张图""数据共享一张图"的便捷应用模块，是全国首个省市县互联互通、跨部门数据共享的文旅信息服务平台。

（二）数字经济丰富文旅产品供给

以数字经济为依托，着眼于提升文旅体验，赋能旅游业链创新，丰富文旅产品市场供给，满足消费者日益多样化的心理需求，为其提供更新鲜、更体贴的文旅产品，是数字经济促进旅游业优化的主要路径。抗击疫情期间，"诗画浙江·文化和旅游信息服务平台"推出原创"艺术战'疫'"系列内容，涵盖浙江省文艺院团20余部优秀剧目的高清现场字幕版视频，并在"诗画浙江文旅资讯"融媒体平台免费推出了全省55个5A、4A级景区的"全景VR资源"。2020年浙江省在诗路沿线地区布局建设一批数字诗路e站，首个e站在永嘉推出，通过VR/AR、裸眼3D、5D全息沉浸式体验等数字技术，集成数字文化资源，是兼具文旅展示、数字体验、产业孵化等功能的综合性平台。浙江智慧文化云建设了数字博物馆、数字美术馆等线上场馆，开发了一系列广受欢迎的"云游浙江"产品。2020年，杭州市依托"数字经济第一城"优势，对标西湖十景，打造了杭州"数字经济旅游十景"，以数字经济为依托，以杰出的数字企业为载体，打造全新的旅游产品，实现了文旅产品的拓展和内涵的延伸，也为游客提供了一个观摩、体验杭州数字经济发展成果的新视角，极大地提升了杭州文旅产品的知名度与竞争力。

（三）打造数字文旅服务场景

数字化服务场景的打造是提升消费者文旅体验最直接的方式，聚焦文旅信息供给与需求的精准对接，以数字技术手段解决消费者信息获取困难等痛点，可以有效提高文旅资源配置效率。浙江省在全国率先提出了"数字生活新服务"行动，极力打造数字生活新服务体系，在文旅服务上力争以数字化实现旅游业服务的高效、精准与便捷。以杭州"城市大脑"文旅体系为例，系统以"多游一小时"为目标，开发五大服务场景——10秒找空房、30秒酒店入住、20秒景点入园、数字旅游专线和长三角景区一卡通，做到在每个环节上为消费者节省时间，最终提高文旅体验效率。"找空房"微信小程序对接8561家酒店，实时显示酒店空房情况，帮助消费者迅速找到适合的房源；全市75家酒店加入"30秒酒店入住"服务，采用"无接触服务"，游客可通过自助入住机快速入住与退房；20秒景点入园服务已完成22个景点闸机改造，使线上预订游客可以通过扫码实现直接入园；"杭州数字旅游专线"微信小程序与公交集团合作，利用非工作日闲置车辆在车站、交通节点等地开通直达景点和酒店的22条数字旅游专线，提高游客转场效率，并根据铁路预订信息和游客轨迹动态调整班次时间，形成数据匹配资源的旅游交通服务新模式；长三角景区一卡通开通了杭州数字公园卡，依托"城市大脑"系统自动完成信息比对与身份认证，足不出户即可办理数字卡。

（四）依托数字技术实现市场有效管理

数字技术在城市治理和产业指导方面，也不断通过智慧城市、城市大脑赋能，发挥着越来越重要的作用。对于旅游业，数字技术不仅通过信息技术开发出新的旅游业、文旅业态、商业模式，也可以为行业监管乃至产业发展规划与引导提供助益。浙江省文旅系统在推进旅游业数字化转型的过程中，始终以提升政府治理能力为方向，以"整体智治"为理念，力求提升政府对旅游业的预测和决策水平。设有产业监测平台和产业基础数据库模块，可以对全省主要景区视频监控、线上旅游平台、车流量、游客流量监测数据进行分析，实时掌握旅游行业动态，从而了解文旅市场发展特点，为政府制定旅游业投资、招商、营销政策等提供数据参考。平台还通过分析旅游互联网平台上旅游企业的评价数据，建立了旅游企业网络评价分析系统，实时发布旅游企业网络评价红黑榜，敦促企业调整经营状态。

平台还计划打造全国首个旅游业高质量发展评估指标体系，制定数据分析模型，提升大数据治理水平和使用价值，为旅游业发展提供动态研判和决策依据。

（五）开拓文旅推广新模式

数字技术应用于文旅产品的宣传与推广方面，同样可以创新现有的推广模式，向消费者展示沉浸式、交互式的文旅消费场景，实现价值重塑与价值传播，增强体验感，从而达到更好的宣传推广效果。2021年，浙江温州文旅局与咪咕数媒、江南游报联合打造了国内首个5G融媒体数字文旅产品——《温州旅游指引》。所有外地移动用户进入温州之后，即刻就能收到《温州旅游指引》免费5G融媒消息，不同于传统的彩信，它是一种沉浸式消息触达服务。用户通过这一信息无须链接其他程序既可线上游玩温州，体验温州文旅信息的高清视频、VR游览、景点语音导航、攻略推荐等，又可在其下设的"美食""美景""美宿"等板块中获得全面具体的，该融媒链接用户体验良好，并且带有互动和点赞的交互服务。《温州旅游指引》为温州旅游业的知名度打开了新的信息窗口，是浙江省文旅数字推广的一项探索，也为全国文旅市场营销做出了榜样。

二、北京市旅游业发展的经验借鉴

随着人们精神文化需求的不断增长，文化创意产品越来越受到青睐。博物馆拥有大量的文物藏品，其独一无二的观赏价值和文化底蕴可为文创产品开发提供源源不绝的灵感，而文创产品的开发与营销也可有效提升博物馆的知名度和吸引力，是博物馆作为文旅景区焕发新生的重要路径。北京故宫博物院无疑在文化产品开发营销上是国内博物馆中的佼佼者，其文创产品开发营销模式可为文旅产品创新发展提供借鉴思路。

北京故宫是国内众多博物馆中文创产品创新的开拓者，通过十多年的探索与提升，北京故宫文创产品不仅成为博物馆资金的重要来源，也形成了故宫文化IP，品牌效应迅速扩大，拉近了博物馆、文物与大众之间的距离，实现了经济效益与社会效益的协调统一。

北京故宫于2008年在淘宝网注册了官方店铺"故宫淘宝"，是国内博物馆中第一家文创产品线上销售店，此后逐步发展成为故宫最主要的线上销售平台，现已拥有五百多万粉丝。2013年，北京故宫举办了"把故宫文化带回家"文创设计比赛，这次比赛征集了许多创意，也奠定了故宫博物院此后文创产品开发的基调，从此北京故宫开始在文创产品的类型和风格上寻求突破，第一批独具新意文创产品——"冷宫"冰箱贴、"清明上河图"书签等赢得广大消费者的好评。此后北京故宫不断开拓创新，推出了更多类型的文创产品，打造出了故宫文化IP，影响力不断扩大。截至2018年末，北京故宫共开发文创产品近万件，线下销售商店每日营业额最高可达10万元，年销售额逾15亿元。

（一）文化内涵与功能性兼备

博物馆文创产品的文化创意皆来自馆内文物藏品。从前，包括北京故宫在内的国内博物馆，所开发的文创产品大多为文物的简单复刻，虽然具备文化内涵和观赏性，但由于实用性较差，受众面小，因此销量与知名度始终受限。北京故宫近年来在文创产品开发中十分注重产品的功能性，将文创产品背后的文化内涵，通过现代化的生产和设计，融入大众生活需要用到的产品中，开发文化内涵与功能性兼备的文创产品，将文创产品的传统文化属性与目标客户的日常需求相结合，这是北京故宫文创产品得以走向大众、广受喜爱的根本原因。如将山水名画《千里江山图》中的局部景观移入表盘制成"千里江山"手表；挖掘传统糕点背后的皇家轶事，与御膳传承人合作推出故宫糕点"朕的心意"；从馆藏文物中提取古代吉祥图案与符号，开发"祥瑞主题手机壳"，推出顶戴花翎钥匙扣、仪仗系列书签等；还有提取畅音阁蝙蝠和仙纹样戏服为元素设计的真丝睡衣、朝珠耳机，根据故宫猫开发的一系列抱枕、笔袋、玩偶等产品。

（二）合作共赢的研发模式

北京故宫文创产品的设计与生产有很大一部分外包给其他合作企业，这种合作方式填补了博物馆自主研发和生产能力的欠缺，也能够充分发挥研发企业敏锐的市场观察力与专业的设计水平，不仅大大节省了博物馆的文创产品研发费用，也提高了北京故宫文创产品的市场竞争力。北京故宫在开发文创产品前都会对研发团队进行相关的文化知识培训，再对产品特色与文化内涵如何有机融合共同进行深入研究。以故宫猫系列产品为例，北京故宫与洛可可公司以故宫里的流浪猫为灵感，抓住其慵懒可爱的特点，结合故宫背景，设计出一系列适合各个年龄层消费者的日用商品。北京故宫推出的首档电视节目《上新了，故宫》，节目形式是邀请明星嘉宾作为新品研发员，利用明星效应，与专家和文创团队一起从故宫文物中寻找灵感设计文创产品。这种新颖的节目形式，将产品开发过程通过电视媒体传播，既起到了传统文化宣传与传承的作用，也使得故宫文创产品备受关注，同时提高了节目收视率。节目中新开发的文创产品均成了故宫线上店铺的热门商品，创造了极大的商业价值。

（三）围绕故宫IP全方位开发

随着时代的发展，文创产品的内涵与外延都在不断扩充，文创的载体和形式愈发多样化，而对同一IP来说，其文创载体形式越多、传播途径越广，就越能获得更大的社会影响力和经济效益。北京故宫以开放的心态建设自身的文创发展体系，不断拓宽故宫IP的文创形式，这是故宫文创逢勃发展的原动力。2016年后北京故宫文创开发走向了全方位、体系化发展道路，主题化、系列化产品越来越多，"故宫淘宝""故宫天猫旗舰店"与"故宫文化创意馆"所售商品各有侧重，满足不同的客户需求。同时，北京故宫文创已将版图扩展到展览、音频、游戏、教育乃至文化空间运营方面。2018年与腾讯NEXTIDEA平台合作"古画会唱歌"项目，项目主题曲取材于"千里江山"，立时掀起国风音乐高潮；2019年与网易公司合作，推出《绘真·妙笔千山》国风游戏,迄今下载量已逾千万;2021年与东方演艺集团合作,推出《只此青绿》舞蹈诗剧,入选"建党100周年精品工程"和2022年春节联欢晚会,并在全国18个城市巡演了五十余场;"海错图"不仅开发了图书,还有相关"表情包"、科普展览、教育课程等多种文创形式;"清明上河图3.0"数字化展览开发了剧场体验、儿童教育等多种文化场景。[①]

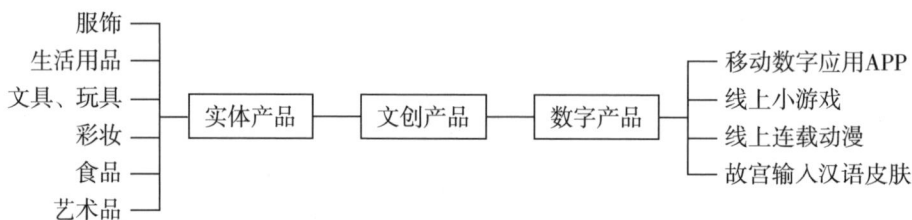

图4.1　北京故宫文创产品类型

(四)跨界联合开发衍生品

在树立自己的IP后,北京故宫紧随跨界风潮,通过IP授权与多个品牌和媒介跨界联合,通过不同行业之间的强强联盟开发出更多创新产品,形成优势叠加,覆盖更多的客户群体,成了北京故宫不断提高品牌热度和影响力的有效途径。与Kindle合作的联名礼盒,包含故宫文化定制的保护套和畅销的故宫日历;与农夫山泉合作的"故宫瓶",结合了馆藏人物画像与国风文案;与润百颜合作"故宫口红",以后妃服饰和刺绣藏品为包装图案,以馆藏国宝的六种颜色作为口红色号;与奥利奥合作,将尊贵色"黄色"和富贵色"蓝色"作为媒体海报的基础色系;与AI小度联合推出"小度在家1S故宫文化限定版",实现了文化与科技、古典与现代的融合;与金典牛奶合作"金典×故宫博物院联名特别版伊利牛奶",作为紫禁城建成六百周年献礼。北京故宫文创产品开发不仅在实体产品领域深

①石珺婷.博物馆文创产品发展趋势分析——以故宫博物院为例 [J].中国报业.2019(08)。

化，更不断推出虚拟数字化产品，增强与人的互动性。与腾讯地图携手推出首个在移动端的导览应用"玩转故宫"小程序，将基于位置的场景化服务与真实世界中的故宫连接起来，将真实的建筑和各项服务设施还原到手机地图上，根据人群和环境的变化为参观故宫的游客智能定制路线。

（五）善用多媒体营销

北京故宫采用线上线下相结合的销售方式：线下店铺多设置在游客交通节点上，且店铺环境充满故宫特色的文化调性；线上商店针对客户群体的不同进行了市场细分与多方位布局，尽可能拓展受众群体，提高销售量。同时，北京故宫十分善于利用多种媒体渠道进行营销宣传，已形成了多媒体营销系统，将故宫文化与文创产品同时推广到大众面前。充分利用新媒体，故宫有两个官方微博账号，利用微博平台良好的互动性，拉近了大众与故宫的距离；与微博账号类似的，故宫也有两个官方微信账号，一个活泼现代，一个端庄正统，宣传效果极好；故宫开发的9款手机APP为客户提供了新鲜的媒体交互体验。故宫在电视节目营销方面也做出了突出的成绩，2016年推出的纪录片《我在故宫修文物》让观众开始关注故宫，随后又推出《上新了，故宫》，利用明星效应为传统文化和文创产品制造了热度；之后推出的综艺节目《国家宝藏》也广获好评，为故宫IP再次增加了关注度和影响力。北京故宫还在官方旗舰店开辟了直播销售，联合人气主播提高了北京故宫文创产品的知名度。2019年，北京故宫创造性地举办了"宫里过大年"数字沉浸体验展，运用数字技术，将故宫中的春节习俗、皇家故事、馆藏文物等元素构建成为文化体验空间，获得了社交媒体的广泛关注。

文创产品营销系统
- 文创产品线上店铺
  - 故宫淘宝
  - 故宫天猫旗舰店
  - 故宫博物院文创馆
  - 故宫博物院文创旗舰店
- 故宫刊物
  - 《紫禁城》
  - 《故宫博物院年鉴》
  - 《故宫学刊》
- 故宫推广片
  - 影视节目《上新了，故宫》
  - 纪录片《紫禁城》
  - 纪录片《我在故宫修文物》
  - 综艺《国家宝藏》
- 故宫APP
  - 《胤禛美人图》
  - 《每日故宫》
  - 《故宫展览》
  - 《韩熙载夜宴图》
  - 《皇帝的一天》
  - 《紫禁城600》
  - 《故宫陶瓷馆》
  - 《清代皇帝服饰》
  - 《紫禁城祥瑞》
- 故宫衍生品
  - 故宫壁纸
  - 故宫皮肤
  - 故宫动漫
  - 故宫小游戏

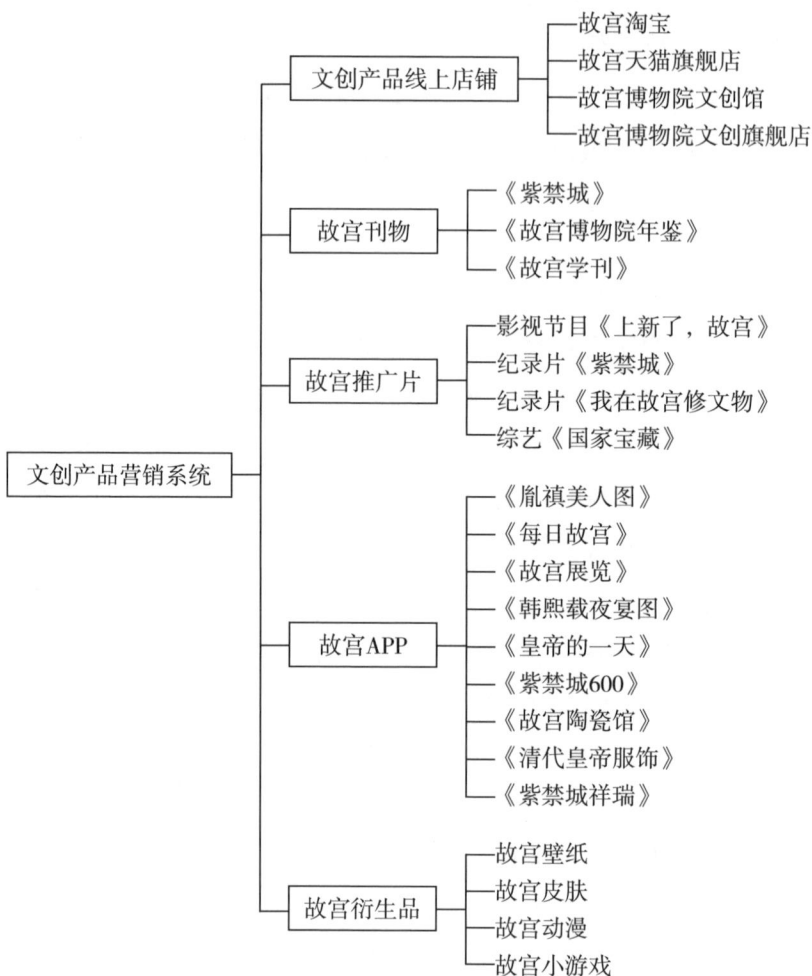

图4.2 北京故宫文创产品营销渠道

三、陕西省旅游业发展的经验借鉴

（一）西安市经验

夜间旅游是夜经济与文旅业的融合发展，对满足游客多元化文旅消费、丰富文旅业态、拉动经济增长起到极大的助推作用。随着国家提出"大力发展夜间文旅消费经济"开始,国内夜间旅游建设如火如荼,其中西安市依靠丰富的文化和旅游资源,大力推动夜间旅游成为旅游业发展的新亮点、文旅消费的新热点和旅游业优化升级的新动能。夜间旅游市场需求广阔、消费意愿旺盛,正在成为各地旅游业发展的重要抓手。对夜间旅游"西安模式"的分析,可为吉林省发展丰富文旅业态、优化旅游业供给提供有效借鉴。

西安夜间旅游发展始于2018年,西安市政府的《推进夜游西安实施方案》提出发展"夜游经济",采用"一极两轴五板块多节点"的夜间经济发展格局,延伸城市旅游产业链。通过实施夜景亮化工程,鼓励商户延长营业时间,打造特色夜游街区,开展夜间文化演艺活动等方式,使"夜游西安"迅速成为西安旅游业发展的新亮点。目前,西安市已培育了夜间观光游憩、文化休闲、演艺体验、特色餐饮、购物娱乐五大夜间旅游业态,观光游憩和演艺体验以大唐不夜城步行街为代表,特色餐饮以永兴坊街区为代表,文化休闲和购物娱乐以各大商圈为代表,此外还有24小时健身馆、剧院、深夜食堂、夜游博物馆等多元化业态,西安夜间旅游囊括了"食、游、购、娱、体、演"6个旅游元素。

西安市2019年、2020年均被评为"夜间经济十强城市"。2020年,西安市特色夜游街区达到30个,包含夜间旅游的跟团游、门票、一日游等产品浏览量大幅增长,国庆节期间西安午夜房成交量全国领先。西安夜间旅游的代表性景区——大唐不夜城,2019年客流量上亿,同比增长302.3%;营业收入112.4亿元,同比增长74%;[①]2020年被商务部授予"全国示范步行街"荣誉。在首届中国夜间经济论坛上,大唐不夜城入选"2020游客喜爱的十大夜景区"。

---

①徐磊.论文旅品牌传播策略的优化路径——以西安大唐不夜城为例[J].人文天下.2020(11)。

1.挖掘城市文化符号

夜间旅游作为旅游的延伸业态,其核心竞争力还是特色文化,必须立足地域文化优势资源,挖掘城市符号,明确发展定位,才能保障夜间旅游在国内遍地开花的情况下脱颖而出。西安一直以长安历史文化资源享誉国内外,在打造夜间旅游时,也明确提出以"盛唐文化"为背景,以唐风元素为符号。大唐不夜城即是以盛唐文化为核心打造的西安夜间旅游"金字招牌"。外观形式上,各广场的景观设计均采用唐代建筑风格;9组大唐雕塑景观贯穿步行街;巡逻队伍打扮成唐代仕女武士,园区内7组行为艺术表演皆采用盛唐文化代表性角色,如"真人不倒翁""悬浮兵马俑""象棋对弈""诗仙李白"等;成立了包含100多种非遗产品的大唐昭国坊,展示大唐盛世国力、诗歌文学、书法绘画、佛教文化和科技等方面的实力;2020年的"穿盛世华服·游盛唐天街"的华服走秀和巡游活动完美展示了华服文化。丰富的盛唐景观重现使得大唐不夜城仿佛是长安城的一个缩影。在旅游演艺方面,西安推出了《梦长安·大唐迎宾盛礼》《长恨歌》等多部演艺作品,《再回长安》《再回大雁塔》《大雁塔水舞光影秀》等数十台实景演出,给观众带来了浸入式视听盛宴。

2.特色美食增强吸引力

餐饮是夜间旅游最重要的组成部分,而西安素来都是国内"美食之都"。据调查统计,游客对西安肉夹馍、羊肉泡馍等美食的感知度非常高,美食是西安文旅业吸引力的重要构成。据《夜间消费大数据报告》,西安夜间餐饮消费规模在各城市排名中居第11位,远高于其GDP在全国各城市的排名。目前,西安夜间旅游餐饮集聚区已经形成:钟鼓楼广场以风味小吃为主,回民街以清真饮食为特色,永兴坊将景点与美食相结合,南二环有高档餐厅群。在大唐不夜城的夜间旅游消费中,餐饮占据半壁江山(如表4.1所示)。除了肉夹馍、凉皮、𰻝𰻝(biáng biáng)面等传统美食,西安夜间旅游还开创出许多新晋网红美食,其中最知名的是永兴坊的摔碗酒和毛笔酥,西安夜间旅游在网络上的走红最初就是源于一则摔碗酒的抖音视频。目前，关于"摔碗酒"与"毛笔酥"的抖音视频，点击量最高可达上百万。西安充分利用特色美食吸引力展开旅游传播推广，与抖音合作邀请旅游达人记录西安旅游的美食打卡行程发布上网，引发效仿。在深圳举行"秦·粤共鸣——西安·深圳文化美食节"，推出"武皇御饼""关中酱牛肉"等特色美食，借力电视剧《长安十二时辰》举办系列活动长安十二"食"辰，在全国各地推介西安美食。

表4.1 大唐不夜城游客消费业态占比情况

业态类型	餐饮	购物	观光景点	休闲娱乐	文化	住宿	其他	总计
占比（%）	44	14	13	9	9	8	3	100

3.打造多功能汇集的旅游目的地

游客在夜间旅游的目的地选择上，更注重多重旅游体验的满足。旅游体验感知总体可分为三部分——景观体验感知、身体体验感知和环境体验感知，三方面旅游体验感知的满足程度，决定了游客的价值判断。由于夜间旅游时间成本与精力成本较其他旅游形式更加有限，游客倾向于选择集合餐饮、游玩、娱乐、住宿等多功能于一体的旅游目的地，从而获得更多维度的旅游感知体验。这对目的地的功能集聚性、交通便利性、业态丰富度、消费性价比、品牌信誉度等提出了较高的要求。以大唐不夜城为例，步行街内聚集了文化场所、美食体验区、休闲娱乐区、商业综合体、高端酒店等多种商业形态，辅以多种实景演出，以及各种节庆活动、电影节、品牌活动等，游玩体验丰富多彩，可满足多层次消费需求，其商业业态已经基本涵盖了一个成熟旅游街区应有的全部业态。曲江创意谷联合旗下餐饮商户，打造了"深夜食堂"夜间生活模式，并在园区内举办多项活动，如艺术灯光节、潮流音乐会、文创集市等，这里有"中国第一音乐现场"的MAOLIVEHOUSE西北首店，演唱会气氛热烈，每晚6—10点人群火爆，形成了集合吃、玩、逛的生活消费新场景。

4.注重旅游公共服务水平的提升

夜间旅游是城市文旅资源丰富程度和产业集聚能力的一种体现，能够反映出一个城市的现代化水平，相比其他旅游业态，开展夜间旅游对城市旅游公共服务水平的要求更高。西安市近年来不断提升夜间旅游公共服务能力，夜间旅游公共交通服务、夜间旅游公共安全保障服务、夜间旅游公共信息咨询服务、夜间旅游公共环境服务四个方面持续发力，保障夜间旅游的顺利开展。西安市不断完善夜间配套设施，为方便游客出行开通了多条夜间交通线路；对夜间公共场所加强治安巡逻；实施亮化工程，加装声光设备，设立常态性舞台，丰富街区业态；建设步道与慢道体系，加大对夜跑、健身等公共服务设施的建设力度，带动夜游市场扩容。为美化城市形象，西安市进行了"烟头革命""厕所革命"等环境整治活动，给游客留下了良好的印象。"厕所革命"针对游客如厕难问题，出台了《旅游"厕所革命"工作方案》，新增上千个独立公厕，要求5A景区设置第三卫生间，并号召社会单位厕所免费开放；同时，西安市文旅局与百度地图联合推出"西安公厕地图"，游客还可在西安旅游信息咨询公众号上找到厕所地图链接。

5.网络营销借势发力

当前，社交媒体以其庞大的受众群体和较强的互动性成为城市旅游形象传播的主要渠道之一。微博、微信、短视频等社交媒体传播速度快、成本低、内容多元化，在塑造"网红城市"形象中发挥了重要作用。西安作为"网红城市"之一，其文旅业网络营销系统已经较为完善，不仅包括各级政府相关单位官方账号和文旅企业账号，还包含许多网络红人及个人账号，通过全方位多层次联合传播，以热门推送、话题搜索等方式向群众推广西安文化旅游。西安市与抖音合作制定了"DOUTRAVEL"计划，内容包括城市助推行动、"跟着抖音玩西安"旅游挑战赛、网红景点打卡行动，打造抖音版西安文旅纪录片等，提升西安文旅的影响力和竞争力。据《2019抖音数据报告》显示，西安大唐不夜城相关短视频播放量居全国景点之首，其中不倒翁小姐姐皮卡晨的相关播放量就超23亿次，来到西安的游客半数以上都表示将大唐不夜城列入打卡景点。2020年"中国年·看西安"活动相关话题在抖音的播放量达到2.8亿次，在微博的阅读量超过11.2亿人次，各级新闻网站和商业网站发布宣传稿5000多篇，[①]共同推动西安成为全国春节旅游热点。

（二）袁家村经验

自20世纪90年代以来，随着我国对乡村旅游开发的重视和支持性政策的相继出台，乡村旅游业在国内迅速发展。陕西省袁家村因势利导，以关中民俗和乡村生活为核心合力发展旅游业，成为第一批"中国最有魅力休闲乡村"，其发展模式得到政府肯定，并鼓励向全国推广。梳理袁家村乡村旅游发展的实践历程及模式特征，也可为吉林省乡村旅游业发展提供借鉴思路。

袁家村本为陕西关中平原上人口不足300人的贫困小村，在经历了20世纪90年代后期"滞胀"风波后更是成了"空心村"。2007年，袁家村以特色乡村民俗文化旅游为重点发展旅游业，打造美食街和民俗度假村以及一系列配套服务，开发了独特的产业模式，成功打造了"关中印象体验地"的袁家村品牌，从贫困村变身成为全国旅游助力乡村振兴示范区。

经过多年发展，袁家村成为全国最受欢迎的乡村休闲度假区，先后获评为国家特色景观旅游名村、中国十大美丽乡村、国家4A级景区等。2019年，袁家村接待游客总量超600万人次，旅游总收入超过10亿元人民币，村集体经济从2007年的1700万元增长到2019年的25亿元，村民人均收入超10万元，大大超过我国大部分农村居民收入，超过同时期我国城镇居民人均

①雷肖霄，李亚楠.大唐不夜城：多样化消费繁荣夜间经济［J］.金融世界.2019（8）。

可支配收入一倍以上。①小村带动周边611户贫困户实现脱贫，带动周围群众就业3000人，带动周边两三万农民实现增收。袁家村乡村旅游还借助品牌影响力开启"出省"计划，截至2021年，已在西安等地开设了17家城市体验店，同时开设了河南同盟古镇·袁家村、海南博鳌印象·袁家村、江苏宿迁印象·袁家村等6个民俗旅游体验地，以"袁家村"冠名的农特产品遍布国内市场，袁家村乡村旅游发展模式成为全国乡村振兴争相效仿的典范。

1.产业融合促进农业转型

发展三产一体化是乡村振兴的基本路径，通常采用的思路是通过农业生产促进工业生产的加工与生产，再推动服务业发展。而袁家村结合自身以乡村旅游带动乡村振兴的发展思路，逆向思维，开创了"三产带二产促一产，三产融合发展"的产业融合路径，实现了农产品生产、加工、销售与乡村旅游的有机整合。袁家村从乡村民俗旅游出发，逐步扩大市场规模，第三产业逐渐发展壮大，形成了知名品牌；品牌产品对生产环节的把控又推动了以手工作坊为代表的第二产业，形成了"前店后厂"的农产品加工模式，加工业的升级发展促进了第二产业的发展壮大；生产的需要形成了高质量农副产品的需求缺口，倒逼种植基地和订单农业的发展，从而促进了第一产业的规模扩大，再经由产业循环，实现品牌凝聚和多维度产业融合，产业规模不断扩大的同时，产业链也不断得到延伸与完善。目前，袁家村已经形成了休闲度假、美食街、关中民俗、主题游等一应俱全的产业形式，成立了小吃、酸奶、辣椒等10个合作社，建成辣椒、菜籽等14个农产品基地，产业链延伸至有机农业、营销配送、电子物流等，成立了文化传媒公司和文化旅游公司，在全国成立了6家城市体验店。

2.股份合作实现共同富裕

袁家村发展乡村旅游业的目的是带动乡村振兴，因产业链发展需要搭

---

① 裴璐璐，王会战.旅游助推乡村振兴的内源式发展路径研究——以陕西省袁家村为例.2020中国旅游科学年会。

建农村创业平台，实现农民增收，带领当地居民实现共同富裕。因此，袁家村在收入分配制度建立上充分考虑到平衡收入差距，避免恶性竞争，注意长远发展问题，采用了股份合作管理的形式。2012年袁家村提出了"合作社＋全村众筹＋分红"的合作社模式，以全民参与、自愿入股、扶持小户、限制大户为原则，鼓励村民以土地或自有资金入股。在集体资产方面留存38%，其余62%以股份形式平均分配，形成基本股；对村民资金看好的作坊等项目采取自愿资金入股，形成交叉股；占股少的村民分红高，占股超过限额的村民分红低，形成调节股；[①]三股结合的股权合作方式将村民、经营主体与村集体的利益联结起来，既可实现共同致富，又可调节利益均衡。同时，对景区内多样化发展必备但收益不佳的经营者实施收益倾斜，以保障关中民俗文化的完整性。为扩大产业规模，保障长远可持续发展，袁家村吸纳了许多外来商户免费入驻，但要求商户必须与当地村民分享收益。这一模式取得成效后，袁家村还主动与周边村庄对接，进行产业互补，鼓励合作社对外开放，接受周边村民持股，带动周边共同实现农民增收。

3.地域文化构成旅游内核

地域文化是乡村旅游发展的灵魂所在，袁家村乡村旅游业发展壮大的核心就是紧密围绕地域文化，依托关中民俗，充分发挥非物质文化遗产的竞争力，形成自身的文旅特色。首先，乡村旅游的根基在"乡村"，保留乡村味、体现乡土情、渲染民俗风是扎根乡村的根本。袁家村里最主要的旅游资源即乡村传统民俗和乡村日常生活，经营主体都是地道的本地农民，他们乡音浓厚，热情淳朴，其经营的场所充斥着浓郁的本地乡土气息，乡村体验感十足，是集合了农民、乡村、农业的完整意义上的乡村旅游地。其次，袁家村的旅游规划充分展现了关中文化，小吃一条街上是各种采用传统手艺现场制作的关中特色饮食，街道设计采用袁家村古聚落道

---

①李剑锋，屈学书.乡村振兴视阈下乡村旅游发展路径及实例研究——基于袁家村深度剖析［J］.未来与发展.2019，43（06）。

路特色，导识牌和牌匾采用木材、粗布挂枝等体现关中风情的统一设计，居民建筑景观的原材料来自关中地区清明时代遗留的古建筑，修旧如旧，保留历史痕迹，还原古代民间作坊原始形象，并打造独具特色的微景观，营造浓厚的关中聚落和民间文化氛围。除此之外，关中文化中珍贵的非物质文化遗产也被袁家村融入乡村旅游中，传统演艺、民俗活动、节庆活动、传统手工艺等一应俱全，并通过沉浸式体验彰显关中文化魅力。

4.品质保证打造品牌信誉

品牌发展之路是旅游业发展的必由之路，通过品牌效应可以实现旅游景点价值的有效延伸，从而扩大产业链与收益，同时吸引更多游客，形成良性循环。袁家村乡村旅游主打"返璞归真"，将"诚信"作为立业之本，要求农民严格控制产品品质，营造放心消费好口碑，树立诚信品牌，通过口口相传的信誉度形成"金字招牌"。例如，美食街通过举办比赛的方式确定商户销售资格，食品原材料由村委会统一采购和供应，商户持卡获取原料，且食品加工和销售过程全程开放展示，杜绝弄虚作假、以次充好。袁家村自建加工厂、养殖场、农业基地等作为生产材料供给，并由质检部门定期质检和公示商品质量。同时也建立了生产和加工标准，形成了统一的经营规范以引导村民的经营行为和价值取向，每家商户门前都有诚信经营承诺。村内自发成立了各种行业协会，提出商户分组自治，通过动态打分与淘汰机制，对各商户的卫生情况、产品质量进行管理监督，一经发现有违规情况和产品质量问题，立即严惩。袁家村通过品牌信誉开创了自己的品牌，品牌效应也使得袁家村农副产品走向了全国各地，形成了品质带动口碑、口碑带动品牌、品牌带动市场的良性发展。

5.创新引领丰富旅游体验

创新的理念始终贯穿于袁家村乡村旅游发展历程，通过创新不断使游客获得丰富的旅游体验感，是袁家村乡村旅游得以持续发展的原动力。袁家村既有田园风光也有时尚生活，将怀旧民俗与现代丰富结合，形成了多元、开放的乡村形象。以农村生活、关中小吃、手工艺制作体验为代表的

民俗文旅产品可以让游客充分体验关中风情；而艺术长廊、咖啡酒吧、创
意工坊等新业态又契合了城市游客的消费需求。村内还有品茶、听戏、采
耳等体验项目，各具特色的民宿客栈。丰富的旅游业态促使游客用更多的
时间游览袁家村，从而大幅提升了消费额。袁家村安排村中老人在景区从
事轻体力型卫生保洁工作的同时下棋打牌，为景区增加生活气息和民俗趣
味，制造人为景观的同时也增加了农民收入。作为国家级4A景区，袁家村
24小时免费对游客开放，游客还可免费参观村史馆和民俗街表演，这一举
措吸引了大量游客的到来。袁家村在互联网发展领域也走在了全国乡村旅
游区的前列，全村已实现免费的Wi-Fi、4G网络的全面覆盖，并引入阿里
巴巴电商进驻设点。

表4.2 袁家村旅游产品主要形式

产品形式	产品内容	特色
传统村落景观体验	传统古建筑、传统景观、关中民居聚落、历史标志物	特色景观挖掘＋原生性保持
关中餐饮体验	小吃街、农家乐、主题餐厅、茶馆、酒吧、咖啡厅、甜品店等	餐饮＋DIY，餐饮＋自然景观，餐饮＋人文风情
传统工艺展销	生态绿色食品、地方特色、手工艺品、民族服饰、草药、文玩	装修风格＋商品包装＋销售方式
民俗文化演艺	特色文化与民俗演艺、杂耍、秦腔、皮影戏等	地域文化＋互动性
度假住宿体验	农家乐、民宿、创意酒店、精品酒店等	乡土风情＋特色装修＋设施齐全
休闲娱乐体验	民俗文化体验、户外观光、文化创意休闲休验等	人文风情＋自然风光＋业态丰富
配套设施服务	配套公共设施、配套生活设施	设施齐全＋环境良好

| 第五章 |

吉林省旅游业高质量发展的重点任务

　　旅游业的高质量转型发展是旅游业响应国家号召、提升产业竞争力的必然选择。旅游业实现高质量发展，需要尊重产业发展规律，抢抓产业升级机遇，结合旅游业内在提升与外部环境优化，结合当期生存与远期发展目标，扎实坚定地做好各项重点任务。

第一节　增强旅游业发展韧性

一、深度融入经济社会发展全局

（一）将旅游发展与重大战略有机结合

　　一是服务于扩大内需战略。吉林省应立足自身资源禀赋优势和比较优势，进一步提高旅游业战略定位，推动差异化市场发育和区域均衡发展，促进市场主体尽快适应旅游竞争新格局。进一步把满足国内市场需求作为旅游业服务和发展支点，不断提升旅游产品和服务对人民美好生活需要的适配性，充分发挥市场优势，形成休闲需求牵引市场供给、行业供给，创造旅游需求的高水平动态均衡。围绕扩大内需这个战略基点，促进居民收入和公共服务水平提升，打通阻碍消费潜力释放的痛点和堵点。

二是服务于区域重点发展战略。将旅游业放到宏观经济框架下进行规划和推动，从区域发展全局出发，将旅游业发展同振兴东北战略、坚持绿色发展、健全产业链条、推动乡村振兴等有机结合起来，深度融入并服务于系列国家战略和地区发展战略。充分发挥旅游"一业兴百业"的乘数效应，促进传统产业提档升级，孵化一批新产业、新业态，实现经旅共进、生旅共促、文旅共荣。

三是服务于社会发展战略。未来一段时期内，公共卫生风险和中度老龄化是全国各地面临的两大健康挑战，旅游业与养老产业、大健康产业有机结合，通过旅游产品与服务可以切实改善人民健康水平、降低社会医疗和照护成本。吉林省老龄化程度快于全国，应积极推进旅游与大健康产业融合，共同服务于健康老龄化战略，行业主体应加强人才和技术积累，着力开发更具针对性的旅游产品与服务，大力发展养老休闲与康养旅游，为改善人力资本的健康水平提供有力支撑。同时"双减"背景下，旅游业还要助推素质教育发展。随着"双减"政策落地和从严落实，旅游行业主体有机会进入泛素质教育领域，通过研学旅行等产品形态服务于青少年课余生活和综合素质培养。

（二）积极培育新的增长点

面对相对复杂的行业复苏和发展形势，把握旅游业发展的新形势和新契机，从制度建设层面帮助行业主体更好适应疫情防控常态化需要，同时挖掘新的行业增长点。随着北京2022年冬奥会和冬残奥会的成功举办，冰雪运动、冰雪旅游等"冰雪经济"相关产业有望成为进一步挖掘消费市场潜力的新增长点。冬季旅行和冰雪休闲参与有望成为未来出境游市场复苏的新动力。吉林省应充分发挥自身冰雪经济优势，通过资源优化配置、优势互补互促，形成上下游联动的体旅融合产业链，通过培育和带动冰雪旅游、运动体验、冬季度假等市场形态形成旅游业复苏的新动能与新增长点。另一方面，2022年，国家发改委会同文化旅游部制定的新版《国民旅游休闲纲要》正式出台，部署了培育现代休闲观念、保障旅游休闲时间、优化旅游休闲空间等十项重点任务，亲子游、研学游、乡村游、疗养游等热门细分市场将迎来重大发展机遇，吉林省应基于现有冰雪旅游、避暑旅游等产业基础，不断升级产品，抓住行业发展机会。

（三）全力保障旅游业稳定发展

短期、长期举措综合考虑，稳住旅游供给基本面，及时引导旅游消费需求的复苏。短期，积极发展本地游，以促进旅游生产和消费的正外部性。在旅游生产方面，重新挖掘本地文化并创新城市和乡村旅游线路，鼓励本省居民深度游本地，增强本地居民对本地的归属感和对旅游业发展的认同感。在旅游消费方面，以发放优惠券等方式鼓励居民参与本地旅游消费。长期，要努力降低疫情对旅游供给造成的长期性损害。进一步优化旅游营商环境，为旅游企业的成立注册提供便利；加强旅游行业培训；研究并实施有利于旅游行业人才招聘、降低固定资产和设备购置费用等方面的政策。同时，要注重深度旅游与主题旅游的开发。虽然疫情对于深度旅游与主题旅游为主的业务打击较大，但这就是未来旅游消费的方向，对于深度旅游、主题旅游的资源整合、挖掘和服务管理将成为制胜的关键。全面推动大众旅游的发展。全面迎接大众旅游时代的来临，贯彻全域旅游的发展理念，引导更多人享受旅游生活，不断壮大大众旅游市场，实施普惠性的旅游发展计划。走全域旅游发展之路，着力推进旅游向全景全业全时全民的全域旅游转变。加快推进从"景点旅游"向"全域旅游"的转变，助推全域旅游迈上新台阶。

（四）积极构建安全的旅游目的地形象

跨区域旅游全面放开，旅游过程的安全性是游客出行的首要考虑因素，吉林省必须以更加安全的旅游形象，形成对旅游客源的吸引力。在营销策略上，围绕"安全游""实惠购物"等下功夫，宣传安全的旅游环境。在技术上，积极应用技术工具保证旅游安全，借助技术工具提高旅游信息管理水平，提供更安全的旅游体验。一方面应用技术为旅游者提供出行前和出行后的安全服务。在游客出行前，通过人工智能和虚拟现实技术为游客呈现旅游目的地的环境，增强游客对目的地的认知和熟悉程度。在旅游者到达目的地之后，可通过生物识别、机器人和物联网等技术，接受更加无缝、非接触和高效的服务。另一方面应用技术工具对游客的安全进行有效管理。利用大数据技术协助游客流量管理，利用在线技术为游客提供实用信息服务，高效、准确地提供旅游运营服务。

二、推进旅游市场向细分领域拓展

（一）以科技赋能旅游新体验

密切关注文化和旅游消费人群需求发展的趋势，在细分领域持续提供高品质的旅游产品，才是避免旅游产品同质化，焕发文化和旅游活力的法宝。吉林省应紧盯科技视角下的行业趋势，积蓄旅游业现代化进程中的科技动能。通过科技在旅游领域的持续创新，加大工业互联网、大数据、人工智能等新技术的应用，提高旅游商品的创新能力，推动旅游商品的多元化发展，满足旅游者对旅游新产品的追求。突出"奇幻""梦幻""神秘""童话"主题，升级旅游景区和主题公园建设，结合光影技术，打造唯美、逼真的冰雪场景，将科技、艺术与感受二元素允分融合，体现出新潮理念，不断创新，打造沉浸式游玩新体验。

（二）打造主客共享的旅游休闲目的地

传统的旅游场景集中在景点、车站、机场、定点的购物和餐饮场所，基本上与当地居民划定了天然的界限，是外在于当地生活的。随着旅游进入到深度游、体验游的阶段，游客逐渐深入到当地居民的生活场景和公共空间。越来越多的游客如同当地居民一样使用打车软件出行，支付软件的广泛使用也使得游客消费丝毫没有障碍感，从网络上搜寻当地美食推荐也很精准。游客在目的地的生活场景和消费行为与当地居民基本无差别。《"十四五"文化和旅游发展规划》和《扩大内需战略规划纲要（2022—2035年）》等文件也明确指出，推出一批兼顾旅游者和本地居民需求的国家级特色休闲城市和街区，大力发展度假休闲旅游。主客共享的休闲度假和传统度假最大的区别在于除旅游目的地本身拥有的自然资源吸引游客外，应更注重创新休闲度假游产品，不断丰富休闲度假"新场景"，既做到吸引外地游客融入，也满足本地居民的休闲娱乐体验。尤其是要将幸福产业与旅游产品开发结合起来，构建特色旅游产品新体系，在实现全民幸福感提升的进程中促进旅游经济效益的增长，将吉林省建设成为主客共享的、体现美好生活的文化旅游目的地和生活居住地。

（三）深度耕耘重点领域

将市场战略重心从大众市场转移到细分市场上来，如针对高、中、低端消费需求，建立高端、中端、低端常规产品体系，不断拓展各板块产品的附加值来扩张利润空间；针对中老年消费群体对养生和健康的需求意愿和更喜欢跟团游的消费倾向，研发设计更加舒适的旅游线路，鼓励旅行社、旅游景区提供更加丰富的温泉养生、联谊联欢等老年旅游产品；针对青少年可以推出运动训练为基础的研学类的主题产品；针对亲子旅游客户群可以推出主题酒店和营地为主的产品等。做好城市旅游产品开发的同时，要推动乡村旅游加快发展，丰富村庄、乡镇内旅游项目开发，组织喜闻乐见的民间民俗冰雪活动，开发主题乡村民宿等，助力全面推进乡村振兴。

三、推动旅游业线上线下联动发展

（一）支持传统旅游企业与在线企业合作

近年来，在线旅游平台为景区门票数字化起到了推动作用，网上预约、网上购票等方式方便了消费者的使用和疫情防控下人流量密集程度的监测。地方文旅局、景区和在线旅游平台的合作互动越来越紧密，包括联合在线旅游企业参与文化和旅游消费券发放等促销活动，极大地促进了文旅消费。线上线下合作并非简单结合，而是整个环节的衔接，需要协调线上线下两方面的资源，合理分配双方利益。在进行线上线下融合的过程中，需要投入更多人力资本，加快平台基础设施建设，磨合互联网与传统旅游业的业务体系、管理体系、采购分销体系等，还需要管理团队再造、企业文化重塑。鼓励旅行社、旅游景区、星级饭店、旅游民宿等与平台企业加强线上合作，进一步优化配置旅游资源，实现线上线下优势互补，拓展企业发展空间，进一步完善旅游产品供给结构，为市场注入新鲜血液，激发新的发展活力。发挥在线旅游行业在旅游业中的枢纽和引领作用，推动旅游行业的创新发展和智慧化水平，促进新技术应用和迭代创新，创造更多新就业形态和新就业岗位，成为旅游产业升级和旅游消费激发的新引擎，提升行业管理的数字化水平和治理能力，进一步加强在线旅游市场管理，发挥在线旅游企业整合旅游要素资源的积极作用，带动交通、住宿、餐饮、游览、娱乐等相关旅游企业协同发展。

（二）积极开展线上线下营销

推动在线旅游网络营销，支持在线旅游企业利用网络直播、短视频平台开展线上旅游展示活动，发展线上数字化体验产品，打造沉浸式旅游体验新场景，推动乡村振兴、文明旅游、旅游公共服务取得新进展。牢牢把握消夏季、冰雪季两个重要时段，紧紧依托线上新媒体、线下俱乐部（协会）两个合作平台，夯实优质产品内容和口碑、夯实形象和产品品牌认知度、夯实重要客源市场。瞄准中高端度假市场，开展"滑雪场的夏天"主题营销，以优质度假产品促进全省范围内构建中高端度假产品体系；瞄准省内常态化消费，利用"文旅消费观察团"引导各市州、县区打造"网红街区""网红美食"和"网红打卡地"，重点推广大众消费热点，要成为引导公众消费的指挥棒。

（三）构建数字化旅游生活服务场景

2023年初，中共中央、国务院印发了《数字中国建设整体布局规划》，部署打造自信繁荣的数字文化，为加快文化和旅游业数字化转型指明了方向。从游客需求角度出发，智慧旅游场景建设以用户为导向，充分考虑游客面临的实际情况，是解决智慧旅游发展的重要抓手。对旅游企业和旅游管理部门来说，从智慧旅游场景建设着手，以不同的场景内容丰富游客的体验，营造深度的参与感，可以更好地满足游客游前游中游后等各个阶段的个性化需求，向游客提供高效而准确的服务，进一步激发游客的消费活力，也可以更好地管理和服务行业，推动行业健康有序发展。做好智慧旅游场景建设，是智慧旅游系统建设的重要基础。依托大数据、人工智能等新技术搭建数字旅游生活综合服务平台，开展数字旅游、数字教育、数字体育、数字信息、数字体验等数字化便民服务，构建智能旅游生活全景体验、线上线下协同交互的新型旅游消费场景体系，促进旅游服务便民化、精准化、专业化。只有鼓励多元参与，引导和推动智慧旅游场景应用持续健康发展，才能更好地推动智慧旅游发展迈上新的台阶，更好地满足人民美好生活需要。

（四）推动旅游消费线上线下协同发展

以新发展理念为引领，提供数字转型、智能升级、融合创新等服务的新型基础设施建设方兴未艾。这一趋势对旅游行业发展同样意义重大，需抓住第五代移动通信技术（简称"5G"）等新一代信息技术广泛应用的机遇，扩大云计算、数字技术在文化内容生产中的应用，大力培育网络消费、体验消费、智能消费等旅游消费新模式。在具备条件且用户需求较强的地区，优先部署5G网络，发展基于5G、超高清、增强现实、虚拟现实、人工智能等技术的新一代沉浸式体验型文化和旅游消费，支持流量平台和各类终端，为群众提供精准的内容分发服务。鼓励有条件的城市与云服务企业合作，建设一批线上线下融合的新消费体验馆，在线上线下互动中鼓励文化和旅游消费。面向历史文化街区复兴、城市公共空间活化、景区升级与产业提升、城市消费和夜间经济激活等，构建线上线下协同的旅游消费新模式。

第二节　坚持大众旅游的人民性

一、注重提升人的全面发展

人的全面发展是人民群众追求美好生活的应有之义。"以人民为中心"，那就意味着不只是注重物质财富的增长，还包括精神财富的增长，尤其是关注人的全面发展。旅游发展除具有拉动宏观经济和消费增长的意义以外，还应在就业民生、增收富农等方面发挥新的更大的作用，从而更好地彰显旅游以人民为中心的公共事业属性。

供给端，旅游发展能在增加就业机会、拓宽增收渠道、促进招商引资等多个维度产生积极效应。吉林省应通过发展旅游业促进人民群众提高收入。旅游是一种经济形式，要通过发展乡村旅游提高农民收入，落实《中共中央国务院关于实施乡村振兴战略的意见》要求，实施休闲农业和乡村旅游精品工程，发展乡村共享经济、创意农业、特色文化产业。要完善旅游业应急管理机制，保障广大旅游从业人员收入稳定。还要建设产业协同发展机制，利用经济发展刺激旅游需求，同时通过旅游带动相关产业发展，最终实现居民增收的目标。

需求端，"旅游为民"与我国进入"大众旅游"的时代背景相契合，产业发展将兼顾不同人群、不同层次的旅游需求。通过发展旅游业，不断满足人民群众日益增长的精神需要。十九大报告指出，"满足人民过上美好生活的新期待，必须提供丰富的精神食粮。"作为精神消费的重要形式，旅游成为实现人的全面发展的重要内容，只有紧跟时代步伐、坚持以人民为中心，充分发挥旅游为民、富民、利民、乐民的积极作用，不断开发出符合人们需要的高质量的旅游产品，才能满足人们的美好生活需求，最终实现共同富裕。

二、着力提升旅游体验

（一）加快构建"快进慢游"交通网络

交通运输是旅游发展的基础支撑和先决条件；旅游发展又为交通运输增添客流、带来旺盛需求。应同步推进高效率"快进"网络和高品质"慢游"系统的交通设施建设。

1.构建"快进"交通旅游网络

按照覆盖东北、辐射全国、通达全球的标准，建设以长春龙嘉国际机场为核心的"一主多辅"都市圈机场群。打造长白山机场成为全省全域旅游的航空平台和东北亚重要的旅游集散中心。适时开通长白山、通化机场国际航线，提高干线与支线、国内与国际、国际与国际的衔接效率，鼓励干线、支线、通用机场共同发展短途运输。加快形成以高速公路、普通国省道为主骨架的连接景区、景点的"快进"公路网络,提升通景公路技术等级和路况水平,提高农村公路网络对景区景点的通达深度,注重多种交通运输方式之间以及旅游目的地与交通运输方式间的无缝衔接。实现交通线路与旅游线路、交通设施与旅游设施、交通站点与旅游景点的融合,提高旅游通达性和便捷性。通往4A级景区要有两种以上快进交通方式,通往5A级景区要有两种以上快进交通方式,并根据景区旅游接待规模确定公路建设标准。加快谋划贯通吉林市城区到松花湖、北大湖的市域轨道交通,推动重点滑雪场公共交通运营。推进沈白高铁项目,建设中国最美高铁冰雪旅游带。

2.稳步推进"慢游"系统建设

做好原有及规划布局公路的旅游化改造,构筑"慢游"交通旅游网络,布局建设自行车道、步行道,沿路布置休息亭、休息座位等设施,提供饮水、充电、急救、咨询等服务,提高"慢游"道路的通达性和舒适性。提升公路旅游服务功能,注重沿线生态资源、人文资源、红色资源等资源的挖掘整合,让"慢游"成为游客的主动选择,而非被动无奈。鼓励有条件的地方,整体规划建设"慢游"体系和雪地穿越旅游廊道,形成绿色慢生活方式。开展长白山国家森林步道规划建设。积极响应全民健身国家战略,贯穿长白林海,以森林步道串联重要自然和文化区域,以森林生态为核心,以红色文化、历史文化、民族文化、森工文化、自然文化等多元文化的线性展示与体验为亮点,通过道路设计创新、游憩体验创新、解说系统创新,搭建出长距离、大跨度、高水平的全新森林步道示范样板,打造林区新业态网红体验地。

（二）积极推动交旅融合

围绕道路挖掘旅游内涵。交通工程不仅仅限于通道建设,而是把交通工程本身作为一种旅游业态打造,实现交旅融合发展。建设自驾游风景道，以既有风景道、旅游公路为支线，串珠成链，形成主线联通、支线循环、串联名山景区的自驾游交通网络，打造一批交旅融合线路。积极推进现有旅游廊道的品牌化建设，加快推进东北林海雪原和东北边境等国家旅游风景道建设，联动区域协同发展，辐射带动全省旅游。推动公路服务区由"行车＋如厕"的初级模式向综合型旅游服务模式转变。依托养护中心和路侧空地等存量资源，合理布局综合服务区和停车观景点，引入农特产品售卖、代购景点门票等服务，加强对周边旅游资源宣传，补充新能源车充电设施，满足游客出行需要，提高游客在出行路途中的旅游观赏的获得感。

创新开发旅游交通产品。优化"运游一体化"绿皮火车专线，利用绿皮火车闲置资源开通沈阳至梅河口、延吉至二道白河旅游专列，将传统火车旅行与民俗体验结合，打造"可移动的迷你民俗体验馆"和森林旅游穿越列车产品。探索开发定制列车服务。定制服务列车将原有绿皮火车进行深度改造，开展特色主题活动，增加提升旅客舒适体验的服务设施，如特色餐饮、KTV、棋牌等，提供柔性化、定制化服务，依据游客需求，设计精彩活动安排。

提升旅游交通服务质量。做好原有及规划布局公路的旅游化改造，统筹交通枢纽与游客集散中心布局和功能衔接，在主要机场、高铁站等加强旅游大巴服务供给，在主要景点周边建设汽车和房车营地。打通旅游"最后一公里"，引进小汽车、自行车租赁企业，开展"落地租车、异地还车"服务，满足旅客的个性化需求。为人们出游提供新的方式、带来新的体验。鼓励在重点旅游景区、传统村落、休闲农业聚集村、休闲农园、特色景观旅游名村、"农家乐"等乡村特色旅游区域开通城乡旅游公交线路。大力发展共享交通、定制旅游、互联网租赁等新业态，推动旅游交通信息化发展。

打造一批特色突出的主题服务区。利用高速公路服务区、养护工区，增设旅游资讯服务、全省特色旅游优质产品展销等服务功能。推动高速公路服务区向交通、旅游、消费转型升级。推进服务区旅游功能迭代升级，借助高速公路的天然流量，不仅使服务区成为周边旅游的重要展示窗口，更要使服务区本身就成为景点和打卡地。进一步完善高速公路服务区商旅、休闲等设施，跳出服务区自身功能范畴的局限，以景点运营的思维进行二次创新。增强文化主题，推进沉浸式体验项目推广，推动服务区景观化，满足当下追求网红打卡、活动分享的旅游市场趋势。加强服务区与周边景点资源的联合发展，化服务区为景区景点的"流量端口"，将服务区重点打造成为当地旅游集散中心、信息窗口，在服务区内直接订购各类旅游产品，使"过境客流"转化为"目的地客流"。

（三）完善旅游公共服务配套设施

增强运输经济性。推进出行服务多样化、个性化，加速交通新业态新模式发展，让游客有更好的出行体验。完善冰雪旅游公共交通服务，推动滑雪板等体育器材装备的公路、铁路、水运、民航便利化运输。

优化旅游公共服务设施布局。适应游客出行方式变化，加大面向散客的旅游公共服务力度。推动旅游公共服务共建共享，探索建设一批旅游综合服务设施。推动文化服务进旅游景区，在旅游设施、旅游服务中增加文化元素和内涵，体现人文关怀。充分考虑特殊群体需求，健全无障碍旅游公共服务标准规范，加强老年人、残疾人等便利化旅游设施的建设和改造，推动将无障碍旅游内容纳入相关无障碍公共服务政策。

完善旅游集散中心体系。构建由一、二、三级集散中心三个不同等级组成的旅游集散体系。以环线高速公路和高铁线为依托，为游客提供方便、快捷的旅游集散服务，优化完善高速公路服务区、加油站点的旅游咨询、信息查询等配套服务功能。在3A级以上景区、重点旅游区、重要乡镇旅游点等建设旅游综合咨询服务中心。

提高旅游厕所管理和服务水平。深化改革创新，推广成功经验，优化旅游厕所分布和覆盖面，在节能环保、文旅融合、科技应用、管理创新等方面形成典型示范效应。发挥旅游厕所在旅游公共服务体系建设中的引领示范作用。推进旅游厕所标准化、数字化建设。引导建设一批新型智慧化旅游厕所。推进旅游厕所人性化，完善旅游厕所无障碍设施，增加旅游厕所家庭卫生间的覆盖率。深入推进"厕所革命"。巩固和深化"厕所革命"两个三年行动计划的实施成果，进一步加强旅游厕所日常管理，更加注重"建管用"并重，建立健全旅游厕所管理维护长效机制，切实提升全省旅游厕所管理和服务水平。积极支持交通沿线、临街临景的企事业单位厕所免费向公众开放。大力推进旅游厕所标准化建设，集中力量建设一批示范性旅游厕所。

加强旅游标识标牌系统建设。坚持统筹旅游景区标识系统的规划、设计和建设，做到公共信息导向系统规划与国土空间规划相衔接，确保公共信息图形符号位置合理、符合规范、视觉效果优良；标识标牌系统外形美观、内容完整、规范、准确、清晰，中英文对照，维护保养良好。省、市、县交通运输、文化和旅游部门根据路网规划建设情况对公路沿线道路交通标识标牌进行整治，推进旅游干线公路、旅游景观道、旅游交通枢纽等区域的旅游交通引导标识标牌建设。推动 A 级景区、旅游度假区、高等级乡村旅游经营单位、旅游名镇名村等主要旅游区内旅游标识标牌系统标准化提升改造，形成良好的自助旅游环境。

完善旅游停车场体系。加强公共停车场专项规划的编制，采用多渠道的资金筹集方式，明确停车场规划指标体系、生态化要求、布局规划及政策措施，鼓励建设区域性智能化立体停车场，同时加大对配建停车场（库）的规划管理力度，使停车场的规模和游客承载量相适应，逐渐形成"以配建停车场为主，公共停车场为辅，路面临时停车场补充，分布合理、配置完善、管理规范"的现代化停车场格局。重点完善旅游城市、景区（点）、美丽乡村、特色小镇以及机场、车站等地的旅游停车设施设备。确保停车场的规模和游客承载量相适应，停车场的设计应符合生态化要求。

三、有效激发旅游消费潜力

（一）优化旅游消费环境

培育旅游消费新空间。建设旅游消费集聚区。立足存量空间，加强改造提升，发掘时尚创意元素和人文历史、民俗文化等文化记忆，加强特色建筑、历史街区的文化内涵和旅游价值的活化利用，推进具有吉林特色的文化街区建设，培育一批特色文化旅游消费圈。嵌入文化消费体验新业态，打造一批集历史文化、特色文化、休闲旅游等为一体的文化旅游消费街区。鼓励利用工业遗址、老旧厂房等因地制宜建设文化和旅游消费场所。鼓励博物馆、图书馆、传统演出场所、特色文化街区等改造升级，布局建设餐饮轻食、便利店、咖啡厅、小剧场、文创商店等，打造一批文化和旅游消费集聚区，培育主客共享的文化旅游消费新空间。立足于高品质生活要求，各地依托特色优势产业，建设一批特色文化创意产业园区、特色艺术街区、文创商店、特色书店、剧场群、文化娱乐场所等多种类型的消费集聚区。

打造特色高品质旅游消费场景。通过构建"文创＋""旅游＋""体育＋""美食＋""会展＋"等场景体系，融合文化博览、文化旅游、文化演艺、科普教育、文创设计等业态，以重点景区、街区、园区、公共文化空间等为依托，打造空间全景化、体验全时化、休闲全民化的旅游服务新场景。通过景观提升、创意设计、智慧文创等多元手段，推动旅游空间创新性发展，加大品质文化供给，培育文化创意场景、地标商圈场景、沉浸体验场景、地方特色文化场景，塑造标识性文化生活场景与品牌。

（二）推进文旅消费示范试点建设

统筹推进文旅消费示范工作，通过试点的先行先试、大胆探索、积累经验，形成可复制、可推广的典型示范模式，精准把握国家关于文旅消费试点的顶层设计思想，抢抓国家文旅消费城市建设机遇，准确把握新时代旅游消费新趋势，紧密结合旅游发展的产业属性和市场属性，着眼统筹发展、示范引领、重点突破、创新模式、体现特色，着力构建旅游消费良好政策环境，丰富高质量的产品供给，不断满足群众多样化、高品位的旅游需求，助力经济高质量发展，提升旅游产业综合竞争力。长春市、吉林市和通化市以国家文化和旅游消费试点城市创建为抓手，深刻挖掘工作亮点、看点，着力打造本地文化和旅游消费试点城市创建工作典范标杆。推广长春市国家文化和旅游消费试点城市工作经验，开展省级文化和旅游消费试点工作，支持各地开展文化和旅游消费示范县（区）、文化和旅游消费集聚区和特色文化旅游街区建设。推动重点旅游城市开展游客消费纠纷先行赔付制度试点建设，引领示范全省形成旅游消费良好环境。

（三）建立旅游消费质量保障体系

以满意度调查为重点，促进旅游消费服务质量进一步提高，旅游消费市场秩序进一步规范，旅游消费舒适度和满意度进一步提升。以宣传引导提升服务意识，对旅行社、旅游景区、饭店、餐饮等旅游行业以及银行、医院、出租车、公共交通、商场、超市、娱乐场所等服务行业，进行品质服务的引导，强化各行各业的服务意识。以标准实施促进质量提升，不断加快景区景点、旅游度假区、酒店宾馆、特色餐饮、旅游购物、民宿、客栈、青年旅舍、乡村酒店、会议会展中心、自驾车房车营地、旅游巴士等服务标准化、规范化，完善出租车、公交车、地铁、购物中心、商业街区、娱乐场所、银行、医院等服务行业以及120、110、119、114等热线在游客服务方面的服务导则和指南，提升全社会的服务水平。在完善守信激励和失信联合惩戒机制方面，除了依法依规，不妨以游客评价为导向，加强旅游目的地综合管理，建立健全可供线上查询的文化和旅游市场主体信用记录，及时做出惩戒决定并向社会公告，构建文化和旅游、司法、公安等部门、行业协会、消费者协会共同参与的线上法律服务和纠纷调解机制。

（四）促进旅游消费模式更具成长性

进一步提升夜间旅游消费项目的丰富性。响应国务院办公厅印发的《关于进一步激发文化和旅游消费潜力的意见》强调的"大力发展夜间文旅经济"的政策要求，深化构建以夜间展出、夜游、夜食、夜购、夜娱、夜宿为主题的夜间消费体系。鼓励图书馆、博物馆、品牌书店等文化场所开发夜间服务产品，支持演艺场所引进沉浸式话剧、音乐剧、歌舞剧等国内外精品艺术项目。支持深夜食堂、深夜影院等配套功能完善，拉长夜间消费时长。加强夜间经济示范街区布局建设，鼓励举办音乐节、啤酒节、灯会等夜间特色休闲娱乐主题活动，培育多元夜间消费模式，发展夜间旅游购物消费。打造一批夜间演艺品牌项目，推出一批常态化、特色化、多元化的夜间文旅消费产品。以举办夜间消费活动、延长夜间营业时间、增加夜间服务功能、提供夜间消费便利为主要抓手，推动夜经济发展布局，围绕夜间购物、夜间美食、夜间文化、夜间娱乐、夜间旅游、夜间体育等六个方面内容，实施打造夜经济载体、城市亮化、交通保障、治安环境、宣传推广等五大工程，进一步扩大和提升全省夜间经济消费规模和业态水平。改造提升一批旧夜市。通过改造基础设施，引入歌舞文艺表演，加强卫生治理和食品安全机制建设，使"老市"换"新颜"。结合现有基础设施和空间布局，开发一批新型夜市，吸引年轻群体，引爆夜间消费。挖潜引进一批夜市载体。推进各地与国内大型食品、餐饮企业开展合作，引进一批规模夜市，丰富夜经济载体。

推动沉浸式体验与实体旅游的有机结合。沉浸式文旅消费模式在体验感、互动性与场景感等方面优势突出，迎合了消费升级需求。沉浸式文旅迎来快速发展期。依托虚拟现实、场景塑造、全息投影、智能交互等技术，在旅游目的地营造出虚实结合的空间，让置身其中的人与文化作品发生互动。沉浸式旅游克服了传统文旅产品中的环境限制，交互感、场景感、代入感更强。文化旅游产品互动化和体验化已经成为常态，而深度体验必然是文化精神层面的沉浸，是历史和文化的交融渗透，要让沉浸式旅游更具成长性。沉浸式旅游不完全是一个技术秀，最关键的还是内容，挖掘核心的IP、渗透地域的文化才是最重要的。沉浸式不仅仅是为了制造视觉的刺激，更重要的是能够使游客在整个体验过程中获得美的感受和文化的浸染。只有以丰厚的文化为依托，充分运用沉浸式业态的环境要素和技术要素形成优质内容，才具备可持续发展的优势。沉浸式旅游体验虽好，也并非所有文化旅游景点都具备打造沉浸式旅游模式的条件，切忌盲目跟风。沉浸式体验不能完全取代线下实际的体验，沉浸式体验更多是虚拟情绪的塑造，而线下的实际体验有很多偶然性和真实性。沉浸式体验和实景旅游的有机结合，才是符合未来发展的一个方向，也是旅游业存在的一个必要方式。沉浸式体验并非消费主义的产物，它是一种顺应旅游发展的载体，应完成更为大众化、通俗化、普及化的信息传输。

第三节 推动旅游供需的动态平衡

一、强化旅游供给侧结构性改革

（一）找准旅游业供给侧改革的落脚点

旅游供给是旅游经济循环体系中最重要的一环，旅游供给方面仍然存在产品同质化现象严重、旅游产业结构不合理等问题，若不解决旅游供给侧长期存在的问题，旅游消费增长必然受阻。供给侧结构性改革，重点是解放和发展社会生产力，用改革的办法推进结构调整，减少无效和低端供给，扩大有效和中高端供给，增强供给结构对需求变化的适应性和灵活性。改革的实质是如何让供给变得有效，从而创新、创造、引领、满足、维护、保障日益增长、多样化、多层次的旅游消费需求。具体地说，就是如何促进旅游产业结构转型升级，提高旅游供给体系的质量和效率，提高有效供给，提升游客满意度。要顺应行业变革要求，主动调整结构，创新推动全域旅游，促进红色旅游、休闲度假旅游、工业旅游、旅游演艺等健康发展，在供给侧做到未雨绸缪，在需求井喷时保证产品供给。旅游供给侧改革要注重典型要素供给，除了配齐"吃、住、行、游、购、娱"基本要素，还要配备"商、养、学、闲、情、奇"发展要素，并配套"文化、科教、资讯、环境、制度"等相关要素。

（二）提高本地市场有效供给

由于长期以来，吉林省旅游产品体系、品牌形象、营销策略等主要是以吸引外地游客市场为目标进行规划和设计的，对本地市场产品开发和市场营销力度不够，导致针对本地旅游休闲消费的有效供给不足。在当前特殊情况下，迫切需要根据旅游消费市场变化，进一步创新思路、创新产品、创新服务、创新活动，提高供给侧对消费侧的呼应度，针对本地市场，提供更加有效的供给，将本地居民的有效适游时间与文化和旅游产品的供给进行有效匹配。从目的地产品供给体系和行业管理的角度，要根据本地化旅游消费市场特征，构建完善的产品体系和公共服务体系。与外地游客在目的地消费主要集中在某些特定旅游场所、流动性强等特点不同，本地化旅游消费具有高频次、重复性、自由行等特征，呈现出休闲性、分散性的"漫游化"和短时间、短距离等"微旅游"消费特征。以外地游为主的旅游产品具有季节性特征，以本地游为主的旅游产品则具有全季性。本地旅游产品供给可以从以下几方面着力：一是深度挖掘当地的自然、文化、历史、民俗以及生产和生活资源，特别是那些载体规模较小、特点突出的"微资源""微景点""微空间"等，完善其展示、解说、管护、服务等配套设施服务；对于一些季节性、时令性的旅游资源，要形成规律性、节奏性的开放、管理、服务体系。如针对农作物季节性赏花、采摘资源的开发，要形成常态化与动态化相结合的管理机制以及相应的规律性、节奏性市场响应，将以往以吸引外地旅游市场为主导的外向型目的地产品体系，主动转化为以本地、本省旅游消费为主导的产品体系，来对应本地、本省游客"就地休假、就近旅游、就时消费"的市场需求。二是根据本地化旅游消费的市场规律，打造完善的旅游公共服务体系，特别是在公路交通、漫游绿道、驿站、导引、解说等方面，要形成区域全覆盖、便捷、舒适、安全和智慧化的公共服务系统，为公众旅游休闲消费提供服务保障。三是根据当地的自然、文化、民俗等条件和社会生活的需要，组织有利于广大民众参与的文化、娱乐、休闲、节庆活动，如赏花节、采摘节、露营节、摄影比赛、漫游打卡季、乡村休闲季等活动，并通过宣传、引导和奖励等手段，调动居民参与的积极性。特别是在五一、十一等公共长假期，更要有效引导，组织文化和旅游企业及相关机构开展各类主题活动，开发各类主题产品，为满足公众旅游休闲消费和对美好生活需要提供丰富、优质的产品与服务。四是以居民闲暇和有效消费时间为依据，把城市旅游休闲圈作为促进旅游恢复发展的"基本盘"，策划本地化、全年候的产品体系和系列主题活动，促进旅游市场快速恢复、拉动旅游消费合理增长。把季节作为促进旅游恢复发展的"时间轴"，强调文旅产品供给与时间节点适配对接，可以强化宣传推广的时效性，能够借助时节热点抓住流量红利。

（三）加大优质旅游产品供给

针对不同群体需求，推出更多定制化旅游产品、旅游线路，开发体验性、互动性强的旅游项目。支持旅游新产品开发和新业态发展。面对正在兴起的大众旅游时代，应着力培育一些新型业态，满足人民日益增长的多元化需求。比如，加快自驾车房车营地建设、培育发展低空飞行大众消费市场、大力发展特色旅游城镇、大力开发休闲度假旅游产品等，都是不错的切入点。积极回应市场需求，"标配性"的旅游产品供给只能保证旅游业在激烈的市场竞争中不落伍，"特色化"的旅游产品供给才能保证旅游业在竞争性的发展中脱颖而出。以游客满意度、旅游竞争力、旅游品牌指数等为导向，发展旅游＋艺术、旅游＋时尚等新型业态产品，开发高品质、高附加值的旅游产品，推动旅游业高质量发展。彰显"特"的风采。全域旅游的生命力就在于有特色、有特点、有特质，没有创意就没有生意，没有震撼就只有遗憾。要在深耕特色的基础上实现各种资源的有效配置，防止一味求大求全。善于借鉴各地先进经验，但不能简单复制、全盘克隆他人模式。要树立"新、奇、特、异"差异化理念，推行各具特色、差异化推进的全域旅游发展新方式，构筑具有地域特征、民族特色的城乡建筑风貌，塑造特色鲜明的旅游目的地形象，打造主题突出、传播广泛、社会认可度高的旅游目的地品牌，防止千城一面、千村一貌、千景一色。要立足资源禀赋、发挥特色优势、打造地方特点、凸显地区特质，打造"人无我有、人有我优"的特色产品，创造具有原创性、唯一性、专属性的独特项目，开发意想不到的"化外之地"。要抓好特色品牌塑造、形象定位、策划营销，依托本地非物质文化遗产和相关历史遗存，推出差异化、个性化、特色化的高品质文旅商品，开发具有自主知识产权和鲜明地方特色的文创产品。

（四）扩大旅游产品"弹性供给"

运用互联网、大数据等技术手段，强化旅游产品弹性供给。随着大众旅游时代的到来，假日及高峰期旅游出行难、停车难、入园难、赏景难、如厕难等问题依然突出，直接影响到广大游客的体验度和舒适度。坚持问题导向，瞄准突出短板弱项，有效施策应对，加大假日及高峰期旅游产品弹性供给，通过增加临时设施、及时引导分流、增加人员力量、延长游览开放时间等有效手段，整合配置多方资源，努力提升游客的体验度、舒适度。以智慧旅游为抓手，切实提升假日及高峰期旅游产品开发、现场管理、综合服务的智慧化水平。利用大数据平台，加强预警预报、视频监测、应急指挥、流量统计、信息分析等工作，有效实现对游客出行、目的地游览和食宿消费等的科学引导。要在人流密集度高的地段设置数量充足的移动厕所，科学合理配置男女厕位，提供厕所导航服务。在机场、旅游集散中心、景区换乘站等重点地区加开临时交通，加密运营网络，推进共享交通体系建设，有效提升运力，快速疏解疏导人流、车流。在景区、商业街区等周边设立备用停车场，倡导社区、社会单位停车场对外开放，增加临时性停车位供给。增设购票、检票、咨询等临时服务窗口，扩充智慧导览、应急救助等设备设施。加强交通、环卫、管理等人力配备，动员组织当地社区居民、旅游志愿者参与旅游接待服务。在安全等保障条件允许的基础上，适当延长游览开放时间，鼓励开发夜间游览项目，加大乡村民宿、自驾车房车营地、一日游等产品建设。针对冬季特点，提供免费热水或热饮等人性化服务。

二、注重旅游的需求侧管理

（一）深入研究旅游消费群体特征

旅游现象本身其实是一种消费现象，旅游消费由旅游需求带动，需求是产业形成和发展的原动力，旅游需求的变化也引领着旅游业的发展方向。有资料显示，吉林省冰雪旅游的游客特征为：游客主体以中青年群体为主，休闲度假是主要的出行目的，冰雪游更多选择自驾和自助游方式，出行前的"线上决策"、游玩过程中的"线上支付"、游玩过后的"线上分享"是大多数旅行者的典型行为，随时"在线"成为旅游人群的基本需求。当前来看，旅游群体更加偏好于休闲度假类旅游产品，消费理念超前，对生活服务类的消费需求旺盛，尤其重视旅游地精准信息和设施的便利性。随着新技术的广泛运用和消费理念的提升，旅游人群的消费特征将不断演化，如新冠疫情对旅游消费产生了深刻的影响，户外、定制化、无接触等服务的需求阶段性地凸显出来；再如，消费者对生活质量的追求不断提高，对旅游产品的艺术和美学需求逐渐增多。所以，不论是政府管理部门，还是市场经营主体，都应利用大数据工具，持续开展旅游人群的消费特征分析，以趋势性的眼光提前谋篇，以细致深入地分析旅游消费人群的消费特征为前提，明确市场定位，以此为参考进行项目开发与建设，避免出现"未短缺、先过剩"的局面。

（二）积极引导和培育旅游内需

居民的旅游需求要进一步激发、培育和引导。围绕扩大内需战略，加强旅游需求侧改革和管理，激发居民旅游需求，引导和培育旅游内需。通过旅游需求侧结构性改革，引导大众更多地进行旅游消费、绿色消费和理性消费，进而不断完善旅游内需体系。首先要完善社会保障体系，为居民提供更多的免费健康服务、教育服务、保险服务、医疗服务等社会保障服务，提高人们的可支配收入占比，从而进一步释放旅游消费潜力。其次要进一步科学梳理本地居民闲暇和有效消费时间的分布规律，对全年的两个寒暑假（学生暑假、寒假）、6个公共假期（春节、清明节、劳动节、国庆节、中秋节、元旦）、10个传统节日（春节、正月十五、二月二、三月三、端午节、七夕节、重阳节、中秋节、腊八节、小年）、52个周末进行系统的时间规划，以时间节点及其文化内涵、季节特征等要素为依据，策划、组织全年度、系列化的节庆、会展、演艺等主题活动，形成周周有活动、月月有高潮、节日有专题、假期有系列的主题性旅游产品供给体系，促进本地居民有效进行"就地休假、就近旅游、就时消费"。再次地方政府要进一步加强旅游宣传营销，引导旅游消费，在社会层面掀起新一轮促消费热潮，不断完善政策举措，加大对旅游市场恢复的支持，大力激活人民群众被疫情压抑的消费热情。最后要完善集中休假制度，落实带薪休假制度，推行灵活休假、弹性休假、错峰休假措施，为人们的旅游消费提供时间保障。

（三）做好旅游需求精准管理

下更大的力气研判城市和农村居民的旅游需求及其变化。以消费视角重新审视旅游业，强化客源地思维，以主客共享、存量利用、增量拉动的新理念指导资源开发和项目建设。加强新需求研究，引领市场主体转型方向。以精准的补贴政策、特色的品牌活动、强势的营销宣传，在旅游消费需求端进行科学管理，着力激活有效需求；多方合力打好组合拳，针对旅游的特定环节、特定人群实施消费刺激。出台一系列鼓励和促进旅游消费的措施，鼓励发行旅游消费联名银行卡并给予特惠商户折扣、消费分期等用户权益。拓展旅游消费信贷业务，创新消费信贷抵质押模式，与金融机构合作，开发多样化旅游消费金融产品。依托"悠游吉林"平台，推动线上旅游、科技旅游发展，实施移动支付便民示范工程，提高旅游消费便捷程度。同时，策划实施"文化和旅游消费季"等旅游促销活动；鼓励各市州大力开展文化和旅游促消费活动，推出景区门票优惠政策，实行通票、联票等优惠措施，鼓励新型文旅消费。

进一步发挥旅游消费券的杠杆作用。提升旅游消费券投向的精准性，增强其在促进消费方面的边际效应。文旅消费券应针对热门的冰雪运动、温泉康养、民宿踏青、研学露营以及时令农产、特色商品等进行补贴，最大程度贴合省内外游客旅游出行需求。产品覆盖景区门票、景区演出、酒店民宿、餐饮特产、旅游租车（包车导游）、文创和旅游商品等类别。值得注意的是，如今，不少消费券的发放以电子化方式进行，需借力线上交易平台、安装App完成相关操作。以线上登记预约再摇号确定发放对象的发放方式为例，这样的操作虽然简便快捷，但也可能把不经常使用智能手机的中老年群体、弱势群体排除在外。为了使"让利于民"的文化和旅游消费券真正体现普惠属性，发放消费券应该线上线下"双管齐下"，让更广大的人群从中受益。叠加商家促销打折政策，投放吃住行游购娱"全链条"消费券。扩大消费券发放范围，覆盖省内文化和旅游各领域。以定向购买文旅消费项目方式为主，消费满减、实足抵用等方式并用，把握周末、小长假、消夏季等重要时间节点，面向全省公众和重点消费群体分阶段发放。

第四节　促进旅游发展方式转型升级

一、培育旅游现代发展动能

（一）打造属性独特的旅游IP

1.明确旅游IP打造的重大意义

从近几年主题公园等旅游新形式的发展变化看，IP（知识产权）已经取代了传统的旅游资源，成为旅游产业化的全新动能。从旅游角度来看，IP不仅是知识产权，还是具有产业化特征的旅游吸引物，可以产生巨大的识别力，强化目的地形象认知。旅游IP的来源可以是具体的景点、人物或者故事，也可以是不具体的一种元素或者一种感觉；旅游IP具备的特点有独特性、主题性、互动性以及延展性等，优质IP替代性小、黏性更大、文化内容更丰富、商业模式更多元、变现能力更强，基于优质IP打造出的旅游项目更易产生竞争的差异性和独特性，对旅游消费更具吸引力。旅游IP的打造是要构建一项特色的识别系统，过程包含着识别、挖掘、包装和打造，所以是一套综合体系。旅游IP的有效运用促进旅游新商业形态的崛起，也为夜间旅游、休闲街区、度假区等大型商业空间创造了新内容。目前吉林省旅游IP仍处于开发初期，多数IP缺乏深入挖掘，在影响力、知名度、特色化、记忆点、吸引力等方面同知名IP有着较大差距，主要表现在缺乏故事内涵、忽视品牌衍生价值、缺乏创新等。吉林省应加快制定和推动旅游IP品牌规划，将IP沉淀为品牌资产，加速对具有公共文化属性的旅游IP进行二次创作或转换，积极构建现代旅游产业生态，形成可持续的IP经营效应及商业开发价值。

2.以强文化底蕴支撑旅游IP打造

文化是旅游IP内容持续产生的源泉，本土文化具有一定深度与广度，在选择文化意向进行旅游IP打造时，必须对旅游目的地的文化资源进行盘点，挖掘地方性特色文化，包括历史文化、饮食文化、文学影视文化、风土习俗文化等，整理文化脉络，抓取文化亮点，找寻文化差异，形成文化基因图谱，进一步定位最具有吸引力与市场竞争力的特色文化，保证旅游IP打造方向的正确性。逐步提炼和升华文化元素和内容，将文化融入旅游设施、活动场景、服务环节中，打造立体化的旅游IP体系，为景区和目的地长久发展提供生命力。吉林省已经形成清晰的文化产业带，要加大对长白山区域、长—吉—图—珲—（俄日朝韩）冰雪丝路文化产业带、长—松—白—（蒙）草原生态文化产业带、长—梅—通—集—（朝）特色民族民俗文化产业带内文化资源、文化遗产、文化内涵进行历史再现、文化再生、艺术再植力度，发展特色文化产业，培育特色文化功能区。围绕长白山、查干湖等景区和"礼遇吉林"等品牌，集中资源充实大IP，挖掘孵化潜力IP。围绕具有持续发展前景的系列IP进行重点开发、多领域开发，培育一批具有国内影响力的历史文化和旅游品牌，以文化激发旅游产品的内生动力。

3.增强旅游IP辨识度

凝练旅游IP的文化符号。旅游IP的文化内涵与外延在不同时代都有着不同印记，经济社会发展和精神物质生活提高都能让旅游文化不断更新内容。通过艺术化、形象化、色彩化、视觉化的手段展示旅游文化的精髓和演变，形成具有代表性的符号，这是旅游目的地符号化的过程，也是树立品牌形象的开始。文化符号不仅代表着一个地方或者景区的特点，其实它更体现的是文化及精神价值。每一个IP都需要构建出自己的文化符号体系，文化符号贯穿旅游核心吸引物、游憩方式、旅游业态等规划设计的始终，形成目的地旅游线的鲜明主题和完整的场景构建。深入挖掘具有吉林地域特色的旅游文化，并形成独特的符号，可以有效地降低大众对旅游品牌的识别、记忆和传播成本，对于营造旅游氛围、产生消费黏性、形成品牌效应具有重要的作用。"瓦萨""雾凇""冬捕"是吉林省具有地方特色的文化，可以在旅游品牌形象的设定上进行大胆创新，将创意性融入景观、建筑等方面，使得文化特色的展现独具风格。

赋予旅游IP故事性。旅游IP形象需要故事内容支撑，故事性增强了旅游IP的厚度与衍生价值，是保证旅游IP长期持续运营与拓展的重要因素。缺少了故事性的旅游IP，对游客而言就缺少了趣味性和吸引力。因此，在本土旅游IP打造时，应当注重依托人、自然与文化有机融合，为旅游IP构建完整的故事，以生动的故事激活全省旅游环线，增强旅游吸引力。利用多种表现形式对旅游IP进行多维度解读，表现形式可以是某个旅游产品、影视剧，也可以是演艺、活动、漫画、表情包、小视频，甚至一系列衍生品、景观小品等可以支撑IP精神塑造的产品，将本土的原真性文化用娱乐化、具象化的形式表现出来，进而增加游客的接受度，强化旅游IP的核心特色，形成游客的记忆点。

推广旅游IP形象。区域旅游IP传播要先做好顶层设计，形象、定位、口号、视觉传达体现系统性、完整性和统一性。积极推动政企合作、线上线下联动，把标识形象融入旅游景区、公共场所、特色旅游产品等设计中，持续塑造、传播吉林特色。针对目标受众制定差异化的传播策略，并对传播效果进行追踪和评估。不断迭代升级吉林文化旅游视觉识别系统，推出体现吉林旅游IP的吉祥物，开展表情包、动漫等形象创意设计，推出具有爆点、形成爆款的原创宣传产品。同时，要借助短视频平台，建立城市私域流量，加大与城市红人的合作和对其的培养，实现品牌的社群化营销。通过对优势旅游IP的战略宣传，推动吉林旅游营销由挖掘和传递省内消费热点，向行业优质标识和市场消费风向标努力。

4.推动"文创+IP"发展模式

在文旅融合大背景下，"文创+"是旅游业近年来的重要发展方向。文创与旅游IP的深度融合和互相赋能模式，极大地提升了旅游产品的体验性。文化创意可以帮助旅游目的地更好地IP化，通过IP开发，真正让旅游景区的文化资源变成可以融入人们生活的重要元素，逐步丰富旅游要素，帮助旅游业实现从"资源"向"资产"的蜕变。文创与旅游IP融合创作的旅游文创产品，是借助于现代科技手段对文化资源、文化用品进行创造与提升，通过知识产权的开发和运用而生产出的高附加值产品。旅游文创产品走过了从简单的复制、功能使用，到挖掘传统文化内涵进行个性化设计的发展历程。旅游文创产品板块作为传统旅游六要素中"购"的环节，一直是旅游产业发展中最大的价值洼地，也是景区摆脱门票经济的重要抓手。吉林省应以系统的文创思维来构建旅游完整的消费闭环，围绕IP开发一系列产品，如茶具、礼品、消费品等，形成全线的衍生文创产品；并延伸带有IP标识的服务，丰富上下游的文创旅游、主题美食、主题民宿等旅游业态，推动旅游文创产品成为旅游目的地的一个"新景点"，达到IP盈利价值与品牌影响力的最大化。

（二）培育科技创新动能

1.提升旅游业科技创新能力

旅游业发展离不开科技支撑，科技创新是催生旅游业新发展动能的关键，能促进相关部门管理模式的创新、旅游企业服务方式的创新以及为游客带来全新的旅游体验。同时，高新技术的应用与普及将为丰富旅游产品供给、优化公共服务体系、加强资源保护与利用等提供源源不断的科技动力。旅游业科技创新既需要顶天立地的重大科技攻关，也需要铺天盖地的基层科技创新。在组织各级研究力量开展对于制约旅游业发展的重大、核心、关键性技术问题展开研究的同时，加强对基层旅游科技创新的关注和支持。实施科技驱动工程。对影响旅游发展的关键性技术，以合作方式开展协同攻关，建成"旅游智慧大脑"。深度和全面分析旅游现实需求与未来战略方向，加速科技创新要素和资源向旅游产业的汇集，加大科技创新力度，全面提升旅游科技创新能力。优化科技创新生态，加快信息化建设，提升行业装备水平，推进标准化建设。深入推进旅游业与科技的深度融合，以新技术的广泛运用促成旅游模式创新、业态创新，对传统旅游产业进行改造，对旅游的内容进行提升，对渠道载体进行升级，实现运营效率和服务能力提升。依托新基建、新技术的迅猛发展，通过创新驱动和数据驱动发展模式，逐渐从资源型重资产投入和旅游地产发展路径转变为旅游科技赋能，构建面向消费者、企业和政府的旅游体验。优化场景设计，完善体验体系，把产品做出彩。

2.强化数字技术赋能

数字技术具有高渗透性、高融合性、高增长性等特征，已经成为推动产业高质量发展的新动力。在旅游业实现高质量发展的过程中，数字技术广泛而深入的应用正在成为旅游业产品和公共服务赋能的重要支柱。要充分发挥数字技术对旅游业的赋能作用，一是要加快数字基础设施建设。坚持"建""用"结合、"建"以致"用"的数字基建构建原则，抓好5G基站等新型基础设施建设，积极申报国家级互联网骨干直联点，鼓励电信企业通过持续加大光纤网络建设投资、扩大千兆网络覆盖范围、优化宽带品质等，夯实宽带网络基础，为互联网相关产业集聚和规模化发展提供优质的"数字底座"。二是要加快缩小城乡数字鸿沟。数字经济时代，随着旅游业数字化变革的逐渐深入，保障城乡居民享受同等的数字便利，就是保障城乡居民享受同等旅游权利，同时也是实现旅游业高质量发展的要求。逐步缩小并消弭"数字鸿沟"，需要政府积极引导，加强顶层设计和规划，推动乡村基础设施数字化转型，引导企业持续提供本地化、便民化的数字内容，逐渐降低乡村地区互联网接入和使用成本，提升网络使用意愿。旅游公共服务和旅游商业服务的数字化转型和改造中，运用5G、大数据、AI等技术对面向老年人和残障人士的服务进行适应性改造，推进旅游服务"数字无障碍",并重点面向老年人、残疾人等弱势群体大力开展数字化技能培训,全面提升居民的互联网使用水平与信息接受能力。三是加强对旅游数据的科学化运用。加强旅游消费大数据处理,采集、存储、加工、分析和运用旅游数据,以实际应用需求为导向,鼓励合理合法挖掘商业数据价值,打造旅游数据产品和服务体系,提升旅游业各领域数据资源的价值和利用效率。建设数据汇聚平台,支持上下游企业开放数据,推动全流程数据采集,提升数据流通商用共享水平。加强对数据安全的监督和管理,加强数据全生命周期的风险评估,研究制定数据应用违规惩戒机制,构建旅游数据安全责任体系,增强数据安全服务,推动旅游市场主体树立保护旅游数据安全的红线,尽最大能力保护游客数据安全,提高旅游企业网络数据使用的规范性和安全性。四是强化旅游业数字化典型带动。积极推动旅游业数字化转型创标杆示范行动,增强标杆企业对上下游企业的引领带动能力,放大数字化效率提升效应。充分发挥各类广电媒体和新媒体渠道作用,加强旅游业数字化标杆企业和数字化典型应用案例(场景)的宣传推广,与推进工作形成有机互动。

二、推进旅游业与城镇化协同发展

(一)推动旅游业融入现代城市建设

1.促进旅游跨区域协同发展

相邻区域发展战略由于地缘相亲,文化和历史相近,资源和产业基础相接,拥有互相融合、协同发展的基础。而旅游是空间流动性消费,旅游业综合性强、关联度大、带动性广等特征,在区域协同发展中具有发挥先行先试、互联互通、先融先合的优势,具有率先打破行政、行业、产业和市场壁垒,优先促进协同发展的先天优势。区域旅游协同发展就是要打造一个带状的旅游区,首先要打破行政区域,建立利益的平衡机制,在资本、技术、市场、交通、资源等层面达到协同共建共享。吉林省应进一步推动立足满足同城化、一体化文化旅游休闲消费需求，科学布局并配套完善文化旅游休闲功能区域，优先保障区域旅游休闲重大项目，做好交通衔接和服务配套。综合考虑地脉、文脉、交通线路和旅游发展方向，着力推动"长春—吉林—公主岭"都市休闲旅游集聚区、"查干湖—嫩江湾—莫莫格"湿地生态旅游集聚区、"四平—辽源—梅河口"休闲乡村旅游集聚区、"通化—集安—临江"生态康养旅游集聚区、"延吉—龙井—和龙—珲春—安图"民俗文化旅游集聚区协同发展，成为旅游业发展的高能产业区、高光品牌区、高质量发展区。积极推动长白山区域一体化协同发展进程，加强白山市与长白山保护开发区一体发展、联动发展，围绕大长白山生态经济圈科学设置长白山中部、南部、北部三大生态经济区，紧扣"一体化"和"高质量"两个关键，破解"有山头无腹地""有项目难落地""有资源没品牌"的问题，加快建设践行"两山"理念试验区，发挥长白山作为区域交通集散中心、综合服务中心、节事会议中心、国际交流中心等作用。

2.优化城市旅游休闲空间

推动更多城市将旅游休闲作为城市基本功能，充分考虑游客和当地居民的旅游休闲需要，科学设计布局旅游休闲街区，合理规划建设环城市休闲度假带，慢行绿道、骑行道、游憩道、大众休闲广场、城市公园、休闲游览街区等城市休闲设施建设，完善休闲、体育、教育、养老、医疗等公共服务设施体系，提升游客体验，为城市居民"微度假""微旅游"创造条件，构建土客共享的"便民生活圈"。推进休闲度假城市建设。打造梅河口、蛟河、伊通、集安、辉南、临江、抚松、靖宇、长白、珲春、龙井、敦化等优质休闲度假名城，完善城市旅游基础和公共服务功能，兼顾居民与游客的诉求，适度拓展城市运动休闲度假空间。立足城市特点，打造有特色、有品位的公共文化空间，适应城乡居民对高品质文化生活的期待，对公共图书馆、文化馆（站）功能布局进行创意性改造，实现设施空间的美化、舒适化。对标文化和旅游部印发的《旅游休闲街区等级划分》

的相关要求，建设具有鲜明的文化主题和地域特色、具备文化旅游休闲和公共服务等功能的旅游休闲街区。积极推进社区文化"嵌入式"服务，将文化创意融入社区生活场景，提高环境的美观性和服务的便捷性。

3.加强城市更新中的旅游化改造

城市更新，是将不适应现代化城市社会、经济、生态、文化发展的地区做必要且有计划的改建，通过对衰败的城市硬件以及生态、空间、文化、视觉、生活环境等的改造，使城市重新发展和繁荣。国家"十四五"规划明确提出实施"城市更新行动"，推进旅游业态及要素有机植入城市更新体系，这不仅能够提升城市更新的内涵、形态与品质，也可以为旅游业开辟新的发展赛道。积极推进旅游业态及要素有机植入城市更新体系，结合城市更新中建筑遗产、文化遗迹等各类空间的资源特征、改造功能，探索旅游业全方位、全要素、全体系的植入。在城市更新中，引入旅游设计、投资、运营主体，在进行高水平、高质量的建筑遗产、文化遗迹保护修缮后，通过创新保护利用模式，打造一批新的城市旅游景点，将这些打造成为具有历史人文特色的旅游景区景点作为其活化利用的主要方向。同时，支持各类相关旅游服务主体在新一轮城市更新中，对已经形成旅游景点的建筑遗产及文化遗迹进一步修缮提升，更深入地挖掘文化内涵，更大力度做好旅游服务配套，提升建筑遗产保护利用效用与旅游服务功能，实现建筑遗产、文化遗迹保护利用与旅游业发展的双赢。探索对城市居住空间的城市民宿化改造，老旧平房院落、老旧小区往往地处城市的繁华、核心地段，旅游服务环境优越，具有改造成为城市民宿的最佳先决条件，城市民宿化改造体现老城民居区位价值与空间活力的同时，也提供了城市旅居的新体验。

（二）以旅游业带动城乡联动发展

1.推动城乡优势互补

推广景城联动、景区带村发展模式。推动"城市＋景区＋乡村"联动发展，依托城市群优势，打造城市近郊型乡村旅游游憩带，满足城市居民休闲度假需求，依托A级旅游景区、度假区的客流集聚优势，带动周边乡村旅游经营，实现景区、度假区与乡村旅游优势互补、共同推进。积极发展旅游景区周边、城市周边、高速公路出口（休息站）及沿线地区的乡村旅游，着力打造景区（点）与乡村旅游联动发展的有效平台，实现乡村旅游的链条式、连片式发展。推进县城—中心城镇—乡村和社区旅游线路建设，做美做精小城镇和新农村，在满足广大农村居民文化和旅游权利的同时，为城市居民的节假日旅游休闲提供传统景区之外的新空间。

2.推进特色旅游村镇建设

依托旅游业与新型城镇化的融合发展，带动公共服务设施建设、现代产业体系构建和城乡景观风貌提升。打造长春波泥河、吉林乌拉街、吉林北大湖、四平叶赫、通化金川等一批特色旅游小镇；积极推动旅游小镇从"资源＋土地"的资源型向"投资＋情怀"的产业型转变。统筹规划建设"长白山避暑休闲城镇群"，按照世界避暑度假城镇标准，拓展营地式避暑休闲空间，重点建设和提升二道白河、松江河以及延边、白山、通化等地区的系列特色小镇。建设吉林孟家、珲春防川、和龙金达莱等一批民俗风情村，鼓励发展特色餐饮，建设旅游民宿、帐篷酒店、自驾车旅居车营地、露营地等，不断完善服务设施，提升对周边区域旅游业发展的辐射带动作用。

三、推动旅游业内涵式发展

（一）推动旅游业从门票经济向综合消费经济拓展

"人山人海吃红利，圈山圈水收门票"的时代已经过去，"走马观花逛景点，扎店购物吃回佣"的模式更不可能让旅游业重回黄金时代。只有加快建设现代旅游业体系，着力提高全要素生产率，着力提升产业链和供应链的韧性和安全水平，才能实现旅游业供给侧结构性改革和创新发展的目标。近几年的疫情对旅游消费影响很大，尤其是景区景点，为了促进消费，景区门票减免活动成为常态。要加快推动旅游业增长方式的变革，探索景区门票经济外的二次消费空间是必然也是必需的，做大体验产品增量，植入更多内容，增加多元化的收入渠道，持续推出契合游客需求的个性化产品，发展索道、攀岩、演艺、文创产品等多种二次消费产品，促进"二消"项目获得盈利，有利于景区的可持续发展。二次消费卖的不仅是产品，更是一种主题化的生活方式。这就需要景区基于自身的文化调性，从人、物、空间构建主题化消费体验，形成文化认知一致性的文创IP。与此同时，景区要通过创意激活区域化消费能力，聚集消费动能，将产品应用到景区各处、流量聚集点，乃至所有人的生活中，使产品最终达到从有形的形态演变成无形的文化氛围。配置多元化消费场景，结合线上和线下两大变现路径，搭建全生态消费空间，形成互动闭环。

（二）推动旅游业从旅游服务向生活服务延伸

随着旅游需求的日趋个性化和多元化，对一个游客来说，他能在当地接收到的最高质量的旅游服务应该是公民服务，是享受跟当地居民完全平等的社会化服务。除"机票＋酒店"等标品外，游客对景区门票、休闲娱乐、交通接送等"吃喝玩乐购"方面的碎片化服务需求越来越广泛，目的地碎片化服务是大势所趋。围绕游客在目的地的碎片式服务需求，加强异地化生活服务整合策略将是未来旅行服务商的发力点。所谓的异地化生活服务整合策略，是指为满足游客在目的地的碎片式生活服务需求，加强目的地资源的布局、变革传统产品的供应链模式，以实现高效、及时的整合供应。积极适应竞争方式的变革，采用移动智能终端应用系统等为游客提供实时实地高效高质的服务，加速推进景区服务体系升级。通过"互联网＋智能"使景区服务多样化，给游客带来"一站式"的便捷、良好旅游服务体验。通过与第三方支付合作，景区可以将旅游服务和本地生活服务串联起来，实现景区从旅游服务到生活服务的延伸，提高服务效率和客户体验，满足现代游客在旅游目的地追求的一种融入式的、体验式的旅游生活需求。

（三）推动旅游业从景点旅游向全域旅游转变

全域旅游是旅游发展的新形式、新概念和新模式，也是世界旅游发展的共同规律和总趋势，代表了现代旅游发展的新方向。以前传统的旅游规划是围绕旅游资源进行的"单一景点型规划建设"，这种规划建设对旅游地的资源要求较高。在全域旅游格局之下，应该对旅游规划思维进行调整，以一种"全域吸引物规划开发"的思维模式，突破传统以景点资源为中心的旅游规划固有思维模式。创新全域的规划、建设、营销与保障体系，以全产业化、全空间化的发展思路进行旅游业产业链打造、业态培育、目的地形象提升，以一种"全而新"的形式实现全域旅游新规划的变革性发展。应积极推进全社会参与旅游事业发展中，营造良好的社会环境，树立"处处都是旅游环境，人人都是旅游形象"的理念，形成"人人为旅游、旅游为人人"和"游客即居民、居民即游客"的发展氛围。面向省内居民开展旅游知识宣传教育，强化居民旅游参与意识、形象意识和责任意识，营造和谐、友善、诚信、好客的旅游目的地形象。构建旅游者、当地居民、旅游相关企业、政府和相关社会组织一体化共建共享机制，使所有利益相关者都成为旅游产业的建设者、旅游事业的参与者、旅游发展的受益者、旅游生活的享受者。

第五节　推动重点旅游业态持续扩大规模

一、加快冰雪经济品牌化发展

（一）持续扩大吉林冰雪品牌影响力

聚焦"冰雪、雾凇、温泉"资源，突出冰雪文化特色，用好冬奥新元素，紧紧抓住冰雪旅游黄金期，以网红打卡、网络传播等方式打造热点、形成梯次、塑造生态，吸引更多游客到吉林赏冰雪、上冰雪、玩冰雪，切实把拉动作用充分发挥出来、把冰雪红利释放出来，将冰雪旅游文化产业做大做强。推进长白山、北大湖、万科松花湖等重点冰雪旅游景区项目建设，高标准举办国际冰雪节庆活动，创办全球冰雪产业峰会，加强冰雪文化发掘研究和艺术创作，全力打造世界冰雪旅游目的地和国家冰雪产业交流合作中心，持续扩大冰雪品牌影响力。

（二）推动"冰雪＋"发展

冰雪旅游资源虽好，但资源再好，如果只是以资源的形态存在，是形不成生产力的，资源必须转化成产品，这就需要做好"冰雪＋"工作。有调查显示，体现地域特色的美食、民俗、文艺活动和生活体验对旅游者的吸引力越来越高，一顿美食、一个网红打卡点、一场文艺演出已经成为很多年轻人奔赴一座城市旅游参观的动机。吉林省应将提升文化品位贯穿到冰雪旅游开发的全过程，逐步提升冰雪项目的融合性，加快推出冰雪与美食、民俗、养生的体验套餐，加快各类博物馆、展览馆、文化主题园等文化资源与冰雪旅游市场的对接，在吃、住、行、游、购、娱各个环节植入文化元素，营造冰雪旅游目的地的文化环境氛围，逐步提升净月瓦萨国际越野滑雪节、吉林国际雾凇冰雪节、查干湖冬捕旅游节等一系列知名冰雪活动的品牌效应，使得优秀文化产品通过冰雪旅游得以传得开、留得下，冰雪旅游也通过文化的注入变得更具魅力。以更丰富的创新思维，布局更多的商业业态，真正实现冰雪商业价值的可持续提升。

（三）发展冰雪旅游新目的地体系

打造长吉都市冰雪运动与休闲度假区。以冰雪产业为重要纽带，加快推进长春吉林一体化协同发展。打造大长白山冰雪生态度假集聚区。整合长白山区域的冰雪生态度假资源，布局高端、复合、创新的世界顶级冰雪生态度假项目，建设以高山冰雪运动、滑雪度假、温泉康养、森林度假为重点的，东北亚最大规模的冰雪生态度假和温泉休闲集聚区。加快提升以查干湖、向海、莫莫格等为核心的"冰经济"效应。以查干湖—嫩江湾为龙头，大力发展冰湖渔猎文化、冬捕休闲旅游、冰上运动、温泉度假和寒地特色产业等，强化冰产业与休闲旅游产业优势聚集，加快打造"大查干湖"世界级渔猎冰都旅游名片、嫩江湾冰上休闲度假基地、"东北水乡"中国著名河湖生态旅游目的地。

（四）推进冰雪装备制造业发展壮大

打造冰雪装备制造企业集聚区。抓住冬奥会带动的冰雪运动跃升历史机遇，依托省内特有的新材料资源和装备制造产业基础优势，积极推进冰雪装备和器材生产的规模化、集群化发展，遵循产业链整体推进发展思路，开展产业链招商，加大力度引进一批关键核心技术领域和核心环节的领先企业，着力引进配套的研发机构和高端服务企业，完善冰雪装备产业的上下游产业链。将具有基础的吉林冰雪装备产业园、长春新能源冰雪旅游装备产业基地、辽源金刚冰雪运动小镇产业园打造成具有示范效应的园区，带动其他园区的转型与升级。实现冰雪装备产业的突破发展。鼓励企业加大技术研发投入，以科技助力冰雪装备产业升级，加快具有吉林特色的冰雪装备产品的技术研发和产业化发展，形成具有较高供给能力的产业体系。冰雪装备器材制造企业应紧抓产业发展趋势和市场需求变化，积极推进智能冰雪装备和器材的生产突破，加快推出更加满足消费需求、体现高科技含量的冰雪装备产品。在吉林省人民政府、国家体育总局、一汽集团开展的"部省合作""部企合作"模式基础上，继续探索创立政府部门、研发机构和企业之间的研发创新联合体，针对冰雪装备个性化定制和自主可控需求，积极推进研发制造。提升冰雪装备企业的竞争实力。通过外引内培方式，快速打造技术创新能力强、产品质量优、综合实力过硬的冰雪装备器材龙头企业，构建全省冰雪装备制造业的旗舰。积极引导冰雪装备器材中小企业聚焦细分领域，精准发力，精耕细作，向着"专精特新"方向发展，逐步培育一批市场前景与成长性俱佳的冰雪装备器材中小企业。利用科技企业孵化器、"创客空间"和各类科研平台，培育更多冰雪装备制造产业新项目，鼓励冰雪装备器材产业领域创新型小微企业发展创业。

（五）推进冰雪运动向纵深发展

提高滑雪场建设运营水平。推进类型多样、功能完备的滑雪场地建设，改造完善大型滑雪场，达到承办国际国内高水平赛事标准，推进通化万峰、抚松漫江等滑雪场建设及吉林北大湖、万科松花湖滑雪场扩建工程；在城区内、城市周边及依托冬季旅游景区资源，建设主要面向大众和游客的、以运动休闲为定位的中小规模滑雪场；利用公园、广场、校园，建设滑雪乐园。打造高水准冰雪赛事活动。高标准举办国际国内冰雪活动。持续打造林海雪原马拉松、冰雪汽车拉力赛及雪地足球、冰上滑雪等差异化、有特色的品牌赛事活动。对标国际级冰雪赛事要求，推进越野滑雪、高山滑雪、单板滑雪、冰球等顶级赛事和大众精品冰雪赛事进一步发展，提升吉林省承办冰雪体育赛事的能力，扩大冰雪赛事影响力，建设国内精品冰雪赛事集聚区。不断提升冰雪运动渗透率。持续夯实冰雪运动的群众基础，建设综合性冰雪运动中心，利用公园、广场、湖泊冰面等建设群众性冰雪休闲娱乐设施，鼓励社区开展集趣味、运动、娱乐于一身的群众性冰雪体育活动，推广普及大众冬季项目。深入实施"百万学生逐雪嬉冰"工程，以政府购买服务方式组织中小学生到雪场上滑雪体育课，开展全省中小学冰雪项目体育师资培训，努力培养学生冰雪运动技能和兴趣爱好。鼓励体育、文旅、工会等部门通过政府购买服务和发放消费券等方式，为机关、企事业单位职工开展冰雪运动提供支持，不断提高全省冰雪消费能力。

（六）加强冰雪旅游的共享与合作

在全国各地纷纷发展冰雪旅游的热潮之下，吉林省冰雪旅游业要获得高质量发展，必须立足高远，树立开放共享的理念，主动融入国内国际双循环，建立系统的区域协同发展机制，这是必然的选择。首先，从全省布局出发，统一冰雪旅游产业规划。打通行政壁垒，改变地区割据、管理分散的局面，避免重复建设与破坏生态。鼓励邻近市县共同开发，加强东西双廊的冰雪流量相互流动，畅通省内冰雪旅游联合与交流渠道，促进技术共享，以优势地区带动全省冰雪旅游提升。其次，争做国内冰雪领跑者。加强与东北地区其他省份与地区的交流合作，利用相似的文化背景与便利的交通条件，整合资源，共建东北冰雪经济功能区。推动冰雪经济南北合作，加强与张家口的区域协作，加强与浙江的区域协作，加快与新疆共建冰雪经济高质量发展试验区进程。再次，构建吉林冰雪开放新格局。开拓国际市场，借助"冰上丝绸之路"，加强与俄罗斯、欧洲、日韩等地的冰雪合作。筹办冰雪旅游国际论坛，发挥冰雪产业国际专家智库的作用，探索国际冰雪旅游合作机制，推动吉林省冰雪旅游走向国际化。

二、推进文化旅游现代化发展

（一）激发旅游演艺产业活力

挖掘吉林冰雪文化、渔猎文化、抗联文化、红旗汽车文化、高铁文化、电影文化、"吉林三宝"文化、红色文化等历史文化资源，推出"三精"演艺作品。在持续打造现有旅游演艺项目品牌影响力的基础上，支持开发吉林粉雪、红旗汽车、松花石、人参鹿茸鞭鞍草"吉林三宝"特色旅游演艺项目。支持探索二人转、黄龙戏、象帽舞等吉林特色非遗剧种的产业化新路径、新模式。鼓励在 A 级景区开发旅游演艺项目。

推动旅游演艺精品创作工程。创排冰雪主题的歌舞作品，整合吉林历史文化和旅游产品，点亮多元化的吉林文化符号。探索文艺精品与旅游产品深度融合的发展路径，重点扶持大型优秀旅游演艺作品，扶持复排优秀传统剧目，打造经典舞台剧目。不断创新、开发具有吉林特色的避暑休闲演艺产品，突出打造延边州《阿里郎花》、吉林市《梦回乌拉》和省歌舞团《人·参》等演艺品牌。推进文旅融合作品展示工程，依托全省文艺院团及经典作品资源，推动实现精品剧（节）目在长白山、查干湖等热点旅游城市及景区驻场演出。大力培育长白山等大景区文化旅游演艺市场，逐步实现旅游旺季驻场演艺常态化。探索成立艺术演出院线联盟，通过演出产品在院线内的流动，盘活演艺资源，繁荣省内文艺演出市场。依托全省重点冰雪文旅项目，结合吉林特色民俗文化、历史文化，打造冰雪实景演艺等文化项目，实现5A级景区和重点滑雪度假区冰雪演艺项目常态化。选择重点冰雪城市或景区，打造"粉雪传奇"等具有广泛影响力的冰雪文化主题系列IP和常设性的冰雪舞台剧、歌舞剧等，支持冰雪乡村旅游点打造具有本地文化特色的非遗或民俗小节目、小舞台，讲好吉林冰雪故事。

（二）全面激发博物馆创新发展活力

构建功能完备的博物馆公共文化服务体系。从数量、类型、布局、质量和性质等方面综合考查存量博物馆与增量博物馆，做好各类专题博物馆、行业博物馆、乡村博物馆等场馆的规划和建设，统筹城区和乡村，协同高水平博物馆建设与社区、居民、企业中的小微型特色博物馆建设，构建起布局合理、内容丰富、特色明显的博物馆体系。坚持特色与品牌发展之路，充分发挥博物馆的收藏、展览、教育、休闲等公共服务职能，持续推进"吉林印记"历史文化传承与保护工程，加强文物的保护与传承力度。不断释放文物的历史文化价值，注重文物的历史价值与当代意义挖掘，推出展现吉林省文物资源特色的精品展览；加强现代创意设计的运用，拓展文化创意产品开发投资和设计制作，推出兼具艺术性和实用性的文博创意产品。积极塑造博物馆特色IP品牌，以场景化构造、新素质教育探索等途径倒逼博物馆"内容化"研究的广度与深度。

加速博物馆的数字化发展。紧跟国家政策，利用先进科技赋能博物馆的数字化建设，统筹全省各地文物博物馆、文化馆、革命纪念馆资源，利用新媒体方式开辟历史文物的传播途径，实现文物的永久保护，创新展陈模式，打造虚拟展厅，进行云展览，云播放，加强公众的视觉、听觉、触觉等感官体验，实现数字传播、网络营销，突破时空限制，促进博物馆公共服务效能发挥达到最大化。

三、推动乡村旅游休闲化发展

（一）加速乡村旅游产品提质升级

随着旅游经验的积累和休闲需求的变化，"吃农家饭、住农家屋、干农家活"的初级产品已经不能满足城市居民节假日休闲娱乐、返璞归真和怀旧情结的需要。实际上，进入高质量发展阶段以来，乡村休闲旅游已走出以往千篇一律、产能低效、供需失衡的发展阶段，进入了供需均衡、文旅融合、绿色发展的转型升级阶段。

乡村旅游地的旅游产品结构应从乡村旅游一枝独秀向各类旅游产品异彩纷呈转变。目前我国乡村地区的旅游开发多是围绕城市居民的乡愁做文章，所以多数乡村旅游地主要供应农业观光、古村落观光、农产品采摘、吃农家菜、住民宿等乡村旅游产品，进而引发"千村一面"的同质化竞争，不利于乡村旅游的可持续发展。为了应对城市居民、乡村居民两个目标市场的不同需求，也为了扭转乡村旅游地之间同质化竞争的局面，乡村旅游决策者应突破思维定式、跳出既有框架，大力开发种类丰富的旅游产品，并通过区域统筹调整乡村旅游地之间旅游产品类型与形态的差异。

加快推进乡村旅游从农家乐、乡村观光向乡村度假、乡村生活的高阶递进发展，消费方式从吃住为主的基本消费，向服务链条增值的高中低综合消费转变。着力打造旅游特色村和乡村旅游精品，拓展延伸乡村旅游产品链，多渠道发展乡村旅游。充分彰显乡村多重功能和价值，大力发展旅游观光、休闲度假、农耕体验等适宜产业，激发乡村建设内生动力。推动乡村旅游转型升级，完善乡村基础设施及公共服务配套，重点打造A级乡村旅游集聚区、房车露营体验、乡村研学等产品业态，形成具有乡土气息和乡村文化的乡村旅游产品体系。以现代农业产业园、特色产业基地、农业科技园区、美丽乡村、森林资源为载体，整合餐饮、住宿、交通、景点等乡村旅游发展要素，推出具有特色农耕文化体验的乡村旅游精品线路。

推进地方化、特色化乡村餐饮住宿品牌建设，打造休闲农业与乡村旅游目的地和特色旅游名县名镇名村，推进示范精品村"串珠成链、连线成片"，建设乡村旅游黄金带，打造全国知名休闲农业与乡村旅游目的地。同时加强与电商平台等的合作，注重培育一批本地乡村直播带货能人，发挥乡村旅游示范带头作用，带动本地区域经济产业发展。将发展"庭院经济"作为激活乡村经济的"新引擎"。让农家小院建设融入乡村振兴的大局，推动打造一块菜地、一片果林、一窝家鸡、一间客房、一桌土饭的全域发展新模式，将村民院里院外、房前屋后的闲置资源利用起来，实现农民增收、农村变美。重点依托长春、延边、通化等地促进乡村民宿健康发展，健全完善乡村民宿管理机制、科学引导乡村民宿健康发展，遴选一批发展较好的民宿纳入全国优选乡村民宿名录，通过乡村民宿发展推动乡村旅游转型升级。

（二）加强乡村旅游文化建设

强化文化对乡村旅游的支撑作用，大力发展农耕文化、民俗文化、传统文化等乡村旅游特色文化，提升乡村旅游的文化内涵。加强对乡土风貌、文物遗迹和民居街道等的保护工作，激活乡村遗产价值。推动非物质文化遗产与乡村旅游融合发展，通过文创、艺术等手法，将传统非遗转化为适应现代需求的文化休闲旅游产品，培育一批农民画村、满族剪纸村等"非遗"村落。挖掘和开发具有地方特色的各类文化产品。突出乡村文化特色，鼓励和支持开展乡村旅游文艺创作，打造旅游文化精品，树立乡村旅游文化品牌，提升文化对乡村旅游发展的影响带动力，推出一批吉剧村、二人转村。鼓励乡村与文艺院团、文化馆（站）、文化企业合作，将更多文化内容注入乡村旅游空间，打造地域特色鲜明、文化内涵丰富的旅游精品项目，推出一批富含吉林文化特色、具有时尚气息的文创产品和特色旅游商品，打造一批绘画村、摄影村、影视村。依托传统民俗文化氛围，开展富有文化特色的农村节庆活动，建设一批乡村文化博物馆，打造一批集会、庙会、乡村大戏等精品乡村文化活动，形成具有区域影响力的乡村文化名片。

（三）提升乡村旅游发展的科学性和规范性

树立"未来乡村"、交互赋能的新观念，充分考虑当地当下与未来乡村旅游发展需要，科学规划，有序推进。加强乡村微改造、精提升项目建设，尽可能多地保留乡村原有地貌和自然生态，系统保护好乡村自然风光和田园景观，艺术性地、主题化地建设乡村旅游项目设施。鼓励个人和社会资本等多种主体参与乡村旅游开发建设，加大项目投资，形成一批乡村旅游示范项目与龙头项目，增强发展后劲。加强试点示范，以点带面。推出一批文化内涵丰富、产品特色鲜明、配套设施完善、环境美好宜居、风俗淳朴文明的全国乡村旅游重点村镇，培育一批全国乡村旅游集聚区，评定一批高等级乡村旅游经营单位和乡村旅游民宿，及时总结推广经验做法，打造乡村旅游样板。

（四）提升乡村旅游设施和服务水平

用建设景区的理念来建设农村，用经营旅游的思路来经营农业，实现深度融合、互动发展，解决粗放式运营问题，推进美丽乡村建设，承接宜居宜业宜游功能。加快补齐乡村旅游基础设施和公共服务设施短板。乡村水电暖基础设施、乡村景观绿化、乡村公共空间等方面的建设工作，要充分考虑休闲旅游产业发展的需要，且结合休闲旅游功能进行改造和提升。开展乡村旅游标准化示范试点建设，构建具有吉林特色的乡村旅游标准体系，引领乡村旅游科学规范化发展。开展环境卫生综合治理。加强乡村环境卫生综合整治，全面治理乱堆、乱放、乱搭、乱建、乱丢、乱刻、乱画等现象。鼓励和支持与乡村旅游发展要素较为紧密的服务性企业到乡村建立工作站和开展咨询服务，不断提升乡村旅游服务和管理水平。

（五）增强乡村旅游富民增收效益

突出农民主体地位。充分调动农民的积极性。坚持以农为本、以农为主、农民受益的原则，通过政策宣传、资金支持、奖扶结合等方式，广泛发动农民，增强其参与意识，提升其发展乡村旅游的能力。建立健全保护农民利益的机制体制，在突出农民主体地位、保障农民基本利益的前提下，引导人才、资金、土地等要素参与乡村旅游发展，推进乡村旅游上水平、上层次、上规模和可持续发展。以农民、农村为受益主体，充分调动农民的参与性、积极性与创造性，加大培训、引导力度，提高乡村旅游运营管理水平，提高农民的幸福感和获得感。鼓励乡村旅游项目开发建设保留原住民，鼓励家庭农场、传统经营小农户、传统技艺小农户、当地村民和回乡人员参与乡村旅游经营和服务。建立健全多元利益联结机制。拓展资源变资产、资金变股金、农民变股东途径，引导村集体和农民利用资金、技术、土地、林地、房屋以及农村集体资产等入股乡村旅游合作社、旅游企业、旅游项目并使其获得收益。鼓励乡村旅游企业实行保底分红，优先吸纳当地农民就业。健全企业、集体、农户利益联结机制，指导村民、村集体、投资者等各方建立利益关联，明确各方在收入分配、就业服务、公共环境、文化传承等方面的权利义务，充分保障农村农民长期有效受益。

四、促进红色旅游规范化发展

（一）找准"红色"与"旅游"的结合点

红色旅游是一项政治工程、文化工程、富民工程、民生工程。把红色资源利用好、把红色传统发扬好、把红色基因传承好是新时代的使命担当。红色旅游是培育和弘扬民族精神和时代精神的重要课堂。红色旅游是"红色"与"旅游"的有机结合，"旅游"是形式，"红色"是内涵、是底色。红色旅游不能高端化、高档化，不能过度商业化，要保持底色。新时代，红色旅游内涵需要进一步拓展，要将革命时期的历史和故事与现代的旅游景点紧密联系起来，既要充分展示历史事迹和革命精神，又要满足游客心理、需求和审美，找准二者的最佳结合点，达到既调动游客积极性，又将革命精神传输给社会的目的。加强整合红色资源，将发展红色旅游与绿色旅游、人文景观与自然景观、文物与非文物、革命传统教育与旅游产业提升相结合，形成旅游区、旅游线路、旅游景点有机结合的红色旅游发展格局。开展红色资源专项调查，做好党史国史档案编修，开展对红色旅游点所承载的中国共产党人精神谱系的相关研究，规范红色旅游解说词、导游词，有效发挥好红色旅游的教育功能。充分利用党领导人民在革命、建设、改革等各个历史时期的重大成果，大力弘扬红色精神，弘扬中国共产党人的精神谱系。吉林省发展红色旅游要聚焦抗战、解放战争、抗美援朝等重大历史事件、重要时间节点，加大对国家重大工程所蕴含时代精神的研究阐释，积极推进红色研究成果转化利用，丰富红色文化时代内涵，推进历史与现实相贯通，将革命历史、革命传统和革命精神通过旅游传输给广大人民群众特别是青少年，从而进一步坚定对党的信任、对中国特色社会主义的信念、对改革开放的信心，进一步巩固全党全国各族人民团结奋斗的共同思想基础。突出宣传吉林省在红色历史、大国重器、脱贫成就三个方面的红色旅游资源优势，进一步巩固这些资源在全国红色旅游版图中的重要地位。同时也要积极探索将红色旅游与民俗旅游、冰雪旅游、生态旅游、江河湖海旅游相结合，从各色旅游业态的结合中延伸红色旅游链条，拓展红色精神传播范围，形成立体式的红色旅游大格局。

（二）不断推进红色旅游产品和服务创新

充分发挥吉林省红色旅游资源优势，依托东北抗联等革命精神，深化"长白密林、铁血吉林"的红色旅游主题形象，重点开发红色体验、红色教育、红色观光三大旅游核心产品，推出一批主题突出、品质优良、影响力广泛的红色旅游产品。红色旅游消费已经呈现出年轻化、家庭化趋势，需要有越来越多的创新产品和创新模式提供给消费者。所以，红色旅游发展应准确把握当前红色旅游市场消费偏好并精准回应，开发具有较强参与性、体验性的红色旅游产品和红色教育培训。以旅游演艺的创新形式激活红色旅游资源，使红色文化更具有感染力。加强红色旅游宣传推广，全面提升红色旅游的规范化和标准化水平。积极推荐省内重点红色景区进入全国红色旅游经典景区名录，争取国家对红色景区景点的支持，加大对纳入"全国建党百年红色旅游百条线路"的线路产品宣传推广的力度。红色旅游景区应充分挖掘红色资源，将红色故事经典化，编制印刷成册、打造演艺项目、开发数字化产品，加大在抖音、快手等短视频平台的传播力度，提高红色旅游的知名度、美誉度和影响力。

（三）擦亮"红色"金字招牌

继续深挖"东北抗日联军创建地、东北解放战争发起地、抗美援朝后援地、新中国汽车工业的摇篮、新中国电影事业的摇篮、中国人民航空事业的摇篮——三地三摇篮"这样标志性的红色精神富矿，打响东北抗联、解放战争、抗美援朝、工业遗产、新时代精神和警示教育品牌这六张特色红色旅游招牌。东北抗联红色旅游品牌打造的重点任务是提升通化县杨靖宇烈士陵园、靖宇县杨靖宇将军殉国地、桦甸蒿子湖密营地、敦化寒葱岭战迹地等红色景区的质量和水平，加快长白山老黑河遗址纪念馆建设，加快推动磐石红石砬子、汪清马村、珲春大荒沟等抗日根据地保护利用。解放战争品牌打造的重点任务是推动四平市"馆城一体"英雄城建设，提升以四平战役纪念馆为代表的四平市红色旅游系列景区、四保临江指挥部旧址等景区的质量和水平；推进浑江区七道江会议旧址整体开发建设，打造珲江区七道江会议旧址、中共中央东北局梅河口会议会址、长春三下江南纪念馆等红色旅游景点。抗美援朝品牌打造的重点任务是将通化东昌区抗美援朝烈士陵园、临江中朝鸭绿江大桥、集安鸭绿江国境铁路大桥、图们抗美援朝中国人民志愿军渡江地打造成重要的红色旅游景点。工业遗产品牌打造的重点任务是开发长春第一汽车制造厂、长春电影制片厂、长春客车厂、吉林石化公司等地的红色旅游功能，完善旅游服务设施，建设红色旅游重要参观景点。新时代精神品牌打造的重点任务是推动黄大年纪念室、郑德荣纪念馆对外开放，提升展览展示水平。警示教育品牌打造的重点任务是深化伪满皇宫博物院（东北沦陷史陈列馆）红色旅游智慧景区建设，完善提升伪满旧址建筑群、辽源矿工墓、吉林丰满万人坑、石人血泪山等警示教育功能。

五、加强工业旅游科学化发展

（一）注重对工业文化的价值挖掘

吉林省内有较多的资源型城市，在发展工业的过程中留下了具有历史价值的文化痕迹。国家层面发布多项文件指导资源型地区打造工业旅游示范基地，挖掘工业文化遗产。如2021年，为了更好地发挥工业文化的思想引领和支撑作用，国家多个部门联合印发了《推进工业文化发展实施方案（2021—2025年）》，方案中将工业文化建设提高到推动制造业高质量发展的高度，以完善工业文化发展体系，促进文化与产业融合发展，丰富中国制造的文化内涵，培育工业文化的新业态新模式。新时代下，国家高度重视软实力和中国文化影响力的建设，在中国制造向高质量攀登的路上，需要工业文化提供柔性支撑和精神动力。传统工业企业的发展历程也体现了时代的印记，工业企业本身的发展故事、工业人物、企业文化、管理制度以及生产工艺都是当下工业旅游中最具吸引力的旅游内容。开展对工业文化的深度开发，为具有工业基础的城市转型提供新的发展路径。

（二）积极推进工业遗产向旅游资源的转化和利用

一方面要全力做好工业遗产的保护。工业旅游要焕发工业文明魅力，首要的就是对工业遗产进行保护和科学利用。吉林省具备发展工业旅游独有的物质和文化资源优势，工业发展起步早，发展历程具有特色，保留下众多独具内涵的工业文化遗址。省内资源型城市、国家级高新技术开发区和国家级经济技术开发区载体众多，可供开发的工业资源和文化底蕴深厚，工业旅游空间广阔，吸引力强，潜力巨大。工业遗产是一个综合概念，包括生产、生活和配套设施。作为工业文化的重要载体，工业遗产是工业化进程不同阶段的见证，体现了特定时代的技术水平、生产力水平和人文特色，承载着一代人的生活记忆。一座城市的文化积淀，具有历史价值、社会价值、建筑价值及审美价值。工业遗产从企业的"固定资产"转化成社会文化资源，不只承担着再现传统文化的功能，更是促成传统产业转型升级、实现产业效益增长的重要媒介和内容。保护利用工业遗产，需要有关部门持续开展工业遗产认定，加大力量对工业遗产开展深层次调查、评估和认定，依据认定结果，形成分级保护利用体系。积极推动将符合条件的工业遗产纳入文物保护体系，价值突出的推荐申报世界文化遗产。推动制定保护准则和指南，建立工业遗产保护与修复的工艺过程规范和效果评价标准，促进关键技术研发应用。保护利用好工业遗产，需要有关部门和企业更深入地研究工艺流程，加快甄别和抢救濒危工业遗产，找到关键节点并进行保护，并加快提炼文化价值，不仅要体现出传统工业的生产全貌，还要传播好工业文化，提升经济价值。

另一方面要积极探索各具特色的工业遗产活化利用模式。综合分析省内各地工业文化特色和比较优势，找寻共同的工业发展积淀，有效串联工业旅游基地与传统景区，让工业遗产由点变线，推动工业遗产游向纵深发展，培育文化特色突出、旅游内容鲜活的工业旅游集中区，打造有玩有乐有教育意义的工业旅游线路。加快建设具有地域特色的工业博物馆。依托工业企业原址，建立起各具特色的工业博物馆或工业展馆、纪念馆等，加强对工业企业发展历程的展示，宣传光荣的工业文化和奋斗精神，配合完善的解说、表演活动提高游客体验度，传承企业发展文化。加快实施工业博物馆品牌培育提升行动，强化工业博物馆专业化建设，以现代化的技术提升管理与服务水平，加大馆藏资源利用和共享，结合现代美学和市场需求，加大教育、文创、娱乐、科普产品的开发力度；发展面向社会公众、大中小学生开放的研学科普基地，举办各类工业文化主题展览、科普教育、文创体验和研学实践活动；加强对工业博物馆展品的数字化、可视化、互动化呈现，提升博物馆的智能化水平，形成具有示范性和影响力的工业博物馆。打造开放空间。对于周边有大量居住用地，且建筑遗存较少的工业遗址地，如老厂房、老厂区和工业遗址等，要在强化保护的基础上，对空间进行改良改造，配套餐饮、观赏和娱乐设施，打造有一定创意和文化呈现的景观公园、公共休憩地等，一方面满足人们休闲和娱乐的需求，另一方面提升城市居住环境，营造良好的文化氛围，带动周边地块环境提升。推进观光工厂建设。重点依托长春一汽、长影旧址博物馆、长春水文化生态园等企业，培育一批高水准、有特色的工业旅游产品，鼓励引进专业化旅游管理，精心策划工业旅游景区功能组合。依托工业老字号企业厂区生产环境、厂房建筑、生产设备、工艺流程等资源开发观光项目，积极创建工业文化创意基地，吸引社会资本利用闲置工业厂房、仓储用房等存量房地资源发展文化创意产业，整合废弃厂房、设备，建设包含特色旅游、餐饮、娱乐等业态于一体的文化创意基地。

（三）以旅游提升工业产品品牌价值

推动工业旅游的品牌带动效应。汽车工业、装备制造业、食品制造业、石油化工业、医药产业、文化产业等是吉林省老工业的支柱，也是工业旅游开发的重点领域。当前工业旅游发展存在一些问题，如从区域旅游发展规划方面看，工业旅游仍缺少统筹各方面、因地制宜的确定性规划；从工业旅游发展依托来看，一些企业对发展工业文化旅游缺乏足够重视，仅以工业思维发展企业，忽略文化旅游发展给企业所带来的社会效益、经济效益和环境效益；从市场合作角度看，各企业间缺乏旅游资源整合，部分工业区或者工业企业开展的旅游开发小打小闹，工业旅游尚未进入市场化运作，没有形成上下游企业互动共赢的产业链，工业旅游对工业企业的品牌带动作用甚微。工业旅游与工业生产是相互促进、相互成就的关系。工业旅游是工业生产发展到一定阶段的产物，工业旅游发展需要建立在企业品牌的基础上；反过来，工业旅游对企业品牌的宣传和推广有强化作用。工业旅游吸引游客体验消费是一方面，更重要的在于其对本企业品牌、形象和文化的传播与促进，对工业旅游的广泛推广，不仅能带来很好的社会效益，也为企业转型升级提供新动能，提升企业品牌文化。工业旅游是企业向公众树立良好自我形象的有效路径，为企业产业的发展提供新的突破口。在营的工厂，更应大力发展工业旅游，引导各类工业园区内具有地方特色的高新技术企业转化为工业旅游资源，将企业资源进行二次开发转化，成为工业旅游产品，进入旅游市场与消费者对接，一方面实现产业链条延伸、增加品牌价值，另一方面展示现代工业制造水平和科技创新能力，进一步凸显品牌。

（四）统筹工业旅游与城市转型发展

工业旅游发展是长期、系统的工程，不能运动式地、短暂性地建设，应该结合地方资源特色和历史传承，基于创新、协调、绿色、开放、共享理念将工业遗产开发、工业旅游融入地方产业发展和区域功能布局中，保持功能协调、风格统一。工业旅游应成为城市更新重要的"平台产业"和"工具产业"。创新性地把开展工业旅游作为城市功能建设的一部分，结合城市更新和游客市民文化旅游休闲需求，开发文化和旅游业态、产品，提升丰富城市整体文旅服务功能和能级，将工业"老面孔"变身为城市"新地标"，通过工业旅游与城市更新赋能的创新结合，为工业城市普遍面临的后工业化难题提供解决方案。

第六章

吉林省旅游业高质量发展的路径选择

吉林省丰富的旅游资源是大自然赋予人类的巨大财富，旅游业也是新时代发展迅速的重要产业。面对大众旅游需求的升级趋势，我们只有充分领会习总书记的"两山论"，正确处理生态保护与开发的关系，坚持品质发展之路，利用信息技术推动旅游业的创新融合，不断丰富拓展产业链，才能促进旅游业的高质量发展，早日实现"支柱性产业"的目标，满足人民日益增长的旅游需求，实现人民对美好生活的向往。

第一节　坚持科学开发资源之路

一、构建科学保护利用体系

（一）科学利用生态旅游资源

推进旅游发展方式由简单粗放向规模化、效益化进行转变。在此过程中不仅要注重硬件设施的建设，还要优化服务和提高环境质量，实现旅游业与其他产业间的融合发展。在建设开发旅游景区时要充分考虑当地生态环境的可持续发展以及对当地居民生活可能造成的影响，适度、科学地开发生态旅游资源，坚持保护为主的原则。合理利用农村的特色旅游资源，依托当地生态环境，积极发展草原旅游、湖泊旅游、山川旅游等。

秉承资源开发和保护并重的原则。旅游资源保护的对象不仅要包括已经开发利用和正在开发利用的资源和旅游产品，而且应当包括尚未开发但即将开发的资源及整体环境。要立足于保护，着力于整合，着眼于开发，在保护的前提下开发，在保护中求发展，为旅游资源的保护和整合提供长效的支撑力和保护力，把资源的开发利用和保护统一在一个规范的可调控的平台上，确保资源的永续利用，实现可持续发展。在资源开发上，要注重筛选资源，进行梯度开发。选择成熟的、具有开发价值的资源优先开发，防止有限的不可恢复的宝贵旅游资源因不当开发而被浪费。通过发展文化旅游，促进生态保护，强化环保意识，提升环境质量，改善人居环境，全面推动区域内生态文明建设，构建东北地区重要的生态功能区。

（二）加强优秀文化资源传承保护

贯彻"保护为主、抢救第一、合理利用、传承发展"的工作方针，深入实施文化遗产传承发展工程，持续开展省级非物质文化遗产代表性传承人申报和推荐工作，加强非物质文化遗产传承人队伍建设，有效保护和传承非物质文化遗产。通过发展文化旅游，要在优秀文化传承、弘扬社会主义先进文化以及探索文化与旅游融合发展新路上有所创新；要在促进文化建设、有效提升具有吉林特色的文化品牌的知名度和美誉度上有所突破；建立文化保护传承工作协调机制，研究部署保护传承重点工作，有力实现对各地区、各部门政策、资金、资源等方面的有效整合，形成推动工作的强大合力。

二、深度挖掘独特文化内涵

（一）加强历史文化价值开发

1.打造渤海国、高句丽历史文化产品群

深度挖掘和保护延边州、白山、通化地区渤海国历史遗迹、高句丽历史遗迹等文化资源，并合理进行开发和充分利用，形成具有特殊意义的古国文化旅游名片。充分利用延边州境内的4处渤海国遗址（敦化六鼎山古墓群、和龙龙头山古墓群、和龙西古城——渤海中京显德府遗址、珲春八连城——渤海东京龙原府遗址），白山市区域内的长白干沟子墓群、通化市区域内的高句丽遗迹（全市有各种文化遗址900多处，国家级文物保护单位10余处）以及集安市的高句丽王城、王陵及贵族墓葬等资源，打造东南部历史文化产品群。

2.打造辽金历史文化产品群

依托松原、白城、农安境内辽代、近代历史文化遗址，整理辽金历史故事传说，进一步加强塔虎城、大金得胜陀颂碑等国家重点文物保护单位的保护与修葺利用。整合农安黄龙府文化资源，打造黄龙府文化精品品牌，完善黄龙府文化文献典籍体系，推广黄龙府地方文艺精品，提升黄龙府文化的感知度。以松原为核心，联合农安、大安、白城等地打造西部辽金历史文化产品群。

3.打造近代历史文化产品群

合理开发利用长春、吉林、辽源三地东北沦陷历史遗迹、清代历史遗迹、长春的伪满皇宫博物院、"八大部"以及日军二战盟军高级战俘营遗址，建设世界反法西斯和爱国主义教育警示基地，向世人展示日本侵华的有力物证和殖民统治遗迹，全面反映中国东北十四年抗战史和东北人民艰苦卓绝的抗日斗争史。以长春为核心，辐射吉林市、辽源市，打造近代历史文化产品群。

（二）促进民族民俗文化推广

1.建设朝鲜族文化旅游区

充分利用延吉、图们、汪清、龙井、和龙等地朝鲜族特色资源，深挖朝鲜族民俗文化、美食文化和非物质文化遗产，以延边州为中心，建设朝鲜族文化旅游区。加大对延吉市中国朝鲜族民俗园、图们市日光山华严寺等朝鲜族特色鲜明的景点的宣传和推广。加快延吉市的中国朝鲜族民俗园和民俗村、龙井的中国朝鲜族革命历史展馆、集安市民俗园区、辉南民俗旅游圈等项目的建设。加大朝鲜族文化研究力度，搜集整理延边州朝鲜族历史、建筑、服饰、歌舞、饮食等特色资源，打造在海内外有较大感召力的朝鲜族文化旅游区。

2.建设满族文化旅游区

加大长白山满族文化研究力度，搜集整理东部、中部地区满族的历史文化资源，加强地区满族文化旅游与西部和中部的合作交流，这两个区域的满族旅游产品各具特色，可以优势互补，联合发展。以长白山为中心，以敦化六鼎山文化旅游区、白山的长白山满族风情园及满族文化馆、通化的满族风俗文化生态村、梅河口市龙泉寺、辉发满族剪纸产业园区等为支撑，穿点成线，培育具有地方特色的东部满族文化旅游区。在四平、辽源地区建设东辽河流域满族特色文化产业协同区。深度挖掘四平市作为满族发祥地之一、"三代皇后"故里、清朝著名词人纳兰性德祖籍地的文化内涵，推进伊通满族博物馆——全国唯一展示满族历史和民俗文化的博物馆、叶赫那拉城——"皇后故里、风起之地"的品牌化建设，推进满族民俗与现代科技结合，形成具有体验性和参与性的满族特色文化呈现形式。包装具有区域代表性的满族民俗节庆、体育、婚俗等活动，持续举办四平满族文化旅游节，打造本土满族民俗金牌节庆活动，从不同的角度展现叶赫历史和满族民族风情。进一步加大满族文化研究力度，开发满族美食、服饰文化产品，加强与辽宁省和黑龙江省的合作，打造在省内外有较大感召力和影响力的满族文化旅游区。

3.建设蒙古族旅游区

以白城德顺古双塔和莲花寺庙、松原前郭尔罗斯自治县境内清代满蒙文石碑、哈拉毛都蒙古族王爷府旧址为对象，加大基础设施建设力度，加强蒙古族工艺品和特色产品的研究、开发和生产。充分利用蒙古族传统的生活方式和历史文化的积淀，建设集吃、住、娱乐、体验于一体的多功能园区，提升蒙古族文化的感知度，精心培育富有特色的蒙古族文化旅游区。

（三）深挖黑土地农耕文化内涵

充分利用吉林丰富的乡村旅游资源，积极开发乡村观光休闲游、乡村生活体验游、乡村民俗风情游、乡村文化互动游等系列产品，展示吉林独具魅力的古村古镇和乡村风情，重点培育稻乡、渔乡、酒乡、候鸟之乡、温泉之乡、砚台之乡、花卉之乡、民俗风情之乡等特色旅游村镇；大力发展农业科技园区等现代农业观光旅游；开发一批"农家乐"旅游产品和知识性、趣味性、竞技性、娱乐性、参与性强的特色乡村旅游项目。依托中心城市长春、吉林、四平等，建设环城特色乡村、文化乡村、果业乡村、新型乡村旅游带；立足现代农业，大力发展长春、吉林等农业科技园现代农业观光旅游；整合特色规模果业资源，推出观光农业旅游产品；挖掘名村名镇的内涵，重点建设一批在全国有影响力的旅游名村名镇。

（四）彰显冰雪文化特色

打造"雪博会"以及"一会十节百活动"品牌载体集成。冰雪文化与冰雪环境中人类的生产、发展密切联系，不仅体现冰雪生态环境中人们长期积累和创造的生活方式和生产特点，更体现了人类不畏严寒的坚毅品质和积极乐观的生活态度。吉林省打造特色冰雪文化应在冰雪运动文化、冰雪交通文化、冰雪饮食文化、冰雪节庆文化等具体的领域抽象出"团结""智慧""坚毅"等精神价值，与吉林省特有的历史文化、红色文化对接与交融，更多地体现出朝气的、文明的、先进的价值观，展示出吉林省冰雪文化的自信。提炼冰雪文化和民俗文化符号，把冰雪艺术化，创新设计具有代表性、易推广的吉林冰雪形象、徽标图案。创意研发吉林冰雪特色旅游商品，打造全省冬季特色商品体系和"吉林粉雪"超级IP，在全省范围内建立完善的冰雪商品销售网络。加快冰雪博物馆建设，挖掘冰雪文化价值，打造中国冰雪文化高地，引领中国冰雪文化风尚。发展冰雪文化新型业态。深度挖掘吉林冰雪文化内涵，增强冰雪与现代艺术、电影文化、影音娱乐等的嫁接融入，鼓励省内艺术团队围绕冰雪艺术、动漫、娱乐、出版、传媒等方面进行创新创作。

（五）促进东北亚多元文化互动

吉林省地处东北亚核心区域，在与俄、朝、日、韩等东北亚国家和地区的国际交流合作中，多元文化交织融合，不同文明碰撞激荡，形成了独特的东北亚风情，特别是朝鲜族、满族等少数民族文化已具象为吉林标识性文化的一部分。要进一步提高吉林文化的开放度、外向度和包容性，多元互动，兼容并蓄，以更具特色的东北亚文化引领旅游业发展，打造吉林旅游业的国际范。

三、加大力度保护传承"老字号"

（一）建立"老字号"非物质文化保护与传承基地

丰富延边州朝鲜族非物质文化遗产内涵，建设朝鲜族非物质文化遗产馆。进一步加强非物质文化的宣传和推广，提升国内外对吉林省非物质文化认知。创新非遗展示传播方式，在经典的旅游线路中巧妙地融合进非遗元素，推出一批非遗主题旅游线路。鼓励非遗传承基地、传习所开展非遗展览展示展演活动，推动汪清象帽舞、珲春洞箫、安图牙拍舞、图们长鼓舞、通化市满族剪纸、长白山满族枕头顶刺绣、大泉源酒酿造技艺、东丰农民画、东辽剪纸、东北大鼓、琵琶、根雕等非物质文化遗产和传统工艺的保护和传承。加强吉林非遗项目省际、国际的传播和交流，充分运用非遗资源，讲好吉林故事。

（二）推动老字号与博物馆跨界融合

创新发展"老字号＋博物馆"模式，拓展市场空间，促进"吉林老字号"品牌的国际影响力和美誉度显著提高。积极开展"老字号博物馆升级专项行动""老字号与博物馆文旅商共建专项行动""老字号馆藏文物认定及定级专项行动""老字号文物单位保护专项行动""老字号博物馆集群建设专项行动"五大行动。促进老字号与博物馆多维度、跨领域融合，推进文旅商一体化发展。

（三）重塑"老字号"品牌企业魅力

准确把握从"国际大牌"到"国货潮牌"消费观念的转变趋势，积极推动"福寿德""大泉源"等老字号企业转型升级，瞄准市场需求变化，进行产品、制作工艺、生产流程以及营销模式的创新。支持老字号企业入驻街区、景区，开设旗舰店、体验店。创造"消费＋体验"的消费场景，发挥文化优势，讲好品牌故事，抢占消费回流的市场先机，重新焕发老字号品牌企业的青春活力。

四、推进绿色低碳旅游发展模式

（一）制定旅游业低碳发展扶持政策

碳中和远期目标的推进离不开政府支持，旅游低碳发展要围绕国家2030年"双碳"目标与要求，加快编写吉林省低碳旅游发展规划，充分体现"绿色、协调、创新、开放、共享"内涵，制定合理规范的政策以促使旅游业完成产业结构调整与转型，以冰雪旅游、生态旅游、文化旅游为主要内容，制定绿色低碳发展规范和标准，形成全产业低碳化的发展趋势。分阶段推进旅游业实现碳中和历程，明确旅游碳排放、碳达峰阶段目标，并制定时间表，部署2030年到2060年碳中和时期旅游业的基本方略，将具体任务压紧压实，保障按时实现目标。充分发挥旅游业融合特性，将低碳旅游融入旅游项目规划、旅游交通优化和旅游住宿转化中，以此实现多产业协同发展、多效能共同提升的目标。支持景区进行低碳改造，将碳排放量作为景区等级评价考核标准。对于积极进行降碳减排的企业和个人应建立完善的奖励机制，对于进行低碳行为的企业进行技术支持和资金扶持，鼓励人们积极参与实现碳中和的最终目标。

（二）推进文化旅游基础设施低碳化改造

进一步推动公路服务区、旅游集散区的功能提升，由单一服务向交通、旅游、生态一体化复合型服务场所转变。引导消费者绿色出行，采用安全环保、便捷度高的公共交通工具。支持旅游区、景区、酒店、游乐场所充分利用太阳能、风能、水能等清洁能源进行能源供应。在大型旅游综合体的建设中，使用太阳能材料、雨水回收循环系统、垃圾分类处理系统将建筑的碳排放量降低。将电能、氢能、太阳能等新能源交通工具应用于旅游景区、旅游住宿和旅游活动中，减少化石能源燃烧以实现降碳减排。针对旅游区、服务区加强充电桩的布设，满足新能源汽车的自驾需求。推广光伏伞、光伏路灯、光伏座椅、智能垃圾桶、光伏厕所等光伏储能产品应用。加强慢行道、徒步道、自行车道布局与建设，吸引消费者采用共享单车、徒步、电动巴士等绿色方式进行游玩、观赏。采用先进的零能耗技术、节能环保技术减少酒店、旅店等场所的碳排放，支持建设绿色低碳休闲、娱乐、康养场所。

（三）加快发展绿色低碳旅游产品

在产业部署的过程中，推动旅游业通过有效串联，将高铁旅游、公交旅游、新能源旅游融入建设规划之中，将新能源材料应用于旅游产业发展，创新旅游业态。瞄准绿色主义的消费人群，开发绿色低碳循环的旅游产品，满足"绿色一族"的消费需求。大力开发生态旅游资源，促进与文化资源的深度融合，将生态资源转化为生态效益。围绕旅游产品的低碳排放和可循环利用这一主线，积极发展效益高、污染少、品质优、排放低的低碳旅游产品，以生态文化旅游为中心，以森林康养、生态观光、冰雪运动、农事体验、研学科考为主要内容，创新开发绿色旅游产品助力乡村振兴发展。科学设计低碳旅游线路，对现有的旅游线路产品，在不影响现有游客数量的前提下，对其进行低碳旅游概念包装，每条线路不仅要各有特色，还要增添低碳元素，灌注时尚"低碳"理念，为低碳环保做专门设计。

（四）倡导绿色低碳消费理念

将旅游发展与培养高素质居民进行统筹，坚决贯彻绿色发展理念，要大力倡导简约适度、绿色低碳的旅游消费方式，树立文明、健康、安全、绿色的旅游新风尚，让绿色旅游与消费理念深入人心。鼓励旅游者外出旅游自带洗漱用品、入住酒店降低床单毛巾的更换频率、就餐时少用一次性餐具等。依靠大众传媒和新媒体加强低碳旅游的宣传，增强广大居民的思想认同，并内化为自觉行动。将低碳消费、绿色发展理念、生态文明思想教育纳入全省教育体系，使低碳消费意识成为居民的必备素质和修养，为旅游业转型升级提供强有力的思想和行动支持。

第二节　坚持品质发展之路

一、推动传统业态转型升级

（一）有效推动旅游市场化转型

充分利用市场力量，推动优秀传统文化转型，引导文艺表演团体、非遗传承人利用新媒体、新技术开展线上直播。在线实施演出市场培育计划，支持文艺表演团体、演出经纪机构、演出场所与互联网平台深度合作，依托演出市场优质IP资源，逐步建立版权付费、观演付费等经营模式。支持传统旅游企业与在线企业加强合作，鼓励旅行社、旅游景区、星级饭店、旅游民宿等与平台企业加强线上合作，鼓励平台企业承担旅游服务新基建功能，有效优化配置旅游资源，实现线上线下优势互补，拓展企业发展空间，进一步完善旅游供给结构，为市场注入新鲜血液，激发新的发展活力。

（二）有效培育旅游市场主体业态融合

顺应群众消费升级需求、促进传统旅游行业转型升级。支持建设集合歌舞娱乐、游艺娱乐、上网服务等多业态共同经营或混业经营的演艺、娱乐空间，有效推动旅游经济持续蓬勃发展。精品化提升，培育传统文化业态。实施精品提升工程，发挥高校优势，依托行业协会力量，立足吉林特色优势，强化文化旅游产业核心竞争力，促进传统文化旅游业态加快发展。

二、促进新型业态加速培育

（一）培育云演播业态

支持建设在线剧院、数字剧场、数字演播厅，鼓励文艺院团、演出经纪机构、演出经营场所、文艺工作者、非物质文化遗产传承人在网络直播平台开展网络展演，重点培育具有吉林特色的国家级、省级线上演播项目，完善线上演播商业模式，打造吉林舞台艺术线上演播知名品牌。进一步拓展线上盈利空间，找准有变现基础的商业模式，针对线上用户需求进行定制化开发，不能简单照搬线下舞台。积极在云演播的视听呈现方面进行有益探索，不仅要在演出地点上突破舞台限制，充分利用剧院空间，而且还要充分使用超高清4K设备对现场演出进行拍摄，以大轨道、小轨道、大摇臂、小摇臂、遥控摄像机、遥控轨道机器人摄像机等予以辅助，并根据曲目变化运用镜头语言，为观众带来全新的观演体验。

（二）培育沉浸式体验业态

丰富数字展示业态，支持文化文物单位与融媒体平台、数字文化企业合作，发展"互联网＋展陈"新模式，打造一批博物馆、美术馆数字化展示示范项目。拓展数字艺术展示业态，推动数字技术与艺术创作、传播、展示更好结合，重点培育数字艺术体验场景，生动展示吉林特色文化。支持VR/AR/MR（虚拟现实技术/增强现实技术/融合现实技术）、5G＋4K/8K超高清、无人机等技术在文化旅游领域应用，推出全息互动投影、无人机表演、夜间光影秀等产品。支持旅游机构开发沉浸式体验项目、沉浸式旅游演艺、沉浸式娱乐体验产品。鼓励沉浸式业态与城市综合体、城市公共空间、旅游景区等相结合，丰富吉林文化旅游体验新路径。

（三）培育夜间旅游新业态

瞄准"夜游"这一新业态，科学布局商圈、特色商业步行街、夜间文旅消费集聚区、旅游休闲街区、美食街区，鼓励各地开展各类夜间文旅活动。景区要紧扣夜经济的休闲与消费属性，在推出新业态、新场景和新体验的同时，充分挖掘本地生活圈，推出一批展现当地民族风情的夜间游玩线路，打造具有吉林特色的夜食、夜购、夜游、夜娱、夜秀、夜读等夜间消费文旅产品，催生一批夜游网红项目，丰富"夜体验"。

三、加快丰富文创旅游商品

（一）深度开发吉林特色旅游商品

鼓励文化创意单位结合吉林省历史文化资源符号、少数民族文化特点以及地标形象，制作具有吉林地域文化特点的文化旅游工艺品（纪念品），增加旅游品牌的形象价值和旅游场所的经济价值。拓展旅游的产业链条，充分挖掘吉林省农业资源和特产资源优势，开发便携度高、功能性强的美食商品、保健康养产品、休闲食品。增加文化产品的旅游衍生消费，加强文化衍生品的创意开发和文化衍生品的展示销售。围绕旅游主题公园、精品演艺节目，设计文化衍生产品。建立吉林特色旅游商品纪念品研发基地，积极引进国内外知名设计师和大品牌，让游客"把吉林带回家"，推动旅游零售业发展。旅游部门要积极创造条件，加强文化旅游商品的市场推广，逐步提高信誉度和影响力。

（二）建设旅游商品服务体系

大力推动旅游商品研发、生产、销售，面向社会征集旅游商品设计，组织优秀旅游商品大赛。在长春、吉林、延吉、松原、通化、白山、白城、四平等重点旅游城市和重点景区（点）建立旅游购物中心或文化街，逐步形成全省旅游商品销售网络。支持打造"礼遇吉林"主题旅游商品一条街、"礼遇吉林"旅游商品品牌广场，支持举办"礼遇吉林"主题文旅消费活动，扩大"礼遇吉林"旅游商品IP品牌的市场影响力，带动全省旅游商品文化内涵升级。要大力发展电子商务，建立和健全物流配送体系，加大对旅游商品的覆盖面，提高辐射能力。鼓励省工艺美术品企业在旅游景区建设展示场所、DIY空间和购物区，延长、拓宽旅游景区产业链。

第三节　坚持深度融合发展之路

一、推进文化与旅游的深度融合

（一）有效推动文化和旅游相互赋能

深化"文化旅游"的观念，坚持以文塑旅、以旅彰文，注重挖掘和利用历史文化、地域特色文化、民族民俗文化、传统农耕文化等资源，注重增加各类旅游创建的文化底色特色，用文化理念发展旅游，形成二者互利共赢、协调发展的局面。充分利用旅游载体，促进无形的文化更加形象化、零散的文化集聚化，让文化在保护的前提下"旅游化"，成为大众的公益品和消费品，在"旅游化"过程中实现文化产业化。让文化丰富旅游内涵、提高旅游档次、提升旅游产业素质，有效促进两大产业全方位、多层面、广角度地融合发展，实现你中有我、我中有你的互利共赢的局面。推动文旅企业、产品和服务深度融合，带动与之密切相关的服务、工艺品等衍生品的产业链条发展，向艺术教育、文创设计、展览展示、餐饮住宿、休闲娱乐等综合配套业态转型。因地制宜建设旅游演艺团队、旅游演艺集聚区等，形成产业聚集效应。充分发挥旅游饭店在弘扬优秀传统文化和文化传播中的窗口作用，鼓励并规范文化主题旅游饭店的发展，强化其在文化传播弘扬方面的作用发挥。

（二）打造文化和旅游融合发展载体

打造一个国家级（世界级）文化旅游经济区。党的十九届五中全会提出"建设一批文化底蕴深厚的世界级旅游景区和度假区"，《国民经济和社会发展第十四个五年规划和2035年远景目标纲要》以及《"十四五"文化和旅游发展规划》等文件均对这一目标进行了明确阐释，并细化了任务，具体要求是"以具有一流水平的5A级旅游景区和世界遗产景区为基础，完善旅游景区基础设施，强化景区科技应用水平，打造一批世界级旅游景区"。建设世界级旅游景区是旅游新事物，是旅游业落实旅游高质量发展主题的新抓手、新引领、新示范。世界级旅游景区的建设，必将对推动文化要素和旅游资源的深度融合、强化旅游业国际竞争力产生重大而深远的影响。世界级旅游景区和度假区对地区旅游业发展起到龙头拉动、品牌带动、经济推动等重要作用，极大地带动就业，并促进全域旅游加快发展。吉林省应以"长白山文化"为主题，深度挖掘民族、民俗、历史、宗教等文化资源，利用传说、故事、诗歌等艺术形式，将文化注入自然景观之中，使自然之美与文化之魂有机融合，打造环长白山文化旅游经济区。按照建设国际知名文化旅游目的地的要求，对照《世界级旅游景区建设指引》（征求意见稿）标准，高标准制定提升规划，着力从补短板、强弱项、增后劲方面确立提升思路，着力开发世界级的旅游产品组合，开发精致产品，积极邀请联合国专门机构合作落地产品，开展重大节庆会展活动，推动景区IP具有国际辨识度；加强与国际著名旅游目的地的合作，引入国际资源、国际企业来服务区域旅游发展，建设精品设施，提供精细服务，开展精细管理，带动旅游全产业链的延伸和突破。以景区化、情景化、故事化、艺术化、休闲化为特色，创新长白山文化旅游体验模式，构造不同类型、不同特色的体验感受，打造全新的文化旅游与休闲体验目的地。在深入研究长白山文化的基础上，以长白山独特的山水结构及长白山文化元素为源点，打造长白山文化旅游系列产品。做好长白山申请世界自然遗产和文化遗产的规划工作，使长白山文化旅游区早日成为富有文化底蕴和特色的世界级生态旅游景区和滑雪度假区。

开发多个具有特色的、高端的旅游地。整合区域内资源，在整个区域范围内通过策划创意构筑具备特色性、国际性、前瞻性、市场吸引力的，具有文化内涵的文化旅游地和吸引社会关注的大型旅游地（景区），迅速聚集人气，形成市场引爆点，为整个旅游区、观光带的顺利打造创造良好的市场和产品基础。根据各地旅游资源和文化品位，考虑现有的旅游开发区以及旅游大项目集聚情况，与特色园区建设相结合，采取"飞地"的形式，打破地域限制、部门限制，打造一批文化旅游经济区，使之享受省级开发区的政策，从根本上解决体制问题。各地在文化旅游区的景区设计上，按照4A或5A级旅游景区标准设计，将文化旅游经济区打造成为高端旅游景区的孵化地，实现文化旅游资源与管理一体化。旅游景区是旅游业发展的核心要素，其质量和品位直接影响到一个国家和地区旅游业的发展水平和竞争力。景区的终极形态是异地生活方式的建构者，吉林省推进景区升级改造应增强开放性、包容性，围绕构建异地生活方式发力。景区升级改造要加大旅游资源整合力度，注重挖掘地域文化内涵和文化价值，引风入景，化文为魂，在客源获取、消费需求引导、旅游新基建、旅游吸引物升级等方面下力气、做亮点，推动传统景区焕发新活力。积极推动查干湖、嫩江湾加快获批5A级旅游景区，推动吉林松花湖、辉南龙湾群、珲春防川景区发展为5A级旅游景区的创建步伐。支持向海、莫莫格等重点景区科学划定旅游功能区，重新定位产品，拓展发展空间，提升服务功能。突出大休闲、小康养、微度假等新时代旅游需求，以景区、度假区等为依托，将吉林省建设成为冰雪、避暑休闲、生态等特色旅游目的地。进一步推动各类自然文化景区、旅游综合体、主题乐园、博物馆等改造硬件，扩大景区容量，完善基础设施，提升配套服务，创建A级旅游景区。

二、推动旅游业与其他产业融合

（一）推动旅游与工业的深度融合

满足游客对工业的求知欲与好奇心，通过设计和包装，将工业经营场所、工业生产过程、企业文化、先进管理经验以及独特的工业建筑等打造成旅游资源，开发成游客参观、访问、考察和购买的旅游场所。以长春和吉林两市的工业优势为依托，发挥汽车、轨道客车、农产品加工等基地优势，结合各产业生产、加工、制作等工艺流程，满足大众观摩、体验、学习等多样化需求。积极支持企业开发工业旅游产品，深入开发长白山老林场、夹皮沟金矿、丰满水电站等地的工业旅游价值。以一汽大众、天景集团、皓月集团、通化药业等大型企业或工业园区为依托，开发"旅游＋工业"线路，设计汽车之旅、医药之旅、食品之旅等。鼓励建造汽车主题公园、石油产业博物馆、汽车文化馆等文化旅游基础设施，满足游客的体验需求和文化需求。以通化、白山农产品加工业为载体，以人参、鹿茸、貂皮、中草药、野生动植物、葡萄酒等土特产的生产过程为内容开发旅游参观产品，以通化葡萄酒公司、东宝药业、金马药业等企业，以及靖宇矿泉城为载体，进行生产工艺的观摩与体验。

（二）推动旅游与现代农业的深度融合

充分利用吉林丰富的乡村旅游资源，加强规划引导，开展农业遗产普查与保护。大力发展观光农业和休闲农业，推进农业生产链条对接休闲体验消费，推动科技、人文等元素融入农业，实现农业种植景观化，农业生产体验化。发展田园艺术景观、阳台农艺等创意农业，发展定制农业、会展农业和众筹农业等新型农业业态，开展农游对接、农超对接、农社对接，帮助小农户对接休闲市场，让土产变特产。推进现代农业庄园发展，开展农耕、采摘、饲养等农事活动，促进农业综合开发利用，提高农业附加值。支持都市周边有条件乡村建设田野创意景观、文化创意农园、农业科技园、教育农园、田园综合体、观光农场，加速集聚化发展。整合特色规模果业资源，推出观光农业旅游产品；挖掘名村名镇村内涵，重点建设一批全国有影响的旅游名村名镇，如农安陈家店、吉林神农庄园、四平北方巴厘岛、辽源金洲现代农业等田园综合体等。东南部地区重点开发观光林业，利用人工森林与自然森林所具有的多种旅游功能和观光价值，为游客观光、野营、探险、避暑、科考、森林浴等提供空间场所。西部和中部地区重点开发观光牧业和观光渔业，为游客提供观光和参与牧业生活的风趣和乐趣，如放养鹿群、马场比赛、猎场狩猎等。开展具有观光、参与功能的渔业旅游项目，如参观捕鱼、驾驶渔船、水中垂钓、品尝水鲜、参与捕捞活动等。

（三）推动旅游与康养产业的深度融合

积极拓宽中医药在旅游休闲产业的服务领域，加强休闲、养生、健康文化的传播，提倡"生态、健康"理念，利用丰富的生态旅游资源、温泉资源和冰雪资源，适应旅游新需求、业态新发展趋势和要求，组织旅游者回归自然、亲近生态，使休闲养生旅游成为追求时尚、向往健康的热点产品。充分利用吉林省独具特色的长白山地、湖泊、林地、温泉等度假资源，规划建设一批国内外知名的康养度假胜地，形成多样化的医疗养生产品。充分利用长白山原始森林的自然生态，依托通化、白山、延边等地村镇，联合知名康养企业，共同打造绿色疗养、避暑休闲特色小镇。深度挖掘人参、枸杞、蓝莓等林特产品价值，开发养生保健药品与食品。鼓励发展温泉养生保健服务，积极打造温泉中医养生馆。进一步整合抚松仙人桥温泉、临江珍珠门温泉、长白温泉资源，加大投入，完善基础设施，打造全国知名的温泉疗养群。以城乡居民温泉度假为目标，重点开发长春、吉林两市的温泉资源，建设集休闲、餐饮、住宿、娱乐、购物、医疗等服务于一体的城市温泉休闲养生产品群。依托吉林省中医药文化、中医药产业发展优势，抢抓老龄化机遇，建设养老度假基地，多层次、多样化发展休闲养老慢游产品，促进医疗养生与休闲旅游融合发展。鼓励建设中医药健康旅游产业示范园区，推动中医药产业与旅游市场深度结合，以中医药文化传播为主题，推出集中医药康复理疗、养生保健、文化体验于一体的中医药健康旅游示范产品。发挥通化市国家级中医药旅游示范区、吉林长白山一山一蓝康养旅游基地、吉林盛世华鑫林下基地优势，打造一批中医药名企、名药、名产区。依托吉林北药基地和中医药科研优势，促进中药材生产全链条的建立，提高中医药服务效果，促进全省经济发展。

（四）推动旅游与体育运动的深度融合

依托吉林省夏季良好的生态和冬季冰雪资源优势，把体育运动与旅游活动有机结合起来，着重打造高山滑雪、森林徒步、水上漂流、环湖赛事、养生康体等淡旺两季特色旅游互补产品，带动吉林省旅游淡季不淡，旺季更旺。依托滑雪场、城市公园、森林公园等场地开发雪地跑马、雪地摩托、雪地足球、雪地风等比赛等产品。开发攀冰，雪地狩猎，雪地摩托车、汽车拉力赛，雪地滑翔，雪地定向运动。继续发挥"瓦萨滑雪节"品牌影响力，利用北大湖高山滑雪场、净月滑雪场、莲花山滑雪场、松花湖滑雪场等滑雪场地举办滑雪、滑冰等体育赛事活动。充分开发松原查干湖冰上资源，设计冰上垂钓、冬季马拉松、冰上越野等冰上赛事。

积极谋划运动赛事产品。以国家级、国际性赛事节庆为依托，利用风景廊道、绿道网络、慢行系统等设施和产品，大力发展避暑自驾与自助旅游，支持延边、白山、通化和长白山等地把环长白山、沿鸭绿江和图们江单车骑行打造成国际风情骑行运动康养品牌；支持长春、吉林等地引进符合避暑特点的马拉松、环湖环城自行车等运动节事；支持敦化市打造国家级环湿地马拉松、自行车和冰雪马拉松赛事。支持大型雪场充分利用品牌效应和资源优势，打造国家体育旅游基地、运动休闲基地，实现"避暑""健身"双轮驱动。

（五）推动旅游与节庆会展的深度融合

融合地区自然资源、文化特点与重大节点，促进以自然景观为主题的节庆活动和以民俗风情为主题的节庆活动相融合，将民俗元素与特色元素融合在活动的食、住、行、游、购、娱等各个环节，设计、打造高水平高质量的节庆活动。着力提高旅游节庆市场化运作水平，吸纳国内外旅游团广泛参与到活动中，选择一批有影响力的旅游节庆品牌进一步做大做强，力求形成定位准确、主题突出、特色鲜明、梯次发展的节庆会展格局。依托东南部具有长白山特点及少数民族特色的文化资源优势，打造中国松花石交易博览会、人参节、矿泉水节、朝鲜民俗旅游节等重大节庆活动。以松原查干湖冬捕节为主要核心，带动长春、白城、吉林等地冰雪渔猎节庆旅游的发展。对吉林省具有影响力的旅游节庆活动，经省文化和旅游部门遴选、审核后，统一上报文化部和国家旅游局，积极争取列入国家文化旅游节庆活动扶持名录，以获得国家政策优惠、资金补贴等多种方式的支持，为项目发展争取支撑条件。继续发挥中国吉林·东北亚投资贸易博览会、中国（长春）国际汽车博览会、中国长春农业·食品博览（交易）会、中国（长春）民间艺术博览会、中国长春电影节等著名节庆优势，提升展会能级与层次，吸引国内国际参展商进入，利用网络、电视、报纸、杂志等加大宣传力度，尽快形成国内外重大影响。

第四节　坚持创新发展之路

一、推进科技创新体系建设

（一）搭建旅游科技创新载体

鼓励构建吉林省旅游创新网络以及创新创业平台，加强政府引导，打造旅游科技创新基地，引导科技资源要素集聚，建设跨界交叉领域的创新网络。打通"政产学研用"渠道，利用东北师范大学、吉林大学、长春大学旅游学院的科研力量，加强与旅游企业、旅游区等的合作，共同建设旅游协同创新中心，构建创新体系。在国家旅游重大科技攻关工程上争取突破，着力提升知识产权服务附加值，加强知识产权和专利执法维权工作。建立旅游业园孵化器，引进相关技术，积极引导旅游领域共性标准、关键技术标准的研制及推广。鼓励旅游科技创新载体加快突破一批关键核心技术，开展旅游资源保护开发利用、智慧旅游发展、旅游景区沉浸式体验等技术创新及应用示范。

（二）推动旅游科技重点实验室建设

依托省内高校和科研院所的研究力量建设重点实验室，进行旅游重大科技项目的攻关、重大产品的研发以及重大工程的建设，形成旅游重点实验室运行机制和有进有出的动态管理机制。通过财政资金扶持培育一批省级重点实验室，组织有条件有潜力的实验室申报国家重点实验室，积极支持在大数据、北斗导航、旅游减灾防灾、信息化平台建设等方面具备优势技术的文化和旅游企事业单位和研究机构申报文化和旅游部重点实验室和技术创新中心。

（三）组建旅游科技创新智库中心

统筹全省文化和旅游领域专家库信息，加强对文化、旅游领域人力、智力、物力等资源的有效整合，在课题研究、交流平台、人才培养等方面强化协同共进。充分利用高等院校、科研院所、图书馆、博物馆、企业的人才资源、学科优势，成立旅游研究智库、文化研究中心等文旅高端智库。推动智库专家跨地区、跨领域、跨平台交流合作，筹建旅游决策咨询委员会，为旅游的重大问题、重大战略、重大政策充分发挥智库的资政建言作用。

二、强化科技成果推广应用

（一）加快旅游科技成果应用

支持旅游重要装备、工艺、系统、平台的研究成果转化推广，进一步提升北斗卫星导航在旅游行业的应用；积极组织科技和信息化装备成果参加科博会、文旅发展大会、景区大会等各类科技旅游的相关展会，加强各种场景应用的推荐。推动人机交互、数字孪生、北斗导航等技术在文化和旅游领域的创新应用和典型应用。推动5G通信网络、物联网、人工智能、互联网、大数据、云计算、北斗导航、AR/VR、全息投影、无人驾驶、区块链等新技术在艺术创作与呈现、文化遗产保护、文物活化利用、公共服务、旅游产品开发运营等领域的创新应用与示范。

（二）加强旅游科技新成果研发

推进AR/VR增强现实、超高清视频等旅游产品装备关键技术研发。推动适用于山地旅游、冰雪旅游专用装备及高海拔地区的特殊旅游装备研究。加强低能耗、高安全、智能化的旅游交通装备研制和非接触式服务智能装备研发。支持自驾车（旅居车）、低空飞行、游艺游乐装置、适老化设施、移动式旅游厕所等装备设施研制。

（三）支持旅游项目的创新与改造

要在尊重和保护自然的基础上，以良好生态、自然景观和文化资源为依托，研发高科技旅游产品，注重对支撑性、代表性景区景点的科技与信息的平台搭建，注重重点旅游区，如长白山地区原生态体验中科技元素的运用。发展科普旅游，打造集科技生产、展示、体验于一体的科技旅游体验馆。通过科普开放日等活动，向市民科普相关知识，拓展科普体验基地，建立产学研基地，同时将科普活动推广到各个景区景点和产业园区，如鼓励吉林市陨石博物馆、吉林省自然博物馆、伪满皇宫博物院等开发多种科技旅游产品与项目；注重全域自驾游综合服务平台体系建设；不断为长影世纪城、《天地长白》等演艺类产品注入新科技，抢夺头彩；通过虚拟现实（VR）体验为主的主题公园等场景建设和创意互动，增强沉浸式娱乐体验；通过巨幕体验剧场等多媒体交互、动感仿真、虚实结合等多种跨学科、跨行业核心技术的运用，丰富高科技文化旅游产品和业态。以"旅游＋科技"助推全域旅游的业态创新和内容创新。

三、促进旅游发展的科技赋能

（一）提升旅游景区智能化水平

推动5G、人工智能、大数据、云计算等移动互联网新技术在景区改造升级中的运用，提供旅游消费新体验，提升景区的服务水平。支持景区利用大数据等新技术、新运用，促进升级改造票务系统，使用提前预约、线上购票、语音导览、加大运力调配等非接触方式购票和健康游览；利用人工智能技术打造智能语音导览、智能遨游车等功能，提供旅游线上场景服务，提升游客旅游体验。将人脸识别、刷脸支付等应用于线下各个场景。推进景点景区在与互联网短视频平台合作推广、打造"网红"景点的同时，积极发挥文创IP优势，拓宽旅游盈利模式。有条件的地区可通过直播、短视频、VR等形式，在线展示景点，推出"云"模式游览，丰富消费者体验。

（二）加快旅游场馆数字化转型升级

逐步实现全省旅游景区、文博场馆管理数字化及产业资源数字化，建立数字旅游资源库。打造一批智慧旅游城市、智慧景区、智慧文博场馆标杆项目。加快全省A级景区、博物馆文物、非物质文化遗产、图书馆、文化馆等资源的数字化转化进程。加强信息化基础设施建设。推动全省4A级（含）以上景区和省级（含）以上旅游度假区游客集中区域、三级（含）以上文化场馆实现无线网络全覆盖、核心区域5G覆盖，实现安防监控、客流监控、车流监控、环境监测、信息发布等信息基础设施全覆盖。推动旅游厕所、停车场、旅游集散与咨询中心、游客服务中心、旅游专用道路、景区内部引导标识系统等数字化与智能化改造。

（三）打造旅游智慧公共服务平台

积极发展旅游电子商务，充分利用社会资源构建旅游资源数据中心、呼叫中心，以全数据赋能旅游服务为目标，实现态势全面感知、风险监测预警、趋势智能研判、资源统筹调度、信息多维分发。加快布局数字化旅游咨询服务中心、线上旅游驿站，提供信息查询、线路导航、产品购买、个性定制、意见反馈等服务，建成覆盖全面、功能完善、方便快捷的全省旅游公共服务平台，实现旅游景区、文博场馆身份证、门票"双码合一"便捷入园，实现公共服务"一键通"、投诉监管"无盲区"、宣传推广"快精准"。打造行业信用评价、景区服务评价、游客不文明行为晾晒、游客投诉举报等政务服务系统。

（四）建设旅游舆情监测平台

重视旅游舆情监测与舆情回应，维护景区网络形象。当前，一些旅游景点存在订单退改难、低价陷阱、"天价"消费等，在移动互联网时代，极容易被放大并迅速发酵。这不仅影响游客体验，也容易对旅游景点，甚至整个城市形象带来负面影响。负面形象一旦产生，很难在短时间内修复。因此，旅游部门需要加强监管，畅通游客投诉渠道，保障游客的合法权益，为旅游业复苏营造良好的氛围。

第五节　坚持开放协同发展之路

一、积极融入"一带一路"国际合作

（一）加强跨境旅游产品的合作

发挥吉林省东南部边境线长、口岸多的优势，集中力量加强基础设施建设，提高通关服务水平，打造跨境旅游精品——图们江跨境、边境旅游产品群。重点开发防川"一眼看三国"游、图们江出海游、图们江乘船观光游、图们江漂流等边境风情观光旅游。在珲春、图们等口岸开展边境、境外购物旅游。强化东北亚"小金三角"珲春—罗津先锋—克拉斯基诺旅游、"大金三角"延吉—清津—符拉迪沃斯托克（海参崴）旅游。开发多国旅游环线珲春—扎卢比诺—新潟—境港—束草游，"东亚三大名山（长白山、金岗山、富士山）游"和"环日木海四大名港〔符拉迪沃斯托克（海参崴）、清津、釜山、秋田〕游"，形成从小至大，从内到外的产品格局。在鸭绿江集安、临江、长白等部分河段开展鸭绿江漂流。适时开发临江—集安—丹东鸭绿江乘船游。在长白县的鸭绿江公路大桥、集安的鸭绿江铁路大桥、云峰水库大坝的中朝哨所等口岸开展过境旅游。开展长白县到惠山、集安到平壤等城市的出境游。指导沿边地区——珲春、集安、长白等市县打造优质的边境旅游目的地，加快全国边境旅游示范省建设步伐，支持具备条件的口岸设立交通管理服务站点，在办理临时入境机动车牌证方面予以便利，推动口岸入境免税店的设立。与东北亚国家进行旅游合作，举办、参与大型国际会议，加强区域旅游交流合作。推动旅游签证便利化，加强周边区域旅游交流合作。

（二）加强文旅节庆会展交流合作

推进对外和对东北亚地区的会展节庆交流合作。加强与我国驻外使领馆文化处、海外中国文化中心、旅游办事处等的合作，推动多层次文化交流。积极参加"一带一路"文化和旅游发展行动以及国家级重大对外宣传交流活动，策划组织开展文博、艺术、旅游、研学等各领域的交流活动。发挥友好合作关系城市作用，组建国际友城旅游联盟，探索建立常态化、机制化的互访交流合作体系。依托中国吉林·东北亚投资贸易博览会、中国（长春）国际汽车博览会、中国长春农业·食品博览（交易）会、中国（长春）民间艺术博览会、中国长春电影节、中国长春冰雪节、中国长春消夏节、中国长春汽车节、中国长春国际雕塑作品邀请展、中国长春文化产业博览会、中国长春创业就业博览会等展会，加强吉林与东北亚区域的文化交流和旅游协作，推动形成国际协作发展文化旅游的良好局面。提高人文交流层次，搭建包容、共享的区域文化平台。提升东北亚区域一体化的高度，打破对俄、对日、对韩、对朝、对蒙双边人文交流合作的壁垒，积极组织、承办由东北亚各国参与的多边人文交流活动。通过建立友好城市、互办文化艺术展、高校联合办学、联合出版图书、互设文化中心等形式积极开展丰富的人文交流与合作活动。

二、促进国内地区旅游合作

（一）加强国内地区旅游交流合作

举办和提升吉林省各类节庆活动、旅游服务产品采购大会、展演活动，形成叫得响的公共品牌。在主要客源地推广文化产品和旅游精品线路。持续对长三角、珠三角、京津冀等重点客源市场开展宣传促销，进一步提升重要客源市场占有率，科学预判客源市场走向，充分利用省际间经贸交流合作的平台和契机，与气候、生态差异化较大省份结对子、组建联盟，广泛交流、加强互动，实现市场互享、客源互换、政策互惠、效益互利。加强与京津冀、长三角、粤港澳大湾区等区域协同合作，夯实"京彩汇吉林""浙里出发去吉林""海誓山盟""豫见吉林""吉风苏韵""吉晋之好""浪花爱上雪花"等区域合作品牌，成为拓展客源市场的重要引擎。以东北振兴等国家战略为主要依托，强化东北区域内文化和旅游合作，共同规划开发冰雪旅游和东北沿边避暑休闲旅游带，推进优势资源互补、产业协同创新、合作平台共建、旅游市场共享，加快跨区域旅游大交流、大合作。加快开通一批旅游直通车，推进省市间的旅游互动。

（二）加强旅游业对口合作

密切关注吉林省与发达省份对口合作的契机，推动资源与资本、产品与市场对接，聚焦冰雪运动、避暑休闲、文化演艺等产业培育方向，大力引进有实力、有品牌、有市场、有成功案例的大型行业龙头企业，促进旅游产业的转型升级。加快推动省内城市与对口合作城市两地旅游客源市场建设，支持两地制定发布旅游优惠政策，共同开发两地旅游客源市场，探索推进对口合作城市间的有组织的文艺创作人员及美术书法专业人才的采风创作，联合在两地举办书画作品展览。加强对口合作的精品剧目、优秀作品展演展播和代表剧种每年开展的创作、表演、演出等交流活动。支持两地文博单位深入开展全方位合作，共同开展红色革命主题研究、联合办展、宣传推广等工作，互派宣讲员开展宣讲活动。协调两地媒体建立线上线下相结合的联合推广营销渠道，互相宣传推广文旅资源等。充分利用双方各自媒体资源宣传对方文化旅游品牌，相互支持参与宣传营销活动。

第六节　坚持全产业链发展之路

一、龙头引链

（一）积极壮大龙头旅游企业"链主"实力

建立政府规划引领及专项资金杠杆撬动作用的"链长"、龙头企业"链主"以及"吃、住、行、游、购、娱"等关键领域的"支点"，形成"链长—链主—支点"的旅游业链基础体系。发挥好龙头旅游企业在旅游业链条里的引领带动作用，通过"链主"企业来填补链条缺口、推进文旅深度融合。鼓励文化机构和旅游企业对接合作，支持文化和旅游跨业企业做优做强，推动形成一批以文化和旅游为主业、以融合发展为特色、具有较强竞争力的领军企业、骨干企业。

（二）培育壮大有竞争力的市场主体

按照一个产品体系、一个营销体系、一个交通体系进行布局，培育壮大一批有竞争力和影响力的市场主体，采取"一企一策"等方式，支持龙头企业加快科技创新、管理创新、产品创新和商业模式创新，增强核心竞争力。坚持抓大扶小并重，引导中小微企业以产业链为纽带，向龙头企业集中集聚，构建大中小企业协作配套、协同发展的企业链生态体系。大力开展旅游业链招商，建立产业链上下游招商项目库和招商企业目标库，开展与行业龙头企业、国际知名文旅企业的深度交流与合作，推动更多产业链高端项目落地。

二、项目强链

（一）谋划重点旅游示范带动项目

在摸清全省旅游建设项目情况的基础上，依据全省旅游建设布局规划的总体安排，围绕大众化、生活化、精品化、个性化的市场需求，从资源、主题和时代中寻找创意，延伸和衍生特色产品开发，提炼出若干项具有支撑作用和示范效应的重点项目，策划包装可落地的重大旅游项目，将其纳入到省重点扶持和支持的项目中，全面推动全省旅游项目建设。不断策划和开发与吉林特色文化密切相关的旅游产业项目，建立并逐步完善"吉林省旅游产业项目库"，做好全省旅游重点项目库的动态管理，做到谋划一批、推广一批、落地一批、储备一批，充分发挥重大项目的支撑作用。以重点项目促进旅游产业发展，重点建设一批标志性、引领性、枢纽性的重大旅游项目。加快谋划一批数字文化如智慧旅游、康养旅游、体育旅游、工业旅游、冰雪旅游等吉林省特色业态项目，做好特色文化旅游小镇、冰雪游乐园、文化创意体验园、亲子游乐园、健康养生基地等重大文旅项目的跟踪服务工作。

（二）打造国际知名旅游景区

以合理布局、规模适当、分期建设为原则，以环境优美、生态良好的核心景区为依托，积极引进国内外战略投资者，建设集休闲、餐饮、住宿、娱乐、购物、康体养生、信息、金融、医疗服务等为一体，具有一区一品、交通便捷、环境优美、设施齐全、服务配套、休闲宜居和地方文化特色的国际知名、国内一流的文化旅游景区。加强与省直相关部门、各地方政府合作，沟通信息，适时召开协调会，协调解决旅游开发过程中遇到的重大问题。创新旅游发展体制机制，整合旅游资源，分期、分批完善长白山、吉林松花湖（含北大湖）、长春净月潭、松原查干湖、白城向海（含莫莫格）、延边珲春、通化集安等国际知名旅游景区。

三、业态兴链

（一）推进旅游餐饮业态特色化

利用吉菜和朝鲜族、蒙古族美食资源优势，特色化发展旅游餐饮业态，建设地域特色餐饮质量标准，提升吉林特色餐饮品位。培育发展壮大具有吉林特色的美食经营主体和美食手艺传承制作人。着力打造有特色、有底蕴、能代表本土特色的美食名片。鼓励和引导以乡土时令物产作为主要食材，开发地方特色菜，培育具有地方特色的文化主题菜品。将特色菜品和地域元素融入餐饮业建设运营的全过程、旅游消费各环节和旅游活动各方面，打造地域餐饮品牌。鼓励和引导餐饮业态与农业产业化企业、专业合作社、家庭农场等农业生产组织建立合作关系，推广本地优质特色物产，发挥体验与展销功能。

（二）推进旅游住宿业态新型化

根据游客的不同需求，引导经营主体发展业态档次和类型完善的旅游住宿设施体系，鼓励发展主题酒店、精品度假酒店、特色旅游民宿、汽车营地等住宿类型，提供高品质的住宿空间。尤其是要依托吉林乡村资源优势，利用乡村振兴机遇，加快农村基础设施建设和5G网络设施布局，依托山水资源、田园风光开发风格各异、功能齐全的特色农家乐、乡村民宿。完善乡村休闲旅游设施和配套服务建设，全面提升接待服务能力，满足游客对乡村旅游日益多元化的需求。鼓励和引导利用现有民居和公共建筑改造旅游住宿业态，借助文化、科技、资本和管理的创新更好地经营，从而实现价值、品牌创造的战略目的。

（三）推进娱乐业态个性化

要建成一批布局合理的休闲娱乐场所，培育一批参与性体验性强、游客喜欢的旅游娱乐演出项目。在重要旅游景区、旅游度假区实现晚间文娱业态全覆盖，丰富游客"夜生活"，延长游客逗留时间。重点强调旅游文娱业态的"主客同乐"，突出参与性和互动性。打造高品质旅游演艺产品。从促进旅游发展的角度，鼓励对现有演艺资源进行整合利用，鼓励社会资本以投资、参股、控股、并购等方式进入旅游演出市场，允许适度引进境外资本投资国内旅游演出市场。鼓励运用现代高新科学技术，创新演出形式，提升节目创意，突出地域特点和文化特色，打造优秀旅游演出节目，提升城市文化、商贸、休闲等功能，支持开发集文化创意、度假休闲、康体养生等主题于一体的文化旅游综合体。

（四）推进旅游购物业态优质化

优化购物业态场所的空间组织、景观营造和商品门类，确保"主客共享"，实现旅游购物场所、旅游特色商品商店全域覆盖。弘扬本地传统品牌，培育、创新旅游商品品牌。要将名特优工农业产品和工艺品开发包装成特色旅游商品，建成一批前店后厂的旅游购物街区。积极打造更有温度、有品质、有创意的文旅消费新产品、新场景。同时在旅游购物市场管理中，要协调和规范旅游购物市场秩序，为游客营造和谐的旅游购物环境。

四、营销固链

（一）整合营销策略

整合营销传播指除了传统的广告媒介传播方式外，面对崭新的区域定位与发展战略，需要站在整合营销传播的高度，通过重大节庆、展会、大型演艺活动以及区域联合等手段，向旅游者、投资商、购物消费者、社会群体和政府部门展开针对性的全面营销，从单一的旅游营销走向区域旅游目的地整合营销，制定完善的整合营销规划，全面宣传区域旅游形象。各级旅游部门通过举办论坛、投资洽谈会、项目交易会等形式，加强品牌管理与合作，建立宣传、文化、旅游、外事、商务联合推广，省、市、区县三级联动的营销机制，打破省市区县等的行政区划，实施跨区域整合营销。坚持全省一盘棋的对外营销推广战略，建立一体化营销体系，推动旅游形象品牌一体化、资源产品整合一体化、精品线路开发一体化、营销渠道统筹一体化。推进文化企业与旅游企业的沟通与合作。鼓励以资本为纽带的文化、旅游企业间的合作，实现优势互补、市场共享。旅行社要积极组织和宣传具有地方特色的文化项目和文化活动，提升旅游产品的文化品位。在旅游旺季和关键节点整合全省力量推动优势品牌开展战略宣传，形成集聚优势。

（二）创新营销手段

利用新媒体平台，积极创新直播营销、网络营销、大数据营销、事件营销、大V营销、网红营销、综艺节目和影视剧营销等多样化的营销手段。旅游部门及景区应把握网络发展与传播规律，以民族文化、风土人情、自然风光为创作内容，利用微博、微信、抖音、快手等新媒体平台，进行地区形象传播、文旅产品推介，打造地方影响力。运用短视频营销，引入品牌IP，制造文旅消费爆点、网红标志，形成网民打卡参与传播的热潮。重视影视宣传，支持和鼓励全省各地拍摄宣传片、纪录片，创意开发以避暑休闲、冰雪运动为题材的出版物、游戏、动漫和微电影等；丰富故事营销、口碑营销、社会营销等新兴营销途径，瞄准省内常态化消费，利用"文旅消费观察团"引导各市州、县区打造"网红街区""网红美食"和"网红打卡地"，重点推广大众文旅消费热点。加强省内与省外旅游企业、平台企业开展对接，针对不同的旅客群体和旅游需求，匹配定向的互联网宣传平台，实行精准营销。加大促销活动的组织引导力度，重视省内文化旅游市场与省外市场的协作关系建设，加强国内重点客源地区与省内旅游重点接待地区的业务联系和协调配合。

（三）拓展国际营销范围

深耕日韩俄东北亚重点市场，拓展欧美市场，开辟"一带一路"沿线国家和地区新兴市场。围绕"长白山"核心品牌，强化吉林国际旅游形象宣传，实施长白山文化旅游周、查干湖冬捕等重大境外推广活动，精准投放符合境外游客需求的旅游线路、目的地、特色文化和旅游产品。建立吉林文化和旅游海外推介的媒体矩阵。结合中国东北亚国际博览会、长春电影节、长春汽车国际博览会等会展平台，全方位、多角度推广吉林文化和旅游品牌形象，提高国际传播能力，提升吸引力和美誉度。加强国际客源市场动态研究，定期发布入境游数据。

| 第七章 |

吉林省旅游业高质量发展对策

　　吉林省旅游资源丰富，良好的生态环境和丰厚的文化积淀吸引着越来越多的游客。全省旅游业近年来一直保持强劲的发展态势，总量规模持续增加，发展环境不断优化，旅游业步入快速发展的轨道，逐渐成为吉林省新的支柱产业。近几年，旅游业发展面临诸多挑战，需要通过加强政策支持、创新体制机制、培育市场主体、强化要素支撑等措施，促进旅游业进一步发展壮大，满足新时代人民群众更高层次的旅游需求，形成吉林全面振兴、全方位振兴的有力支撑。

第一节　强化配套政策支撑

一、落实财政支持政策

（一）强化各类资金的持续投入

　　各级政府应该进一步拓展资金来源渠道，整合并利用各类专项资金，建立公共服务事权财权匹配的财政经费保障机制，不断加强旅游业领域的资金投入。进一步落实好文化旅游发展资金政策，加大对旅游资源开发、旅游产品建设以及旅游基础设施建设的资金支持力度。省财政要在文化产业、旅游发展专项资金中，安排一定资金用于引导扶持重点旅游项目建设和产品开发。各地财政也要对旅游建设项目和产品开发给予相应的支持。稳步扩大各级政府性旅游专项资金规模，各级政府性专项资金要对各类投资主体同等对待。拓展旅游专项资金的普惠面，根据财政事权与支出责任，引导资金向旅游小微企业倾斜，加强对民营和小微旅游企业的财政资金支持。

（二）拓展资金投入渠道

充分挖掘政策资源。深入学习研究国家以及地区旅游产业发展政策，结合与旅游相关的乡村振兴、小城镇建设以及新农村建设等国家政策内容进行重点旅游项目的策划、整合、包装以及提升，最大限度地争取上级政策和资金支持。充分利用专项债券资金。鼓励各地区结合自身特色旅游资源，在政府债务风险可控的前提下，利用专项债券资金对旅游领域符合条件的特色旅游项目、旅游基础设施建设进行积极投入。探索以政府和社会资本合作（PPP）贷款贴息等多种方式，引导各类资金参与投资旅游领域。完善有利于旅游业发展的用地政策和投资融资政策，鼓励多种经济成分参与旅游业基础设施建设。

（三）完善税收优惠政策

健全和落实股权激励、技术转让、资产重组、新办企业等税收优惠政策。建立重点旅游开发财税配套优惠机制，通过降税减税等政策扶持受疫情影响严重的旅游企业发展，尤其是进一步落实小微企业减税降费政策，降低旅游企业经营成本，对受疫情影响严重的旅游企业进行补贴，减轻企业运行负担。

二、加大金融支持

（一）创新金融产品

支持旅游市场主体加强与金融机构之间的沟通、协作，鼓励金融机构在风险可控的条件下，把握旅游企业的发展趋势以及资产特征，创新开发各类信贷产品。根据大中型旅游企业及旅行社、民宿等小微企业不同的融资需求，简化信贷流程，制定适合旅游业发展的信贷支持方案。积极扩大旅游信贷产品的抵押物范围，鼓励金融机构开展旅游企业利用建设用地使用权、林权等进行抵（质）押贷款，将旅游企业的收费权、经营权及在建项目作为抵（质）押产品开展信贷服务。对于利用特色村、民俗村开展旅游业务的农村经营主体，涉农金融机构可进一步扩展抵押物范围，合理界定资产和物权，采取多种信贷模式进行资金投入。鼓励金融机构开发适应旅游企业需要的金融产品。积极探索旅游企业无形资产评估、融资担保、信用评价、保险等金融业务。鼓励保险机构加强旅游业保险产品创新，完善信贷体系与保险、担保之间的联动机制，拓展以知识产权、应收账款、艺术品等无形资产为质押物的融资产品，解决旅游业投入不足和融资不畅的问题。

（二）探索建立旅游发展基金

鼓励搭建旅游项目产权交易平台和投融资平台，设立旅游业发展专项基金。坚持政府主导，市场运作，组建吉林省旅游业发展投融资平台。针对全省重点旅游项目进行投资和经营，以资金优势和市场优势配合政府部门推进全省旅游业结构调整。通过国有资本流向引导社会资本流向，推动产业升级。要打破行业、地区壁垒，简化审批手续，鼓励社会资本公平参与旅游业发展，鼓励各种所有制企业依法投资吉林省旅游业，鼓励风险投资基金、私募股权基金参与旅游项目开发建设。要充分利用资本市场，通过将符合条件的旅游企业上市、项目融资、联合融资、投资合作、信托等方式，壮大旅游业实力。

（三）开发金融服务领域

加强银政企对接合作，定期举办全省旅游项目金融对接活动，深入推动"金融服务旅游，产业融合金融"模式。继续办好国际旅游投资大会，发布吉林省旅游投资优选项目名录。完善线上旅游项目投融资服务，搭建吉林文化旅游国际投资和交流合作平台。加强金融支持景区互联网建设，完善金融支付功能，实现景区、商铺、酒店等网络旅游消费实时链接。敦促金融机构以提高旅游业的支付服务便利程度为目标，增强银行卡的旅游服务和消费信贷功能，并将金融支付环境建设作为旅游景区评级的重要标准。

三、加大招商引资力度

（一）制定更有吸引力的招商引资政策

通过体制创新，加大招商引资力度。在国家政策允许的范围内，结合各地旅游实际情况与发展需求，进一步制定招商引资优惠政策。着力改善招商引资环境，提升政策制定水平，提升开发条件、配套服务等，吸引内资、外资以及民间资金，支持境内外投资商采取承包、入股、买断等多种方式投入开发。大胆开展资本运作，采取旅游资源所有权与开发权、经营权相分离措施，通过灵活的组合，实现资本与资源的最佳结合。

（二）策划包装旅游项目进行精准招商

鼓励各地区根据要素资源条件、旅游业布局以及在全省旅游双线中的定位进行策划、包装旅游项目，制定旅游业招商方案和指导目录，制定产业招商路线图，积极开展竞争性招商、市场化招商、委托代理招商等多种方式的招商活动，进行精准定位，提高招商实效，推动项目引进。积极谋划符合旅游业园区或产业基地发展方向的招商项目，突出在拉延旅游业上下游链条、培育壮大旅游业集群等方面谋划招商项目。重点在特色旅游资源开发、乡村旅游方面沿产业链供应链方向谋划引进项目；在文化创意、特色旅游等方面沿壮大产业集群、打造产业园区方向谋划引进项目。

（三）创新招商引资方式

全面开展旅游产业链上下游环节的精准招商，利用资源优势和区位特征合理设计产业项目、景区设施以及配套服务项目，力争跟进对接、签约落地一批重大项目。鼓励中介招商，对提供相关咨询服务的社会组织、中介机构，成功引进符合旅游业发展导向、且当年实际到位的项目给予一定奖励。积极开展各级各类招商活动。依托东博会、国际采购商大会等载体，广泛对接洽谈项目，吸引更多战略投资者在吉林省布局旅游业，设置总部。以"走出去""请进来"为载体，积极组织民营企业参加各级各类招商和展览会活动，通过带领本地企业"走出去"和邀请域外企业来吉实地考察，加强企业间的互动交流，寻求合作机遇，提高旅游业利用外资水平。

第二节　创新旅游治理模式

一、促进新型监管方式运用

（一）实施包容审慎监管

针对文旅融合发展的新业态，要及时加强关注、引导，不断更新监管理念。把握云展播、云旅游推介、数字图书馆等新业态新产业的发展规律，在包容审慎监管的基础上，加强和创新事中事后监管，建立政府监管、行业自律和社会监督相结合的治理体制，在审查监管的基础上尽可能减少对经营主体自主经营模式的干预，促进新业态新产业健康发展，全力提供发展的宽松环境。

（二）建立联合监管机制

加强顶层设计，完善跨部门协同监管机制，进一步明确部门分工，细化行业分类标准，统筹旅游行政管理部门与公安机关、住建部门、市场监管部门、消防机构等建立健全综合监管联动机制和联席会议制度，细化监管措施，建立信息通报、线索移送和联合执法等工作机制，健全综合监管统筹协调，建立综合执法标准规范，落实综合监管、综合执法责任制和责任追究机制，形成齐抓共管的工作格局。完善跨部门、跨区域综合监管、综合执法协作联动机制。健全旅游市场综合执法和刑事司法衔接机制。

（三）强化信息化监管模式

依托大数据建立统一便捷的智慧监管平台，实现监管的协同高效。全面应用旅游市场技术监管与服务平台、全国旅游监管服务平台等平台载体，充分利用数据资源进行实时分析预警，形成分领域分类别的精准监管，实现监管的规范化与科技化。构建集监测、监控、应急和指挥管理于一体的省级旅游监管服务平台，并与国家平台有效对接，进一步完善省级、市级旅游数据资源的整合利用，做好市场运行分析、行业监测与治理，完善应急指挥系统，实现全域旅游目的地的智慧化监管。利用数据资源赋能旅游业信用体系建设，搭建行业数字化信用平台，推动信用数据的开放共享，针对旅游市场主体进行有效监督，促进旅游市场良性发展。

二、健全服务保障体系

（一）实施管理服务提升行动

牢固树立以游客为中心的理念，坚持以人为本、游客至上，持续开展"对内注重提品质、对外注重美誉度"管理服务质量提升行动，抓好标准化管理、精细化服务，打好科技赋能"组合拳"。重点提高旅游从业人员的业务能力和人文素质，加强对从业人员的管理与培训，杜绝从业人员和游客发生冲突事件，从而影响吉林省旅游的美誉度。鼓励旅游企业、景区以及文旅经营单位加强对从业人员的业务培训与行为规范指导，进一步提高从业人员的服务意识。制定相关行业标准与行为规范，针对失职行为和扰乱旅游市场的现象加大惩处力度，利用新媒体进行舆论监督。提高旅游服务的售后服务水平，采取网络平台、微信公众号等新技术载体了解游客的需求、对服务的感受与评价，及时改进与调整服务手段，夯实旅游业持续发展的基础。利用文化旅游共同平台推介文明旅游行动，督促A级景区、星级旅游饭店、旅行社等加强对游客的文明引导，开展"厉行节约，制止餐饮浪费行为"行动，引导游客讲文明、树新风。

（二）强化消费者权益保障

充分发挥"12315"消费者热线、省（市）长公开电话及省级监督平台等举报投诉中心作用，针对消费者关于旅游消费方面的投诉举报进行快速、及时、准确处理，坚决打击旅游消费侵权行为，维护旅游消费者的合法权益。同时对旅游消费投诉信息和网络舆情进行有效分析，及时把握旅游消费投诉的动态和趋势，据此总结侵权行为的特点和规律，提高市场秩序整治行动的针对性，并根据市场情况及时发布旅游消费维权知识及警示信息。进一步加强联合协作，完善与相关行政执法部门的维权协作网络和社会监督网络，强化监督制约机制，加大旅游市场监管力度，共同保护消费者利益。

三、提升法治治理水平

（一）加快旅游业发展地方性立法

发挥法律法规的引领和推动作用，除严格落实执行国家已颁布的旅游业领域法律法规、政策性文件外，还要从吉林省旅游改革发展实际出发，依据当地旅游资源情况、旅游业发展特点及发展趋势加快推进旅游领域地方立法进程。根据地方特色，制定切实可行的、可操作性强的本地区旅游业发展的战略性法规政策，制定文物开发保护、旅游业知识产权保护、消费者权益保护等方面的细则条例、政策性文件。针对"互联网＋文化旅游"新领域，把握网络经济时代特点，各地立法部门应制定与"互联网＋"发展模式相匹配的法律体系，积极出台相关政策性文件，在法治轨道上规范发展旅游业。

（二）加强旅游市场综合执法

立足旅游治理体系和治理能力现代化，健全执法管理机制。明确各行政管理部门与执法部门的职责，构建高效、协调的行政执法管理机制。联合有关部门，建立并完善省、市、县三级旅游市场投诉受理机制和旅游市场的联合执法长效机制，维护市场和谐有序、经营规范。规范旅游市场秩序，严厉打击违法违规经营，加强旅游设施安全管理与食品质量安全监管。健全"双随机、一公开"运行机制，完善举报办理、交叉检查、案件督办等各项工作规范。规范执法程序，推进执法信息公开，提高执法公信力。建立高效的旅游市场技术监管平台，实现信息管理、网上执法、远程监管等功能。加强日常监管，扎实推进综合治理和平安建设、扫黑除恶专项斗争、平安景区创建等工作，营造平安稳定的发展环境。

（三）全力推动综合执法队伍整合组建

加强执法队伍建设，要进一步加大培训教育力度，尤其要加强政策法律的宣传与教育，实施"驻点摸排＋以案施训＋集中研讨"执法办案的培训方式，开展执法演练模拟训练活动，增强执法人员的理论素养和综合能力。旅游领域的执法应当执行严格的行政执法资格管理制度，执法人员必须保证有证才能上岗工作。执法人员队伍建设应具备一定的综合执法师资力量和业务骨干力量，确保执法资格的完整性、合法性。加大执法队伍内部监督力度，建立健全执法队员廉政防控机制，制定激励和惩治措施，对于执法错误进行责任追究，提升旅游执法的质量和效果。

四、完善旅游市场信用体系

（一）推进信用体系建设

依托全国旅游市场信用管理系统，整合利用文化旅游市场信用信息基础数据，构建吉林旅游市场信用体系。政府部门以法律为准绳，根据吉林省旅游市场特点，出台市场信用管理规定，探索建立健全旅游市场信用分级分类监管、信用承诺、信用修复和动态管理等制度机制，确立信用标准，明确奖惩措施；鼓励行业协会、商会等社会组织制定本行业经营自律规范、自律公约和职业道德准则，引导行业健康发展。

（二）建立健全信用承诺制度

加快旅游服务质量诚信体系建设，设立诚信体系黑白名单，完善旅游服务质量守信联合激励和失信联合惩戒制度。对于失信行为坚决打击，列入失信黑名单，实行"一处失信、处处受限"的惩戒制度。对于诚实守信行为予以奖励，列入诚信白名单，在资金扶持、税收政策等方面考虑给予倾斜。建立旅游经营单位信用承诺制度，并结合"责任清单"和"权利清单"，对履行承诺情况进行披露，促使经营单位树立诚信意识。进一步完善经营单位和从业人员信用记录并逐步纳入全国社会信用信息共享服务平台和国家企业信用信息公示系统。

（三）加快完善配套制度

推动旅游市场信用管理规定落地实施，加快推进相关配套制度建设。加快建立信用信息共享制度，明确与各部门间、各地旅游行政部门间的信用互通和共享标准，进一步整合和完善现有信用管理系统，实现"一网共享"，提升信用信息的时效性。加快建立信用修复制度，坚持便利实用的原则，制定信用修复的流程和标准。加快建立信用评价制度，明确信用评价的适用范围、要求、数据来源及评价方法，为分级分类监管夯实基础。

（四）加大宣传培训力度

信用体系建设涉及行政管理相关理念和认知的更新，以及信用管理、行政法、数据应用等方面的专业知识。应针对当前旅游市场信用管理队伍的实际情况，开展专业知识、法规解读、实务操作等方面的宣传和培训，培养一支专业化队伍，加强信用体系建设的人才保障。

第三节 培育壮大市场主体

一、推动旅游龙头企业做大做强

从行业规模、行业增长潜力、创新要素聚集、可持续发展指标和企业管理、经营业绩、行业地位、创新能力等方面，遴选认定旅游业领先、竞争优势明显的龙头企业和骨干企业。大力实施旅游龙头企业培育工程，实施旅游企业"百企领航行动"，支持通过资源整合、技术创新，品牌输出、跨界经营、兼并重组等方式，做大做强吉林省国有旅游骨干企业、打造大型现代旅游集团。对骨干企业生产、经营、发展等运营情况进行全程跟踪服务，解决企业各类实际问题。整合部门财政专项资金，制定和落实财政、金融、用地等保障政策，强化扶持引导，扶持企业做大做强。

二、增强新型旅游企业的竞争优势

鼓励旅游企业与互联网平台合作，利用大数据等手段，提高营销效率和品牌影响力，引进一批国内外旅游集团投资落户吉林，将省内符合条件的旅游企业纳入吉林省上市后备企业资源库进行上市培育，指导各类企业在主板、创业板上市融资，引导中小微旅游企业积极培育"专精特新"竞争优势，支持中小微旅游企业以创新为驱动，不断提升专业化发展水平，对中小微企业进行分类指导、引导扶持，加强提供个性化、多样性、高品质产品和服务的竞争优势。扶持吉林省民营企业发展，激发市场活力。引导企业整合优势资源，不断提升规模化、集约化、品牌化经营水平。

三、鼓励旅游业创新创业

旅游产业的发展壮大和旅游市场主体的活力释放需要通过创新创业积蓄新的动能。通过制定更为积极的政策措施吸纳更多的社会主体进入旅游领域进行创业与创新。鼓励企业根据新时代人民旅游消费需求的变化趋势进行创新探索，不断开发新产品和提供新服务，综合提高企业的市场竞争力。充分发挥"冰雪"和"避暑"两大资源优势，加快开发森林康养、休闲养生、低空运动、水上运动、山地户外、研学实践教育等新业态，活化利用非遗、文物和遗址等资源，突出文旅融合新优势，开发一批高质量新业态产品。建立各级政府部门旅游企业公共服务信息资源协同共享机制，支持旅游领域众创空间、企业孵化器、创业平台等载体建设，鼓励有条件的地方建设创新创业综合服务中心，支持返乡大学生、返乡农民工、工商业界人士、艺术家等投身全省乡村旅游发展，支持开发民宿、文创基地等。发挥旅游业行业协会、商会等社会组织的服务作用，为创业者提供针对性的"一站式"指导服务。

第四节　持续优化营商环境

一、纵深推进"放管服"改革

放宽准入领域和条件。按照"非禁即入"的要求，鼓励和支持各类所有制经营主体投资旅游资源的开发。允许以知识产权、土地使用权、股权、债权、林权等作价出资从事文化旅游资源开发和建设。多方筹集资金，积极引导有实力的民营和外资企业参与文化旅游资源的开发和文化旅游产品建设，组建由多方参股的文化旅游投资集团。分级公布文化和旅游行政许可事项清单，形成文化和旅游部门清晰晒权、群众明白办事的良好氛围。严禁设置审批壁垒，对申请设立旅行社、娱乐场所经营单位、经营性互联网文化单位等，符合法定条件的，应做到"应批尽批"。正确认识政府与市场的关系，发挥市场配置旅游资源的主导性作用，政府应在服务方面下功夫，动态调整文化旅游政务服务事项目录清单和实施清单。政府应积极调控市场，努力构建统一开放、竞争有序的市场体系，尽量避免对项目开发、资源配置以及微观经济活动进行直接干预，为企业自主发展提供健康的、良好的发展环境。引导旅游企业开展正常的生产经营活动，为文化、旅游企业间展开良好合作搭建平台。针对企业发展过程中出现的困难给予及时解决和帮助，为市场配置资源提供持续的、稳定的政策保障措施。深化行政审批制度改革。推行并联审批、网上审批和"一站式"服务，加快推广审批服务"马上办、网上办、就近办、一次办"，实现各类行政审批事项和公共服务"一窗受理""一网通办"，加快实现"多证合一"，清理规范行政事业性收费和中介服务收费，提高行政审批效率。

二、营造良好的市场发展环境

健全旅游住宿业标准实施机制，开展旅游住宿业质量等级评定，评定一批星级饭店、文化主题旅游饭店、等级旅游民宿。探索旅行社动态管理机制，进一步规范旅行社经营服务。依法严肃查处各种扰乱市场秩序的违法违规行为。针对重要旅游节点强化市场督导整治；严厉打击旅游消费市场中的假冒伪劣、以次充好以及以旅游购物收取高额回扣等行为，对扰乱市场环境的行为坚决予以查处，保障旅游消费者权益；完善旅游产品经营者和服务者的管理体制和服务标准，完善旅游销售服务，提高放心消费、安心消费水平。注重提高旅游从业人员的素质，规范导游导购行为，端正服务态度、拓展服务方式，积极引导旅游消费。构建"亲""清"新型政商关系。举办"吉人回家"等大型招商引资活动，发挥自媒体新媒体等平台作用，宣传政策，弘扬企业家精神，营造尊商、亲商、富商、安商的浓厚氛围，开辟"服务民营企业绿色通道"，吸引全世界的人才、企业家来吉林创业投资。

第五节　加快体制机制创新

一、推进区域发展联动机制

强化大旅游意识，树立全省旅游发展"一盘棋"思想，整合各方资源进行打包管理。打破各地区条块割据、各自为政的现状，遵循统一规划、统一管理、统一运作的原则，对旅游资源进行整合，将旅游区内的单体项目整合一体，打包成团，实施有效监管。捋顺整合各地区、开发保护区及旅游区的行政管理职能，突破行政壁垒，促进区域内资源的联合、有序开发和保护。在管理组织层次上创造出共融共兴、融合发展的有效平台。建立部门协作配合长效工作机制，进一步加强对文化旅游结合工作的领导。尤其要尽快落实完善大长白山区域协调发展机制，联合长白山管委会、白山市政府、延边州政府共建大长白山区域协调发展机制，推动区域旅游发展的互补互动。

二、创新产业融合促进机制

（一）加强管理部门产业融合意识

增强文旅管理部门的产业融合意识，进一步放宽行业限制、破除行业壁垒，走向管制框架的融合，采取单一管制，为产业融合和企业发展提供宽松的宏观环境。建立协同合作的工作机制，加强沟通协作，在文化产业和旅游业的发展规划、投资项目、扶持政策、宣传推广以及人才培养等方面相互支持、互动发展，实现旅游与文化融合发展工作路数的逐步开拓，探索推进旅游与文化融合发展的实际举措，为产业融合发展拓展市场空间。聚力文旅资源整合，加强各区域文化旅游规划整合，坚持"互通有无、互为利用、互相促进、共同繁荣"的原则，研究制定旅游文化一体化发展规划，加强文旅市场的共生融合发展，做好文旅融合发展的空间布局和功能区定位，共同谋划一批带动性强、综合效益明显的旅游文化重点项目，打造融合型产品。

（二）制定产业融合政策

要坚持"政府引导、企业主体、市场化运作、社会广泛参与"的原则，加大政策倾斜，加强组织领导，推动吉林省旅游业成为在全国乃至世界有较大影响力的战略性产业。要探索适应吉林省"旅游＋"大产业发展需要的统筹机制，按照资源整合与优化原则，制定与文化旅游业融合发展相关的政策，针对融合发展中的合作机制建设、产业集群打造、龙头企业培育、品牌项目开发、管理体制改革、专门人才造就、投融资改革等方面制定细则与措施，有效发挥政策对文旅融合深化的驱动和激励作用。

三、构建合作共赢发展机制

将鼓励文化、旅游等现代服务产业优先发展相关工作业绩计入干部评价标准体系，建立激励旅游业发展的政府绩效考核政策。建立旅游发展的利益均衡机制，促进旅游资源意识统一和区域合作机制统一，完善联动共赢线路体系，建构均衡的利益机制和互利共赢的旅游融合发展格局。建立旅游发展利益相关者合作框架，建立包括政府、企业、社区、研究机构等在内旅游发展利益相关者合作框架，构建多方参与协商的平台，协调各方利益，促进旅游发展的可持续性。

第六节　推进发展要素供给

一、建立高素质人才队伍

（一）提高从业人员素质

对旅游人力资源供求状况进行系统调查，针对产业发展，持续加强从业人员队伍建设。完善人才培育体系，加强旅游职业教育、继续教育和在职教育培训，通过在岗培训、脱产定向培训、在职攻读硕士学位、出国深造等多种方式，提高从业人员的专业素养、外语水平、工作能力，培养一批专业能力强的旅游服务人才；通过人才培养工程和文化名家工程，培养一批既懂市场又懂文化的高素质文化旅游业经营管理人才；保护和扶持具有浓郁地方特色、拥有特别技艺的传承人，做好技艺传承工作；加强对各级党政干部的旅游专业知识培训，丰富旅游教育的公共资源，提高政府宏观管理水平和旅游企业经营管理水平。

（二）探索健全旅游人才引进机制

牢固树立人才是第一资源的观念，积极创造有利于吸引、汇集旅游人才的政策环境和人文环境，优化人才引进机制，探索实行更加灵活的人才政策，使吉林成为旅游人才创新创业、成就事业的一片热土。科学建立旅游评价体系、资质认证和激励机制。建立和完善适合旅游人才特点的柔性引进机制和人才流动新机制，努力建设一支高素质的旅游人才队伍，加快引进一批既懂文化、又善于旅游经营管理的高层次管理人才，为旅游发展提供坚强的人才保障和智力支撑。由于乡村的条件相对落后，乡村旅游行业对许多高校的毕业生和行业人才吸引力较低，政府应当直面问题制定合理有效的政策，如加强与相关农业院校的合作，制定乡村旅游管理人才定向培养计划，鼓励旅游专业和其他相关专业的毕业生、志愿者等驻村帮扶，为乡村旅游发展提供助力。

（三）实施旅游英才发展规划

建设现代旅游人才培养体系和机制，创新现代旅游人才培训体系和多元培训平台，根据"大旅游"产业发展需求，建设社会化旅游人才服务体系和市场化保障机制，提高旅游人才配置效能。建设领军人才队伍，充分发挥重点人才引领带动作用，分级分类构建省、市、县三级"旅游英才库"。积极鼓励大众创业、万众创新，培育能够引领未来经济发展的骨干企业，吸纳优秀创新、创业人才，促进新的产业生态产生。着力加强乡村旅游从业人员的培训体系建设，加快乡村旅游人才的教育培训工作和队伍建设，从技能基础、职业道德、经营管理等多方面制定乡村旅游人才的专项培训计划，为乡村旅游快速发展提供智力支撑。

二、加强土地要素供给

（一）统筹国土空间规划支持旅游发展

将旅游业用地纳入国土空间规划，依法实行分类管理。属于永久性设施建设用地的，按建设用地管理，依法办理土地征收（占用）、农用地转用手续；属于自然景观用地及农牧渔业种植、养殖用地，观光台、栈道等不改变地表形态的非永久性附属设施不占用永久基本农田的，可不征收（收回）、不转用，按现用途管理。市县对符合相关规划的旅游项目及时安排新增建设用地计划指标。支持利用城市更新过程中整理出的存量土地发展旅游业，依法依规确定土地用途，支持多方式供应建设用地。在完善审批程序、严格用途管理的前提下，加大对旅游业赋能乡村振兴相关重点设施、项目的用地支持。鼓励通过开展城乡建设用地增减挂钩和工矿废弃地再利用的方式，为旅游业赋能乡村振兴项目提供土地要素保障。

（二）精准配置国土空间要素资源

精准做好项目土地利用计划指标配置，坚持土地要素跟着项目走，用地指标跟着省委省政府决策部署走，做到全省旅游业和旅游项目用地应保尽保，切实保障合理用地需求。对符合规划及管制规则的项目用地依法完善用地手续。统筹保障吉林省旅游名县、名镇、名村的旅游公共服务建设合理用地需求，支持旅游名县优先申报增减挂钩项目。鼓励旅游项目建设用地供应方式多元化，灵活运用长期租赁、先租后让、租让结合等方式。支持旅游新业态发展，明确不同业态用地政策，针对乡村旅游、冰雪旅游、自驾车房车营地旅游、文化研学和红色旅游等新业态用地特点，鼓励使用存量土地、规范使用增量土地。鼓励土地复合利用，优先支持在村庄建设用地上发展的休闲农业、乡村旅游等产业；对充分依托山林等自然资源，进行生态（农业）旅游、休闲度假等项目开发的，采取灵活原则，可按点状布局多个地块组合开发的方式办理建设用地手续。

（三）着力落实旅游用地政策

相关管理部门要对旅游规划中涉及的建设项目进行梳理，提前摸清旅游项目用地情况和存在问题，分门别类研究对策。对拟建项目，提前介入，主动服务，指导项目业主单位依规选址，切实避让生态保护红线、永久基本农田，确保旅游产业项目用地选址符合国土空间规划、产业发展规划等要求，推动项目依法合规使用土地。特别是对生态旅游、滑雪场等项目与生态保护红线划定的矛盾冲突的问题，各部门应积极沟通对接，根据不同情况，提出保留继续建设和不划入生态保护红线方案。对旅游用地采取单列方式，在供地审批中开辟"绿色通道"，通过简化审批材料、优化审批程序、缩短审批时限等措施，进一步提高供地效率，确保项目用地应供尽供，推动旅游项目早落地、早开工、早投产达效。

参考文献

［1］白石.抚松长白山鲁能胜地［J］.吉林画报，2017（12）.

［2］把多勋.改革开放40年：中国文化旅游融合发展的价值与趋势［J］.甘肃社会科学，2018（5）：10-20.

［3］鲍晓宁，乔玉.产业融合背景下文化旅游产业发展问题探讨［J］.商业经济研究，2016（11）：96-99.

［4］毕绪龙.疫情影响文旅融合提速的九个趋势.［J］.人文天下，2020（4）：2-4.

［5］边杨，商圆月，李兰冰.扩大内需战略下的新型城镇化发展路径研究［J］.新金融，2021（9）.

［6］边美洁.历史类博物馆文创产业的创新与发展——以故宫文创为例［J］.文化创意，2022（2）：69-70.

［7］蔡欣欣，郑洋嘉，夏欣.浙江省数字景区的发展成效评价和推广性研究［J］.市场周刊，2022（7）：62-65.

［8］崔明玉，高小岩.论朝鲜族非物质文化遗产之保护［J］.菏泽学院学报，2009（1）.

［9］崔旭成，贾艳玲.夏来吉林深呼吸邂逅清凉避暑胜地［N］.吉林日报，2017-08-15.

〔10〕陈晖.文旅融合背景下大唐不夜城夜经济发展的经验与策略.〔J〕.当代旅游,2021（2上）：68-70.

〔11〕陈秀琼,黄福才.中国旅游业发展质量的定量评价研究〔J〕.旅游学刊,2006（9）：59-63.

〔12〕陈琳琳,徐金海,李勇坚.数字技术赋能旅游业高质量发展的理论机理与路径探索〔J〕.改革,2022（2）：101-110.

〔13〕程玉,杨勇,刘震,熊丹丹.中国旅游业发展回顾与展望〔J〕.华东经济管理,2020（3）：1-9.

〔14〕丛小丽,黄悦,刘继生.吉林省生态旅游与旅游环境耦合协调度的时空演化研究〔J〕.地理科学,2019（3）：496-505.

〔15〕戴斌.改革中蝶变开放中成长——我国旅游业发展40年〔J〕.前线,2019（5）：41-44.

〔16〕戴斌.努力让旅游从堵心到舒心〔N〕.环球时报,2019-05-05.

〔17〕戴斌.高质量发展是旅游业振兴的主基调〔J〕.人民论坛,2020（8上）：66-69.

〔18〕戴斌.以新发展理念凝聚高质量发展共识〔N〕.中国旅游报,2021-01-11.

〔19〕戴斌.智慧旅游：小康旅游时代的新期待〔N〕.北京日报,2020-12-14.

〔20〕戴斌.构建主客共享文旅融合的新空间〔J〕.中国国情国力,2021（6）：1.

〔21〕戴学锋,陈瑶.全域旅游示范区的改革创建与实践探索〔J〕.旅游学刊,2020（2）：3-5.

〔22〕戴斌,李鹏鹏,马晓芬.论旅游业高质量发展的形势、动能与任务〔J〕.华中师范大学学报（自然科学版）,2022（1）：1-8.

〔23〕邓龙安.新发展格局背景下中等收入群体消费需求的释放决策与

动态调整［J］.商业经济研究，2022（1）.

［24］丁豪军，马星显.加拿大体育旅游小镇建设经验及对我国的启示——以班夫镇、惠斯勒小镇为例［J］.湖北体育科技，2018（7）：569-572.

［25］樊慧霞，张艺川.数字经济时代居民消费模式跃迁与税收政策选择.［J］.地方财政研究，2021（12）：42-43.

［26］范智军.低碳视角下我国乡村旅游定位与功能构建研究［J］.农业经济，2015（5）：59-60.

［27］冯学钢，周成.区域反击旅游概念、特征与影响因素识别［J］.东北师大学报（哲学社会科学版），2016（3）：35-41.

［28］冯斐.长江经济带文旅融合产业资源评价、利用效率及影响因素研究［D］.上海：华东师范大学，2020.

［29］傅才武.论文化和旅游融合的内在逻辑［J］.武汉大学学报（哲学社会科学版），2020（2）：89-100.

［30］高祖贵.中国式现代化必须坚持走和平发展道路［J］.中国党政干部论坛，2020（12）.

［31］高峰.“十四五”初期国内旅游产业发展策略［J］.旅游纵览，2021（15）：184-186.

［32］高千千，董巧儿，张杰.北海道冬季旅游业的成功之道及对中国的启示探究［J］.当代旅游，2021（2）：55-57.

［33］耿松涛，张鸿霞.中国旅游业高质量发展：战略使命、动力要素和推进路径［J］.宏观经济研究，2022（1）：91-101.

［34］关旭，陶婷芳，陈丽英.我国大型城市旅游业与演艺业融合路径及选择机制——企业层面的扎根研究［J］.经济管理，2018（1）：22-37.

［35］郭强，王秋娜.“双碳”目标与旅游价值共创［J］.旅游学刊，2022（5）：3-5.

［36］郭树皓.北京故宫博物院文创产品开发特色研究［D］.新疆大学，2019：12-45.

［37］龚腾飞.文化与旅游产业融合发展水平测度及时空差异研究［D］.西安外国语大学，2018.

［38］何欣禹.冰雪经济热动吉林［N］.人民日报海外版，2021-12-16.

［39］何建民.新时代我国旅游业高质量发展系统与战略研究［J］.旅游学刊，2018（10）：9-11.

［40］侯兵，杨君，余凤龙.面向高质量发展的文化和旅游深度融合：内涵、动因与机制［J］.商业经济与管理，2020（10）：86-96.

［41］洪银兴，刘伟，高培勇等."习近平新时代中国特色社会主义经济思想"笔谈［J］.中国社会科学，2018（9）：204-205.

［42］胡静，贾垚焱，谢鸿璟.旅游业高质量发展的核心要义与推进方向［J］.华中师范大学学报（自然科学版），2022（1）：9-15.

［43］胡金星.产业融合的内在机制研究——基于自组织理论的视角［D］.上海：复旦大学，2007.

［44］胡布和，梁雪萍，王伟.吉林省少数民族文化特色优势助力环线旅游对策研究［J］，满族研究，2020（12）.

［45］黄睿，黄震方，吕龙等.基于感知视角的交通和旅游融合发展影响因素与动力机制［J］.中国名城，2021（1）：9-17.

［46］黄蕊，李雪威.数字技术提升中国旅游产业效率的机理与路径［J］.当代经济研究，2021（2）：75-84.

［47］黄蕊，侯丹.东北三省文化与旅游产业融合的动力机制与发展路径［J］.当代经济研究.2017.（10）：81-89.

［48］黄秀琳.韩国文化旅游的发展经验及对我国的启示［J］.经济问题探索，2011（3）：124-127.

［49］黄先开.新时代文化和旅游融合发展的动力、策略与路径［J］.北京工商大学学报（社会科学版），2021（7）：1-8.

［50］黄颖祚，王姗."双碳"背景下我国乡村旅游发展的时代要义及创新路径［J］.甘肃社会科学，2022（3）：218-228.

［51］黄震方，祝晔，储少莹.关于旅游业实施清洁生产的初步探讨［J］.经济地理，2003（1）：117-120.

［52］黄震方，陆林，肖飞等."双循环"新格局与旅游高质量发展：理论思考与创新实践［J］.中国名城，2021（2）：7-18.

［53］黄剑锋，胡孟娇.供给侧改革背景下的旅游与文化产业融合机制——基于文化生产视角的新分析框架［J］.生产力研究，2017（10）：1-5.

［54］黄伟伦，金玲玲，陶思园.国内外文化旅游产业的比较［J］.纳税，2019（05）：158-159.

［55］黄韫慧.体验性消费新趋势下的文化产业高质量发展路径.［J］.国家治理，2021（6）：23-24.

［56］吉林省委省政府.吉林省人民政府关于加快建设旅游支柱产业的意见［N］，吉林日报，2014-07-09.

［57］金准.碳达峰、碳中和与旅游业高质量转型［J］.旅游学刊，2021（9）：3-5.

［58］蒋抒博.吉林省冰雪产业发展现状及对策研究［J］.税务与经济，2019（1）：106-112.

［59］景悦鸣，王迪，韩雪，霍童瑶.袁家村文化旅游发展模式研究.［J］.经济发展研究，2018（3下）：142.

［60］兰苑，陈艳珍.文化产业与旅游产业融合的机制与路径——以山西省文化旅游业发展为例［J］.经济问题，2014（9）：126-129.

［61］李洋洋.我国文化创意产业与旅游业融合模式研究［D］.北京：

北京第二外国语学院，2010.

［62］李鹏，邓爱民."双循环"新发展格局下旅游业发展路径与策略［J］.经济与管理评论，2021（5）：21-30.

［63］李剑锋，屈学书.乡村振兴视阈下乡村旅游发展路径及实例研究——基于袁家村深度剖析［J］.未来与发展，2019（6）：72-75.

［64］李泓波，邓淑红，郭茜.乡村旅游驱动乡村振兴的现实路径探讨——以陕西省袁家村为例.［J］.辽宁农业科学，2020（1）：63-66.

［65］李维维，陈田，马晓龙.西安城市旅游休闲业态空间热点特征及形成机制［J］.地理科学，2020（3）：438-442.

［66］李平.吉林省东部生态旅游业发展路径研究［J］.经济视角，2014（6）.

［67］李茜燕.旅游文化品牌建设研究——以吉林省为例［J］.企业经济，2014（12）.

［68］李茜燕.吉林省文旅融合发展的基础与模式研究.［J］.江苏商论，2020（12）：57-58.

［69］李樊.数字转型智能升级融合创新［N］.吉林日报，2020-03-24.

［70］李樊.征程风正劲追梦新时代［N］.吉林日报，2019-03-05.

［71］李己平.吉林消夏旅游火起来生态涵养天赐"凉"机［N］.经济日报，2018-09-03.

［72］李萌.基于智慧旅游的旅游公共服务机制创新［J］.中国行政管理，2014（6）：64-68.

［73］李凤亮，杨辉.文化科技融合背景下新型旅游业态的新发展［J］.同济大学学报：社会科学版，2021（1）：16-23.

［74］李志刚等.线上线下联动宣传推动旅游加速重启［N］.中国旅游报，2022年6月16日，第001版。

［75］廖军华，王欢.新发展阶段旅游业高质量发展的现实困境与破解

之道［J］.改革，2022（5）：102-109.

［76］刘倩倩，姚战琪，周功梅.入境旅游的GDP贡献越大经济增长带动效应越强吗——理论机制、国际经验与双循环发展启示［J］.西部论坛，2021（2）：40-53.

［77］刘雪婷.中国旅游产业融合发展机制理论及其应用研究［D］.成都：西南财经大学，2011.

［78］刘英基，韩元军.要素结构变动、制度环境与旅游经济高质量发展［J］.旅游学刊，2020（3）：28-38.

［79］刘志彪.高质量发展的基础性支撑要素［N］.北京日报，2018-09-10.

［80］刘光荣.我国低碳乡村旅游问题及功能探析［J］.中国农业资源与区划，2016（10）：161-165＋173.

［81］刘雨婧，唐健雄.中国旅游业高质量发展水平测度及时空演化特征［J］.统计与决策，2022（5）：91-96.

［82］刘俊，王胜宏，余云云.科技创新：生态旅游发展关键问题的思考［J］.旅游学刊，2021（9）：5-7.

［83］刘明昊.长白山冰雪旅游发展研究［J］.西部旅游，2022（1）.

［84］刘安乐，杨承玥，明庆忠，张红梅，陆保一.中国文化产业与旅游产业协调态势及其驱动力［J］.经济地理，2020（6）：204-210.

［85］刘莲香.新形势下如何有效激活文旅消费［J］.学术大视野，2020（7下）：112-114.

［86］刘洋，肖远平.数字文旅产业的逻辑与转型——贵州的经验与启示［J］.理论月刊，2020（4）：104-110.

［87］陆明明，石培华.文化和旅游的关系网络与融合路径研究［J］.资源开发与市场，2021（1）：1-13.

［88］龙志，曾绍伦.生态文明视角下旅游发展质量评估及高质量发展

路径实证研究［J］.生态经济，2020（4）：122-128.

［89］吕腾捷.旅游业高质量发展的测度与促进——基于效率分解视角的研究［D］.北京：中国社会科学院大学，2020.

［90］鲁雨.袁家村特色发展模式及经验探索［J］.天津农业科学，2019（25）：79-80.

［91］马振涛.深化文旅融合激发消费潜力［N］.中国旅游报，2019-10-09.

［92］马慧强，燕明琪，李岚等.我国旅游公共服务质量时空演化及形成机理分析［J］.经济地理，2018（3）：190-199.

［93］马波，王嘉青.常态化疫情防控下的旅游产业新走向［J］.旅游学刊，2021（2）：1-3.

［94］马波，高丽鑫，寇敏.旅游业高质量发展的微观机理探析——以旅游性价比为中心［J］.华中师范大学学报（自然科学版），2021（5）：1-18.

［95］马童，童昀.从区域到场域：文化和旅游关系的再认识［J］.旅游学刊，2019（4）：7-9.

［96］毛秀娟.浙江文化产业与互联网融合的探索与实践［J］.浙江传媒学院学报，2018（12）：49-53.

［97］孟茂倩.文化产业与旅游产业融合发展探析［J］.中州学刊，2017（11）：37-40.

［98］缪莹莹.旅游产业与旅游文化融合发展的路径选择［J］.中国民族博览，2019（03）：87-88.

［99］潘素华.我国旅游经济转型发展研究.［J］.商业经济观察，2021（19）：182-184.

［100］乔向杰.智慧旅游赋能旅游业高质量发展［J］.旅游学刊，2022，37（2）：10-12.

［101］屈小爽，徐文成．旅游业与生态环境协调及高质量发展——基于黄河流域研究［J］.技术经济与管理研究，2021（10）：123-128.

［102］曲景慧.中国文化产业与旅游产业融合发展的时空变动分析［J］.生态经济，2016（9）：129-134.

［103］齐征.旅游交通大融合互促转型升级［N］.中国青年报，2017年3月2日。

［104］任宗强，黄奥，陈凌云.基于数字化转型的顶层设计与政策比较研究［J］.中国国情国力，2021（7）：52-63.

［105］任保平.经济增长质量：经济增长理论框架的扩展［J］.经济学动态，2013（11）：45-51.

［106］任保平.新时代中国经济从高速增长转向高质量发展：理论阐释与实践取向［J］.学术月刊，2018（3）：66-74.

［107］任杰.“双碳”目标下的旅游业高质量发展［J］.旅游学刊，2022（5）：12-13.

［108］饶金涛，罗茜尹.关于文化产业与旅游产业耦合发展的研究综述［J］.文化产业，2019（4）：3-4.

［109］赛娜.数字技术促进文化消费创新发展的机制与趋势分析［J］.商业经济研究，2021（3）：120-125.

［110］沈克印.“双循环”新发展格局下体育产业高质量发展的宏观形态与方略举措［J］.体育学研究，2021（4）.

［111］沈洁.后疫情时期浙江旅游业复苏的风险及数字化转型［J］.浙江树人大学学报，2021（2）：59-64.

［112］石培华.新时代旅游理论创新的路径模式——兼论全域旅游的科学原理与理论体系［J］.南开管理评论，2018（02）：222-224.

［113］石培华.研究完善中国特色文旅融合发展体制机制［N］.中国旅游报，2019-12-20（003）.

［114］石玲，李淑艳，程兆豪.国际滑雪旅游业发展模式研究［J］.北京林业大学学报（社会科学版），2013（3）：76-80.

［115］舒伯阳，徐其涛.中国旅游产业的演化与后疫情时代的发展转型［J］.中南民族大学学报（人文社会科学版），2022（2）：73-80.

［116］宋立中.国外非物质文化遗产旅游研究综述与启示——基于近20年ATR、TM文献的考察［J］.世界地理研究，2014（4）：136-147.

［117］宋瑞.如何真正实现文化与旅游的融合发展［J］.人民论坛·学术前沿，2019（11）：24-35.

［118］宋瑞，胥英伟.融资条件与旅游企业创新投入强度［J］.学习与探索，2021（5）：143-149.

［119］宋瑞，王瑞婷.新冠疫情全球大流行背景下的城市旅游：挑战、应对与启示［J］.价格理论与实践，2022（6）.

［120］宋长海.旅游业发展质量评价指标体系构建与指数编制方法［J］.统计与决策，2016（5）：39-42.

［121］宋子千.科技引领"十四五"旅游业高质量发展［J］.旅游学刊，2020（6）：10-12.

［122］孙盼盼，夏杰长.中国省际旅游产业效率的空间格局与空间效应——基于质量产出的视角［J］.经济与管理研究，2017（10）：61-70.

［123］孙承华.国际滑雪市场发展现状与趋势［J］.中国旅游评论，2018（3）：56-63.

［124］孙九霞.文旅新消费的特征与趋势［J］.人民论坛，2022（5）：78-80.

［125］孙剑锋，李世泰，纪晓萌等.山东省文化资源与旅游产业协调发展评价与优化［J］.经济地理，2019（8）：207-215.

［126］田栋.奥运经济效应及我国发展冰雪经济的国际经验比较与借鉴［J］.全球化，2018（9）：101-111.

［127］唐任伍，马宁，徐道明.中国旅游产业发展中的元问题及元治理研究［J］.贵州师范大学学报（社会科学版），2019（4）：51-60.

［128］唐承财.低碳旅游：促进生态文明建设与节能减排的可持续旅游形式［J］.旅游学刊，2014（3）：10-12.

［129］唐承财，钟林生，成升魁.我国低碳旅游的内涵及可持续发展策略研究［J］.经济地理，2011（5）：862-867.

［130］佟德志.守正创新全面建设社会主义现代化国家［N］.天津日报，2020-12-14.

［131］万玮.旅游供给侧"春色撩人"［N］.吉林日报，2017-05-03.

［132］王兴.《"十四五"国家信息化规划》——为文化产业插上"数字"的翅膀［J］.网信军民融合，2022（4）：5-7.

［133］王景武.创新聚焦推动双循环新发展格局［J］.中国金融，2021（1）.

［134］王庆生，贺子轩.后疫情时期我国旅游业面临的挑战与应对策略：以吉林省吉林市为例［J］.中国软科学，2020（S1）：147-154.

［135］王瑞花，张兵.国外山地旅游开发对我国的启示——以班夫国家公园、瑞士阿尔卑斯山、尼泊尔安纳布尔纳保护区为例［J］.山西煤炭管理干部学院学报，2014（1）：139-140.

［136］王克岭，董俊敏.旅游需求新趋势的理论探索及其对旅游业转型升级的启示［J］.思想战线，2020（2）：132-143.

［137］王一鸣.百年大变局、高质量发展与构建新发展格局［J］.管理世界，2020（12）：1-13.

［138］王珂，高塬.沉浸式旅游带来新体验［N］.人民日报，2019-11-20（019）.

［139］王松茂，褚玉静，郭安禧等."一带一路"沿线重点省份旅游经济高质量发展研究——基于旅游资源转换效率的测度［J］.地理科学，

2020（9）：1505–1512.

［140］王宇悦，梁强，赵祎然．"双循环"格局下我国冰雪旅游业高质量发展研究［A］．2021中国旅游科学年会论文集：新发展格局中的旅游和旅游业新发展格局［C］．中国旅游研究院，2021：886–899.

［141］王安平，杨可.新时代乡村旅游业与乡村振兴融合发展途径研究［J］.重庆社会科学，2020（12）：99–107.

［142］魏小安.第四次旅游革命［J］.旅游学刊，2018（2）：11–14.

［143］魏小安.中国旅游市场的40年起伏变迁[J].旅游学刊,2019(2)：1–3.

［144］魏小安.新战略与新机遇［J］.旅游学刊，2021（1）：1–3.

［145］魏鹏举.以高质量旅游服务供给激活内需畅通"双循环"［N］.中国旅游报，2021–06–08（003）.

［146］韦鸣秋，白长虹，张彤.旅游目的地精益服务供给中的组织关系演进逻辑——基于重庆、西安、杭州的跨案例比较研究［J］.管理世界，2021（7）：119–129＋144.

［147］吴金梅，宋子千.产业融合视角下的影视旅游发展研究［J］.旅游学刊，2011（6）：29–35.

［148］吴曦.旅游业融入"双循环"路径探析［J］.开放导报，2021（1）：79–87.

［149］吴俊."旅游升级版"呼之欲出［N］.中国旅游报，2014–11–03.

［150］吴云峰，张景静.吉林省文化产业和旅游产业融合发展研究［J］.长春理工大学学报（社会科学版），2018（4）：78–83.

［151］吴承忠.5G智能时代的文化产业创新［J］.深圳大学学报（人文社会科学版），2019（4）：51–60.

［152］伍保丞.吉林构建文化和旅游产业"五大体系".［N］.中国商报，2021–11–24（3）.

［153］席建超，刘孟浩.中国旅游业基本国情分析［J］.自然资源学报，2019（8）：1569-1580.

［154］肖英奎.对吉林省文旅融合发展的研究与思考［J］.新长征，2019（7）：24-25.

［155］夏杰长，徐金海.中国旅游业改革开放40年：回顾与展望［J］.经济与管理研究，2018（6）：3-14.

［156］夏杰长，丰晓旭.新冠肺炎疫情对旅游业的冲击与对策［J］.中国流通经济，2020（3）：3-10.

［157］夏杰长，顾方哲.习近平关于旅游业重要论述的理论内涵与实践指引［J］.学习与探索，2020（4）：122-129.

［158］夏杰长，毛丽娟，陈琳琳.外部冲击下旅游业的演化与变革——以新冠疫情为例［J］.新疆师范大学学报（哲学社会科学版），2020（6）：43-54.

［159］夏杰长，贺少军，徐金海.数字化：文旅产业融合发展的新方向［J］.黑龙江社会科学，2020（2）：51-55.

［160］夏杰长.数字赋能公共服务高质量发展：结构性差异与政策建议［J］.价格理论与实践，2021（9）：13-17.

［161］谢彦君，周广鹏.旅游文化及其相关范畴、命题的理论透视［J］.旅游科学，2012（1）：26-35.

［162］谢方，吴永庆.吉林让"冷"资源变成"热"经济冰天雪地也是金山银山［J］.东北之窗，2019（22）.

［163］熊元斌，肖鹏，孙冬.改善旅游供给满足需求升级［N］.经济日报，2016年4月28日，第13版.

［164］徐文雄.旅游发展与产业融合"四化"［J］.旅游学刊，2011（4）：11-12.

［165］徐彤，张毓利.构建旅游业双循环发展格局［J］.中国国情国

力，2021，（2）：32-34

［166］徐紫嫣.旅游业融入"双循环"新发展格局：实施路径与政策思路［J］.企业经济，2021（10）：143-150.

［167］姚瑶.吉林省文化旅游产业发展研究［D］.长春：东北师范大学，2015.

［168］杨勇，程玉.改革开放40年旅游业发展的中国道路及其世界意义［J］.旅游学刊，2019（1）：3-5.

［169］杨越，骆秉全，冯国友，金媛媛，姜兆银.滑雪特色小镇建设国际经验探索及启示［J］.体育文化导刊，2019（3）：82-85.

［170］杨晓艳.大加法新引擎［N］.吉林日报，2017-05-09.

［174］杨晓艳.走向经济建设主战场［N］.吉林日报，2017-06-07.

［172］杨振之.文化与旅游融合发展的动力机制［N］.中国旅游报，2019-06-11（007）.

［173］杨宏浩.数字技术赋能旅游业高质量发展［J］. 中国旅游评论，2020（3）：59-64.

［174］闫福佳.从地方剧种到旅游演艺产品的转化路径初探——以吉林省为例［J］.戏剧文学，2021（5）：104-107.

［175］于光远.旅游与文化［J］.瞭望周刊，1986（14）：35-36.

［176］于洪雁，王群勇，刘继生.供给侧结构性改革背景下中国旅游供需耦合协调度及其时空特征［J］.旅游科学，2018（05）：1-13.

［177］于法稳，黄鑫，岳会.乡村旅游高质量发展：内涵特征、关键问题及对策建议［J］.中国农村经济，2020（8）：27-39.

［178］曾博伟，安爽."十四五"时期文化和旅游融合体制机制改革的思考［J］.旅游学刊，2020（6）：4-6.

［179］赵剑波，史丹，邓洲.高质量发展的内涵研究［J］.经济与管理研究，2019（11）：15-31.

［180］郑楚.加快推进数字文旅产业高质量发展［J］.宏观经济管理，2020（12）：63.

［181］郑义，陈秋华，杨超等.农村人居环境如何促进乡村旅游发展：基于全国农业普查的村域数据［J］.农业技术经济，2021（11）：93-112.

［182］张苗荧.注重消费体验 把握旅游消费升级新趋势［N］.中国旅游报，2021-10-12（3）.

［183］张若冰，高妍，孙铁柱.以打造冰雪文旅IP产品赋能吉林省冰雪经济发展问题研究［J］.税务与经济，2021（6）：102-104.

［184］张海燕，王忠云.基于技术进步的民族文化旅游创意产业发展研究［J］.贵州民族研究，2010（6）：85-90.

［185］张琰飞，朱海英.西南地区文化演艺与旅游流耦合协调度实证研究［J］.经济地理，2014（7）：182-187.

［186］张广海，高俊.我国旅游业供给侧改革分析［J］.经济与管理评论，2016（04）：113-118.

［187］张朝枝，杨继荣.基于可持续发展理论的旅游高质量发展分析框架［J］.华中师范大学学报，2022（1）：43-50.

［188］张朝枝.文化与旅游何以融合：基于身份认同的视角［J］.南京社会科学，2018（12）：162-166.

［189］张永恒，郝寿义.高质量发展阶段新旧动力转换的产业优化升级路径［J］.改革，2018（11）：30-39.

［190］张洪昌.新时代旅游业高质量发展的治理逻辑与制度创新［J］.当代经济管理，2019（9）：60-66.

［191］张军扩，侯永志，刘培林等.高质量发展的目标要求和战略路径［J］.管理世界，2019（7）：1-7.

［192］朱佳.旅游产业与文化产业融合环境中的政府角色定位分析

［D］.上海：上海师范大学，2012.

［193］邹统钎，晨星，张一帆.促进文化旅游深度融合形成经济发展新增长极［N］.中国旅游报，2018-06-22（003）.

［194］周丽，蔡张瑶，黄德平.西部民族地区乡村旅游高质量发展的现实需求、丰富内涵和实现路径［J］.农村经济，2021（6）：137-144.

［195］周鹏飞，沈洋，李爱民.农旅融合能促进农业高质量发展吗：基于省域面板数据的实证检验［J］.宏观经济研究，2021（10）：117-130.

［196］周春波.文化与旅游产业融合对旅游产业结构升级的影响效应［J］.当代经济管理，2018（10）：69-75.

［197］郑岩，宿伟玲.新时代文化与旅游消费高质量发展对策研究［J］.文化创新比较研究，2020（26）：179-180.

后　记

本书是吉林省社会科学院"吉林振兴丛书"项目"东北振兴与吉林旅游高质量发展"的研究成果。课题组由吉林省社会科学院软科学开发研究所、经济所、城市发展研究所部分成员组成，历时一年，课题组成员付出了艰辛的努力，汇聚智慧，集结20万字书稿。课题组成员认真负责，按时保质保量地完成了阶段任务。全书共七章，内容兼顾理论与实证分析，结构上层次分明且逻辑严谨，体现了作者们较强的科研素养和扎实的科研功底。按照章节顺序，第一章由田振兴撰写；第二章由张春凤、刘瑶撰写；第三章由姚震寰、纪明辉撰写；第四章由刘瑶撰写；第五章由纪明辉撰写；第六章和第七章由张丽娜撰写。

在本书的撰写过程中，吉林省社会科学院的专家领导从研究方向、研究思路、研究方法等不同方面给予指导，课题组成员深受启发，研究过程和书稿撰写推进顺利。特别要感谢丁晓燕副院长，全书从列提纲到写作，再到定稿，丁院长给予了多次非常具体和细致的指导，为课题组成员把握写作方向、明确写作目标、提升写作质量提供了非常有益的帮助。

当然，由于时间和水平有限，书中难免有诸多不尽如人意之处，恳请领导、专家、同行给予批评指正。